中国作物种植结构与农业生态效率

李晓云 黄玛兰 曾琳琳 著

科 学 出 版 社

北 京

内 容 简 介

本书首先系统地回顾了改革开放以来我国种植业的发展现状与变化趋势,着重分析了我国作物种植结构的变化特征及驱动因素。其次,分别从农业劳动力资源变迁与政策变化两个视角,从理论与实证维度剖析其对我国农作物种植结构的影响与影响机理。再次,基于当前农业生产面临的水土资源约束与农业生产环境面临的严峻形势,分析农作物种植结构变化与农业生态效率的关系,探索农作物种植专业化对农业资源环境的影响。最后,基于种植业发展与农业绿色生产的目标提出农作物种植结构优化路径与政策激励。

本书适用于广大农林高校的师生,可供研究作物种植与农业资源环境变化的科研工作者参考,同时也适用于想了解我国种植业发展趋势的广大同仁。

图书在版编目(CIP)数据

中国作物种植结构与农业生态效率 / 李晓云,黄玛兰,曾琳琳著. —北京:科学出版社,2023.7
　ISBN 978-7-03-073592-8

　Ⅰ. ①中… Ⅱ. ①李… ②黄… ③曾… Ⅲ. ①作物-结构调整-研究-中国②农业生态系统-研究-中国 Ⅳ. ①F326.1②S181.6

中国版本图书馆 CIP 数据核字(2022)第 198910 号

责任编辑:陶　璇 / 责任校对:王晓茜
责任印制:张　伟 / 封面设计:有道设计

科 学 出 版 社 出版
北京东黄城根北街 16 号
邮政编码:100717
http://www.sciencep.com
北京建宏印刷有限公司 印刷
科学出版社发行　各地新华书店经销
*
2023 年 7 月第 一 版　开本:720×1000　1/16
2023 年 7 月第一次印刷　印张:13
字数:262 000

定价:132.00 元
(如有印装质量问题,我社负责调换)

前　　言

　　随着国家种植业产业发展与结构调整的深化,发挥区域资源优势与增产潜力,保障有效供给和生态可持续是国家农业生产的主要目标。改革开放以来,我国在粮食生产、食物供应保障,以及现代绿色农业发展方面取得了辉煌成就,这些成就的取得,农业生产要素投入增长,农业科技进步与农业政策调整,种植业及其结构调整都发挥了重要作用。种植业是农业的基础产业,种植业结构调整对农业发展质量与资源利用有重要影响。本书厘清我国作物种植制度与种植结构变化的历史趋势,着重关注关键资源与社会经济要素劳动力资源变化对作物种植尤其是作物种植结构的影响,在回顾我国作物结构调整政策的基础上,以不同粮食作物支持政策在作物结构变化的作用为例实证分析了政策在我国作物结构变化中的主要作用。与此同时,研究关注我国农业生态效率的变化,剖析作物结构与种植专业化趋势对农业生态环境的影响。最后展望新时代背景下我国种植业结构优化与种植业未来发展趋势,提出有利于促进我国作物种植结构优化与农业资源环境的相关政策。

　　本书为理解作物种植结构变化规律,以及农业生产与资源环境的发展关系提供了理想的理论框架和实证案例,也为在气候条件、水土资源、农业技术水平、市场需求等多重约束下,实现粮食安全与社会经济可持续目标、最优化资源利用与政策供给提供了参考。

　　本书的具体章节安排如下:

　　第1章是背景研究。该部分梳理我国种植业发展历程与演变特征、种植业发展过程中存在的主要问题,分析新时代种植业发展面临的机遇与挑战,反映了我国种植业的基本现状与发展趋势。

　　第2~4章是我国农作物种植结构的驱动因子变化趋势及其影响效应的理论与实证分析。改革开放以来,我国经历了四轮农作物种植结构调整,为优化我国的农作物种植结构、区域布局及保障粮食安全做出了巨大贡献。农作物种植结构调整是一系列驱动因素的结果,厘清驱动因子演变背后的机理及探索其对农作物种植结构的贡献水平，有助于认清农作物种植结构变化的事实真相及指导种植业生产实践。第 2 章主要描述了农作物种植结构变化的时空特征，简析了农作物种植结构变化的驱动因素。第 3 章和第 4 章，分别从农村劳动力资源变迁、农作物种植结构变化的政策因素两个视角从理论与实证维度分析其影响机理和贡献水平。

第 5 章和第 6 章是农作物种植结构与农业绿色生产的理论与实证分析。第 2~4 章从因果关系的逻辑思维出发探讨农作物种植结构变化背后的原因，第 5~6 章则从农业绿色生产的响应层面出发，探讨农业绿色生产对农作物种植结构变化的响应。第 5 章分析了农作物种植结构变化与农业生态效率之间的关系，第 6 章则进一步探索农作物种植专业化对农业资源环境的影响评价。

第 7 章是对全书的总结。一方面，基于农作物种植结构优化目标与约束条件，论证基于农业劳动力、农业政策和农业绿色生产的优化路径与政策激励方式；另一方面，基于未来农作物生产布局、生态环境约束及种植方式的发展趋势，阐明中国农作物种植结构未来发展趋势。

本书是研究团队近年来关于农作物种植结构变化及其与资源环境关系问题的思考。本书凝聚了团队老师和研究生的努力，是近年来我们从事实地调研、问卷调查与专题研究得出的经验。本书的研究工作得到了国家自然科学基金"长江中下游传统粮棉产区作物种植结构时空演化过程、机理与交互调控"（71673102）和教育部哲学社会科学研究重大课题攻关项目"新形势下我国粮食安全与水资源保障重大问题研究"（20JZD015）的资助。

由于笔者水平有限，书中难免存在不足之处，敬请读者批评指正。

李晓云

2022 年 7 月

目　　录

第1章 绪　　论

1.1　中国种植业发展历程与演变特征

1.1.1　发展历程

改革开放以来，中国种植业发展在总体上呈现出增长态势，粮食作物与经济作物的产量不断跃上新台阶，取得了举世瞩目的成就。国家统计局数据显示：粮食作物产量由 1978 年的 3.05 亿吨增长至 2021 年的 6.83 亿吨，增幅达 123.93%；经济作物中的棉花产量由 1978 年的 216.70 万吨增长至 2021 年的 573.09 万吨，增幅达 164.46%；油料作物产量由 1978 年的 521.79 万吨增长至 2021 年的 3 613.17 万吨，增幅高达 592.46%；其他经济作物的产量也呈上升趋势。1978 年以来，不同时期的种植业发展呈现不同的发展特征，其发展历程大致可划分为以下四个阶段。

1. 第一阶段：1978~1991 年

1978 年，十一届三中全会召开，从此中国进入了改革开放和社会主义现代化建设的新时期。同年，家庭联产承包责任制开始实行，掀开了农村改革的序幕。1982 年 1 月 1 日，中国共产党历史上第一个关于农村工作的一号文件正式出台，明确指出包产到户、包干到户都是社会主义集体经济的生产责任制，此后连续五年的一号文件均充分肯定了家庭联产承包责任制的合法性，尤其是在 1982 年和 1983 年连续两年的中央一号文件部署指导下，以农户家庭承包经营为基础、统分结合的双层经营体制在中国得到全面推广。家庭联产承包责任制的出台充分调动了广大农民的生产和经营自主性，解放和发展了农村生产力，给中国农村带来了焕然一新的面貌。

随着家庭联产承包责任制的广泛实行，中国的粮食作物与经济作物的总产与单产有了较大幅度的提高。粮食产量由 1978 年的 3.05 亿吨增加至 1991 年的 4.35

亿吨, 增幅达 42.62%, 其中, 水稻产量增加量最多, 为 4 688.30 万吨; 小麦产量的涨幅最大, 为 78.22%。粮食单产由 1978 年的 2 527.30 千克/公顷增至 1991 年的 3 875.69 千克/公顷, 增幅达 53.35%, 其中, 玉米单产增加量最多, 为 1 775.58 千克/公顷, 小麦单产增幅最多, 为 68.05%。棉花产量由 1978 年的 216.70 万吨上升到 1991 年的 567.50 万吨, 增长约 1.62 倍; 棉花单产由 1978 年的 445.30 千克/公顷增至 1991 年的 867.94 千克/公顷, 增幅为 94.91%。1978~1991 年, 全国油料作物总产量从 521.79 万吨增至 1 638.31 万吨, 年均增长 85.89 万吨; 同期单产从 838.58 千克/公顷增至 1 420.95 千克/公顷。同一时期, 糖料作物产量由 2 381.87 万吨增至 8 418.74 万吨, 增幅高达 253.45%; 单产从 27 083.12 千克/公顷增至 43 235.08 千克/公顷, 增幅达 59.64%。水果、蔬菜、茶叶等非粮食作物的产量也呈增长趋势 (本节所有作物生产统计数据均来源于国家统计局)。

然而, 20 世纪 80 年代中期以前, 粮食作物连年丰收, 造成了相对过剩。与之相反, 经济作物产量较欠缺。1985 年, 国家取消了统购统销制度, 扩大了市场调节的自主性, 推动种植业结构调整, 这也是中国的第一轮种植业结构调整, 重点就是 "压粮扩经", 即压缩粮食作物的种植面积, 扩大经济作物的种植面积。全国第一轮种植业结构调整成果显著, 粮食作物、经济作物和其他农作物的种植比例从 1978 年的 80.33 : 11.21 : 8.46 变为 1991 年的 75.08 : 20.07 : 4.85, 经济作物的种植比例由 11.21% 增加至 20.07%。

2. 第二阶段: 1992~2003 年

自家庭联产承包责任制在全国推广实行以后, 种植业生产能力稳步上升。1992 年, 邓小平同志发表南方谈话, 农村改革开始向社会主义市场经济转变, 第二轮土地承包期延长 30 年, 建立农产品收购保护价政策, 种植业不断发展。

1992 年, 全国粮食播种面积为 1.11 亿公顷, 2003 年减至 0.99 亿公顷, 主要是水稻和小麦的播种面积减少导致的, 其中, 小麦播种面积减少最多, 为 849.89 万公顷, 与之相反, 玉米和大豆播种面积分别增加 302.47 万公顷和 209.20 万公顷。就粮食产量而言, 由 1992 年的 4.43 亿吨降至 2003 年的 4.31 亿吨, 其中, 水稻产量减少最多, 为 2 556.64 万吨, 玉米产量增加最多, 为 2 044.72 万吨。就经济作物而言, 棉花播种面积由 1992 年的 683.50 万公顷减至 2003 年的 511.05 万公顷; 油料作物播种面积由 1992 年的 1 148.94 万公顷增至 2003 年的 1 499.00 万公顷; 糖料作物播种面积由 1992 年的 190.58 万公顷降至 2003 年的 165.74 万公顷; 蔬菜播种面积由 1992 年的 703.10 万公顷增至 2003 年的 1 795.38 万公顷; 果园面积由 1992 年的 581.80 万公顷增至 2003 年的 943.65 万公顷; 茶园面积由 1992 年的 108.42 万公顷增至 2003 年的 120.73 万公顷。

在经历了全国第一轮种植业结构调整后, 经济作物产量有了较大幅度上涨,粮食作物产量仍然持续增加，农业综合生产能力普遍提高，全国农产品产量出现过剩。1989 年以后，国民经济连续三年下行，城乡居民收入低增长，国内农产品市场需求低迷，进而导致 1990~1992 年出现了"卖粮难"现象。1991 年出现了以南方早籼稻为主的"卖粮难"现象，然而，与南方早籼稻不同的是，粳稻等优质农产品销路好、价格高。1992 年，全国第二轮种植业结构调整由此展开，重点是发展"三高"农业，即高产、优质、高效的农业。

3. 第三阶段：2004~2015 年

2004 年开始，中国实施了保护和提高粮食生产能力等政策发展种植业，粮食产量逐年创造历史新高。2004~2006 年，粮食增产 2 556.64 万吨，粮食价格面临较大的下行压力，如何调控粮食市场价格，继续稳定粮食生产，避免重蹈"谷贱伤农"的老路，成为决策者面临的主要问题。为此，2004 年以来，国家采取了一系列对粮食的宏观调控措施，涉及农田和耕地、粮食生产、市场价格、进出口和库存等多个方面，如通过控制保护农田和耕地，确保粮食生产和粮食安全的基础条件；通过实行"三补贴"政策，鼓励粮食生产、调动农民种粮积极性，而通过实施最低收购价政策来稳定粮食生产、稳定市场粮价和增加农民收入是众多宏观调控措施中的重要一项。2004 年开始，中国尝试在水稻主产区实行最低收购价政策，2006 年开始在小麦主产区实行最低收购价政策，2008 年开始在玉米和大豆主产区实行临时收储政策。2001 年中国加入世界贸易组织（World Trade Organization，WTO）后，对外开放水平大幅度提高，农产品进出口贸易规模不断扩大。

2004~2015 年，粮食作物播种面积由 1.02 亿公顷增至 1.19 亿公顷，其中，水稻由 2 837.88 万公顷增至 3 078.41 万公顷；小麦由 2 162.60 万公顷增至 2 456.69 万公顷；玉米由 2 544.57 万公顷增至 4 496.84 万公顷，增幅高达 76.72%。同时，粮食作物产量也随其播种面积的增加而增加。2004~2015 年，粮食作物产量由 46 946.95 万吨增至 66 060.27 万吨，其中，玉米产量涨幅最高，高达 103.39%，增长了 13 470.51 万吨。2004~2015 年，经济作物中棉花和油料作物播种面积减少，糖料作物、蔬菜、水果、茶叶播种面积增加。棉花由 569.29 万公顷减少至 377.50 万公顷，减幅达 33.69%；油料作物由 1 443.07 万公顷减至 1 331.44 万公顷；蔬菜由 1 756.04 万公顷增至 1 961.31 万公顷；果园由 976.82 万公顷增至 1 121.22 万公顷；茶园由 126.23 万公顷增至 264.08 万公顷，增幅高达 109.21%。

2004~2015 年，中国农产品贸易量不断上涨，贸易规模不断扩大。从进口量来看，谷物及谷物粉由 974.00 万吨增至 3 270.44 万吨，增幅高达 235.77%，其中，小麦减少 58.60%，稻谷和大米增加 344.33%，大豆增加 303.82%；食糖由 121.00 万吨增至 484.59 万吨；棉花由 191.00 万吨减少至 147.49 万吨。从出口量来看，谷物及谷物粉由 473.00 万吨减少至 47.84 万吨，其中，稻谷和大米减少 68.44%，玉米减少 99.52%；蔬菜由 470 万吨增至 832.62 万吨，增幅达 77.15%；食用植物油由 6.52 万吨增至 13.53 万吨，增幅高达 107.52%；棉花由 0.91 万吨增至 2.89 万吨，涨幅达 217.58%；茶叶增加 15.98%。

4. 第四阶段：2016 年至今

2016 年 4 月 11 日，农业部出台《全国种植业结构调整规划（2016—2020 年）》，此文件明确指出，这个阶段种植业结构调整的目标主要是"两保、三稳、两协调"。"两保"即保口粮、保谷物，"三稳"即稳定棉花、食用植物油、食糖自给水平，"两协调"即蔬菜生产与需求协调发展、饲草生产与畜牧养殖协调发展。当前，我国种植业发展的问题不在总量，而在于作物种植结构。从三大主粮看，小麦、水稻口粮品种供求平衡，玉米出现阶段性供大于求。因此，第四轮种植业结构调整的重点是调减玉米种植面积。具体来看，品质上，在稳定水稻、小麦口粮品种面积的同时，重点是优化水稻和小麦的品质结构，来满足市场对"三高"农产品的需求；数量上，重点是调减非优势区的玉米种植面积。2015 年 11 月，《农业部关于"镰刀弯"地区玉米结构调整的指导意见》提出，力争到 2020 年，"镰刀弯"地区玉米种植面积稳定在 1 亿亩①，比目前减少 5000 万亩以上，重点发展青贮玉米、大豆、优质饲草、杂粮杂豆、春小麦、经济林果和生态功能型植物等，推动农牧紧密结合、产业深度融合，促进农业效益提升和产业升级。此轮种植结构调整的核心措施是巩固提升优势区的玉米产能，调减非优势区的玉米种植面积，同时要调减籽粒玉米、扩大青贮玉米、适当发展鲜食玉米。一方面，要做好"减法"，即重点调减东北第四五积温带、北方农牧交错区、西北风沙干旱区、西南石漠化区等"镰刀弯"地区的非优势区玉米。另一方面，要做好"加法"，即积极引导农民将调减下来的玉米种植面积，改扩种市场需要的大豆、杂粮杂豆、马铃薯、青贮玉米、优质饲草等农作物。

2020 年，粮食作物播种面积为 1.17 亿公顷，其中，玉米播种面积为 4 126.43 万公顷，较 2016 年减少 6.59%；大豆播种面积为 988.25 万公顷，较 2016 年上涨 30.06%。经济作物中，棉花和油料作物播种面积有小幅度的下降，蔬菜和果园面积分别增长 9.88% 和 15.84%，茶园面积增长 18.14%。2020 年，粮食作物产量为 6.69 亿吨，其中，玉米产量减少 1.12%，大豆产量增加 44.18%。蔬菜和水果产量分别增加 11.09% 和 17.57%，茶叶产量增加 26.74%。

____

① 1 亩≈666.67 平方米。

1.1.2　演变特征

1. 经营方式由"分散经营"向多种经营方式并存转变

过去，我国种植业经营主体以小农户为主，经营方式以分散经营为主，总体上抵抗自然风险和社会风险能力弱，生产成本高，收益低。随着社会经济的发展和农业科技的不断提高，种植业的经营主体和经营方式发生了天翻地覆的变化，经营主体出现了农民合作社和家庭农场等新型主体，经营方式开始朝着专业化和产业化发展，"公司+农户"、"合作社+农户"、"订单农业"和"休闲观光农业"等新兴经营方式相继出现。截至 2021 年 4 月底，全国依法登记的农民合作社达到 225.9 万家，较 2011 年 6 月底的 45 万家增长了约 4 倍。截至 2019 年底，全国家庭农场增加到 85 万个，较 2015 年增长了约 2 倍；县级及以上示范家庭农场数量由 4 万个增加到 12 万个，增长了 2 倍。截至 2020 年 6 月底，全国家庭农场数量已经突破 100 万个。

2. 增长方式由劳动密集型向资本和技术集约型转变

种植业增长方式逐渐发生改变，由劳动密集型向资本密集型和技术密集型转变。种植业生产力的提高不再仅仅依靠农业劳动力优势的拉动，更多的是依靠资本和技术集约化拉动，资本和技术对种植业发展的贡献率不断上升，劳动力和土地对种植业发展的贡献率不断下降。

2005 年我国农作物耕种收综合机械化水平为 35.93%，2020 年上升至 71.25%，农业机械化率显著提高。就不同农作物而言，2020 年水稻的耕种收综合机械化率达 84.35%；小麦的耕种收综合机械化率达 97.19%，完全实现了机械化。玉米的耕种收综合机械化率达 89.76%，大豆的耕种收综合机械化率达 86.70%，油菜的耕种收综合机械化率达 59.91%，马铃薯的耕种收综合机械化率达 48.07%，花生的耕种收综合机械化率达 63.96%，棉花的耕种收综合机械化率达 83.98%。2017 年我国农业科技贡献率为 57.50%，2020 年增长至 60.70%，农业增长方式开始由传统要素（土地、劳动力等）推动为主转为以农业科技推动为主，科学技术在农业生产中的作用越来越重要，科技已成为农村经济发展最重要的驱动力。

3. 生产目标向追求质量、效益与环境并重转变

过去我国种植业的生产方式付出了较大的资源环境代价，但随着农业科技水平的不断提高，这种拼资源、拼消耗的生产方式发生了变化，开始朝着追求质量和效益、节约资源和保护环境并重的方向发展。

1978~2015 年, 农用化肥施用折纯量逐年增加, 由 884.00 万吨增加至 6 022.60 万吨, 涨幅高达 581.29%。1991~2013 年, 农药使用量不断增加, 由 76.53 万吨增至 2013 年的 180.77 万吨, 涨幅达 136.21%。1991~2015 年, 农用塑料薄膜使用量也大幅上涨, 由 64.21 万吨增至 2015 年的 260.36 万吨, 涨幅达 305.48%。农业部 2015 年提出实施农药化肥零增长行动, 行动初显成效。2016~2020 年, 农用化肥折纯量、农药使用量、农用塑料薄膜使用量逐年减少。农业生产目标向着提升农产品质量、追求农产品效益和降低资源环境代价转变。

4. 种植结构由以粮食为主向粮经饲协调发展转变

改革开放以来, 我国种植业结构不断调整, 总体呈以粮食为主向粮经饲协调发展转变的特征。现阶段我国持续推进供给侧结构性改革, 种植业区域布局基本形成, 实现了"以粮为纲"向"粮经饲协调发展"的新跨越。当前, 我国实施藏粮于地、藏粮于技战略, 巩固棉花、油料、糖料等经济作物的生产, 并推进优质饲草料种植。经过改革开放 40 多年来的调整, 我国种植业产量显著提高, 质量明显提升, 作物布局结构更加合理, 效益也逐渐上升。

1978 年农业产值占农林牧渔业总产值的比重为 79.99%, 2020 年下降至 52.07%。从农业内部结构看, 粮食作物播种面积占农作物总播种面积的比重, 由 1978 年的 80.34% 下降到 2020 年的 69.72%; 蔬菜播种面积占农作物总播种面积的比重, 由 1978 年的 2.22% 上升至 2020 年的 12.83%。2021 年, 中国粮改饲完成面积 2 000 万亩以上, 收储优质饲草 5 500 万吨。

5. 生产布局逐步由传统主产区向优势产区集中演变

改革开放以来, 我国相继实施优势农产品区域布局规划及特色农产品区域布局规划, 现已基本形成了区域化布局、专业化生产的农业产业格局, 农产品生产的集聚效应日趋凸显。2003 年农业部发布《优势农产品区域布局规划 (2003—2007 年)》, 确定 11 种优势农产品, 规划其优势生产区域, 重点培育优势农产品和优势产区, 建设优势农产品产业带, 推动农产品竞争力增强, 农业增效和农民增收。《优势农产品区域布局规划 (2003—2007 年)》实施五年来, 我国农业生产区域布局和优势农产品产业带建设取得了明显的阶段性成效。在总结上一轮规划实施情况的基础上, 2008 年农业部出台了《全国优势农产品区域布局规划 (2008—2015 年)》, 进一步巩固规划成果, 形成明显的农产品优势产区。2016 年《全国种植业结构调整规划 (2016—2020 年)》出台, 明确提出了调整的主要作物为粮食、棉花、油料、糖料、蔬菜及饲草作物。推进种植业结构优化调整, 优化品种结构和区域布局, 构建粮经饲统筹、农牧结合、种养加一体、一二三产业融合发展的格局, 走产出高效、产品安全、资源节约、环境友好的农业现代化道路。

经过农作物生产布局几轮优化调整，我国已形成了东北大豆玉米、黄淮海地区花生小麦、长江流域油菜、黄河流域及西北内陆棉花等优势产业带。就粮食作物生产布局的变化而言，粮食主产区逐渐向东北和中部地区集中和转移，其中，南方水稻优势区域继续稳固；东北水稻重要性凸显；小麦主产区逐渐向中部地区集中；玉米主产区逐渐向东北和中原地区集中。就经济作物生产布局的变化而言，棉花向优势产区新疆集中，糖料作物向优势产区广西、云南和广东集中。2020 年新疆棉花产量 516.10 万吨，占全国棉花产量的比重高达 87.30%；2020 年广西、云南和广东 3 省（区）糖料产量合计为 10 376.40 万吨，占全国糖料产量的 86.40%。

6. 国际贸易总量不断增长与国际竞争力逐渐减弱并存

农产品贸易总量持续扩大，但农产品国际竞争力还处于较低水平。自 2001 年中国加入 WTO 以来，农产品贸易规模快速增长，总量不断攀升，中国成为全球农产品贸易大国。加入 WTO 前的 1996~2000 年，中国农产品贸易额年均增速为 2%；加入 WTO 后，农产品贸易额由 2001 年的 280 亿美元增至 2020 年的 2 468 亿美元，复合年均增长 12.14%。2001 年，中国农产品贸易总额约占全球贸易总额的 3%，2020 年上升至 9%，由全球排名第 11 位攀升至第 2 位，仅次于美国。加入 WTO 后，中国农产品贸易规模不断扩张，国际地位显著提升。

虽然中国农产品国际贸易总量不断增长，但加入 WTO 后中国贸易顺差转为逆差，大宗农产品呈现全面净进口态势。加入 WTO 前，中国农产品出口金额常年高于进口金额，国际贸易基本保持顺差；加入 WTO 后，进口金额以高于出口金额增长的速度迅猛增加，国际贸易由顺差逐渐转为逆差。2001~2020 年，农产品进口金额由 119 亿美元增至 1 708 亿美元，复合年均增长 15%；出口金额由 161 亿美元增至 760 亿美元，复合年均增长 8.51%。自 2004 年起，中国农产品国际贸易由顺差转为逆差且逐年扩大。

1.1.3　成就与经验

1. 主要成就

1）种植业生产实现了跨越式发展，保障了国家粮食安全

改革开放以来，中国粮食作物产量呈波动增长态势，不断迈上新台阶。粮食作物总产量从 1978 年的 30 476.50 万吨增长到 2020 年的 66 949.15 万吨，增加了 36 472.65 万吨，增长率高达 119.67%，连续跨越了 3 个台阶（图 1-1）。以 1978 年为起点，到 1989 年粮食总产量稳定超过 40 000 万吨，用了 11 年的时间；1989 年到 2007 年，粮食总产量稳定超过 50 000 万吨，用了 18 年的时间；2007 年到

2013 年，粮食总产量超过 60 000 万吨，仅用了 6 年的时间。粮食总产量每跨越一个台阶所需时间呈现先增加后减少的趋势，这表明中国粮食生产能力总体上不断提升。需要指出的是，自 2004 年国家出台中央一号文件以来，中国粮食总产量实现了"十七连丰"的好成绩，到 2015 年，粮食总产量首次超过 65 000 万吨，且以稳定的态势连续 5 年超过 65 000 万吨。从粮食作物中的三大主粮来看，2020 年中国水稻、小麦、玉米产量分别达 21 185.96 万吨、13 425.38 万吨、26 066.52 万吨，较 1978 年分别增长了 54.72%、149.36%、365.93%。粮食总产量增加的近一半主要来自玉米产量的增长，其次为小麦和水稻。

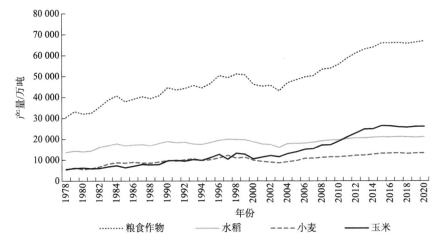

图 1-1　　1978~2020 年中国粮食作物及三大主粮的产量变化

1978~2020 年，中国粮食作物播种面积呈先缓慢下降后持续增长的变化趋势（图 1-2），1978~2003 年波动下降，2004~2020 年持续增长后又略微下降。2020 年粮食作物播种面积为 11 676.82 万公顷，较 1978 年的 12 058.72 万公顷减少 381.90 万公顷，这主要是因为水稻和小麦的播种面积减少了。2020 年水稻和小麦的播种面积较 1978 年分别减少 434.53 万公顷和 580.26 万公顷，与水稻和小麦播种面积减少趋势相反，2020 年玉米的播种面积较 1978 年增加 2 130.31 万公顷。

在粮食作物产量迅速增长的同时，棉花、油料作物、糖料作物、蔬菜、水果、茶叶等经济作物产量也快速增加（图 1-3）。2020 年棉花产量为 591.05 万吨，较 1978 年增加 374.35 万吨；油料作物产量为 3 586.40 万吨，较 1978 年上涨 587.33%；糖料作物产量为 12 014.00 万吨，较 1978 年上涨 404.39%；蔬菜产量为 74 912.90 万吨，较 1995 年上涨 191.19%；水果产量为 28 692.36 万吨，较 2000 年上涨 360.91%；茶叶产量为 293.18 万吨，较 1978 年上涨 993.96%。

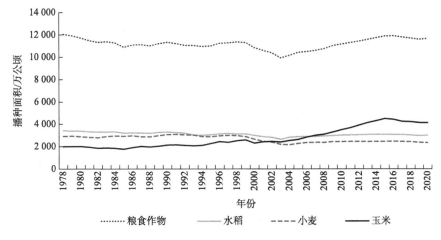

图 1-2 1978~2020 年中国粮食作物及三大主粮的播种面积变化

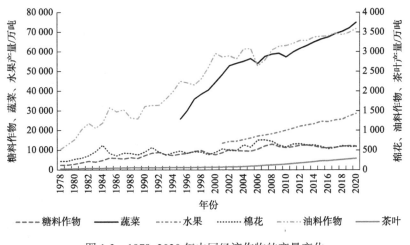

图 1-3 1978~2020 年中国经济作物的产量变化

1978~2020 年，除棉花之外的经济作物的播种面积变化整体呈上升态势（图 1-4）。2020 年，油料作物播种面积为 1 312.91 万公顷，较 1978 年增长 111.00%；糖料作物播种面积为 156.85 万公顷，较 1978 年增加 68.90 万公顷；蔬菜播种面积为 2 148.55 万公顷，较 1978 年上涨 545.04%；水果播种面积为 1 264.63 万公顷，较 1978 年上涨 663.36%；茶叶播种面积为 321.67 万公顷，较 1978 年增加 216.91 万公顷。与之相反，棉花的播种面积呈波动下降趋势，由 1978 年 486.64 万公顷降至 2020 年的 316.89 万公顷，降幅为 34.88%。

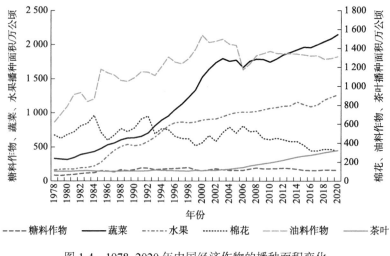

图 1-4　1978~2020 年中国经济作物的播种面积变化

2）种植业结构不断优化调整，食物供求结构性矛盾持续缓解

国内农业生产是我国居民食物消费的主要来源，随着国家经济和居民收入水平的不断提高，居民对食物供给的数量和质量提出了更高的要求，食物需求更加多样化，同时追求饮食营养均衡，因而，食物需求端的改变对食物生产端提出了相应的要求。40 多年来，我国种植业农产品种类丰富，种植结构日益优化。1978年我国粮食作物播种面积占农作物总播种面积的比重高达 80.34%，2020 年下降至 69.72%，同时，在粮食作物中，水稻播种面积比重从 28.54% 降至 25.76%；小麦播种面积比重由 24.20% 降至 20.02%；玉米播种面积比重从 16.55% 上升至35.34%。玉米产量与播种面积比重不断上升最主要的原因是，随着城镇化进程的加快及人们生活水平的不断提高，口粮消费量逐步降低，饲料粮消费快速增长，进而大大增加了对玉米的需求。与粮食作物比重下降相反，经济作物比重不断上升，蔬菜、水果、茶叶等经济作物的产量与播种面积增加。饲料粮与经济作物产量的增长缓解了食物供求的结构性矛盾。

3）种植业生产布局不断优化，地区优势进一步凸显

改革开放以来，我国种植业生产布局不断优化调整，种植业供给侧结构性改革也在不断推进。从 2003 年开始，农业部发布了一系列优化农作物生产布局的政策文件，如《优势农产品区域布局规划（2003—2007 年）》《全国优势农产品区域布局规划（2008—2015 年）》和《全国种植业结构调整规划（2016—2020 年）》。这些文件的核心精神均是充分发挥我国的农业区域比较优势，重点培育一批优势农产品及确定它们的优势产区，推动优势农产品向优势产区集中生产，提升我国优势农产品在国际市场的竞争力，促进我国农业增效和农民增收。

通过几轮种植业生产布局调整的提出与实施，我国农作物生产布局不断优化，

农作物生产区域优势日渐凸显，优势农产品区域化格局基本形成，形成了一批特色鲜明、布局集中的农产品优势产业带，如东北平原、黄淮海地区、长江中下游平原等粮油优势产区，新疆棉花优势产区，广西、云南、广东甘蔗优势产区，东北大豆优势产区等。

4）种植业生产基础更加稳固

改革开放以来，我国种植业的生产基础不断稳固，生产基础包括耕地条件、灌溉条件、物质技术装备水平、育种水平、农业科技水平等。在耕地条件方面，耕地数量稳定，严守18亿亩耕地红线，严格控制耕地转为林地、草地、园地等其他农用地，耕地优先用于粮食和棉、油、糖、蔬菜等农产品生产，同时，国家实行永久基本农田保护制度，永久基本农田经依法划定后，任何单位和个人不得擅自占用或者改变其用途。另外，国家出台了一系列保护和提升耕地质量的政策，如加强耕地保护与质量提升；开展化肥减量增效示范；开展耕地深松；实施耕地轮作休耕试点；建设高标准农田；等等。在灌溉条件方面，与1978年的82 937座水库相比，2020年的水库数量达到98 112座，增加了15 175座，增长18.30%。1978~2019年，有效灌溉面积连续跨越三个阶段，且每个阶段所用时间越来越短，具体表现为从1978年的4 496.5万公顷到1996年的5 038.1万公顷，到2010年的6 034.8万公顷，再到2020年的近7 000.0万公顷，分别用时18年、14年、10年。在物资技术装备水平方面，我国农业机械总动力从1978年的1.17亿千瓦增至2020年的10.56亿千瓦，增长率高达802.56%，同时农用大中型拖拉机数量从1978年的55.74万台增长至2020年的477.27万台，小型拖拉机数量从1978年的137.30万台增至2020年的1 727.60万台。在农业科技水平方面，我国农业科技贡献率由1978年的27%增长到2020年的61%；截至2021年底，有全国农业科研机构从业人员约7万人，农业领域新晋两院院士46人，234项成果获得国家自然科学奖、国家技术发明奖、国家科学技术进步奖；全国有农技推广机构5万个，农技推广人员约50万人。

5）种植业生产方式发生深刻变革，种植业功能不断拓展

随着农业生产技术和科技水平的提升，设施农业、无土栽培、观光农业、精准农业等新型农业生产模式快速发展，种植业的功能不断拓展，不仅具有生产和供给农产品、获取收入的经济功能，还具有生态、社会和文化等多方面的功能。一是农产品供应呈现多样化、精细化、优质化、均衡化，有效满足了广大人民群众对农产品数量和质量方面的需求；二是随着养殖业和农产品加工业的迅速发展，种植业饲料化、工业化、能源化特征越来越明显；三是种植业在保障农民就业和促进农民增收方面仍然占据主导地位，农民家庭经营收入近50%来自种植业；四是水稻、小麦等农作物已经成为许多大中城市的绿色屏障，果、茶、桑等多年生经济作物在绿化荒山、涵养水源等生态保护方面发挥了重要作用；五是传统的茶

文化、花文化和中药文化进一步发展，农家乐、观光园、采摘园正在成为城乡人们休闲娱乐的新选择。

2. 主要经验

1）坚持和完善党对"三农"工作的领导

党管"三农"工作，是我们党的优良传统，也是最大的政治优势。新中国成立伊始，中央就非常重视"三农"工作。1982~1986年和2004~2022年，中央先后连续5年、19年出台了以"三农"为主题的中央一号文件。党的十九大报告提出了实施乡村振兴战略的重大决策和部署，并进一步强调"农业农村农民问题是关系国计民生的根本性问题，必须始终把解决好'三农'问题作为全党工作重中之重"，并且"要坚持农业农村优先发展"。在实践中，中央和全国各地一切从实际出发，不断建立健全、优化完善党委统一领导、政府负责、党委农业农村工作部门统筹协调的"三农"工作领导体制，不断完善党管"三农"工作的体制机制和方式方法，强化农业资源要素支持和制度供给，把坚持"三农"工作重中之重的战略定位和"农业农村优先发展"的基本原则体现到实际中。可见，党始终把加强和改善党对"三农"工作的领导作为推进农村改革发展和农业高质量发展的政治保证。正是在党的坚强领导和战略部署下，在持续实施的一系列支农强农惠农政策支持下，我国农业发展取得了举世瞩目的成就，迈上了新台阶，步入了新时代。可以说，如果没有党的正确领导、总揽全局、协调各方，我国的农业发展不可能取得如此卓著的成就。

2）重视土地制度创新，巩固和完善基本土地制度

制度创新是促进农业发展的重要手段和途径。我国在20世纪70年代末和80年代初经历了一场自下而上的制度改革。1978年，安徽省凤阳县小岗村率先实行"包产到户""包干到户"的家庭联产承包责任制，开启了农村农地制度改革的序幕，并逐渐向全国推广。家庭联产承包责任制实现了土地所有权与承包经营权的分离，保证了农民对土地的经营权及农业剩余的索取权，极大地提高了农民生产的积极性[1]。有研究表明，在改革初期的粮食增长中，约35%的粮食单产增长源于家庭联产承包责任制[2]。随着城市化与工业化的不断推进，大量农村年轻劳动力转移到城市，农村出现大量土地撂荒，土地细碎化，集体所有权、承包权和经营权之间权责边界不清晰等问题[3]。为了解决这些问题，国家进一步对家庭联产承包责任制进行了创新，实行农地"三权分置"。由"两权分离"演变成"三权分置"的农地产权，调整了与生产力不相适应的生产关系，强化了集体对土地的所有权，稳固了农户对土地的承包权，进一步放活了土地经营权的财产功能[4]。

3）重视技术进步，不断推动种植业转型升级

2020年，中国农业科技进步贡献率达到约61%，意味着我国农业的发展已经

由资源依赖型转化为科技驱动型[5]，而这主要得益于政府对农业技术进步的重视与资金人才投入。我国政府对农业科技的投入主要体现在以下几点：第一，始终坚持"科学技术是第一生产力"的指导思想。政府主要通过一系列法律、政策与文件支持农业科技发展，如《中华人民共和国农业技术推广法》《中国农业科学技术政策》及科教兴国战略等，从国家层面提升农业科技的重要地位。第二，持续加大农业科技研究的投入力度。政府对农业科技的投入从1978年的72亿元增长至2015年的550亿元，年均增长5.65%；农业科技研发投入也从1978年的1亿元逐渐增加至2015年的260亿元，极大地推进了农业科技进步[6]。第三，注重农业科技推广与应用。各级政府组织的科技下乡、科技入户和农民科技培训，有利于从根本上提高农民对农业科技的认知水平，促进农民掌握并应用农业科技。第四，不断增加科技专项支农资金。例如，农机具购置补贴作为重要的科技专项支农资金，在提升农业机械化水平方面产生了重要作用。到2020年，政府已经累计投入2 392亿元的农机具购置补贴，共帮助3 800万个农业生产经营组织和农民购置4 800多万台农业机械。

4）坚持市场化改革，农业发展质量不断提高

1978年以来，我国始终坚持市场化改革，而市场化改革是从土地制度开始的，土地制度改革也是从家庭联产承包责任制开始的。家庭联产承包责任制规定了集体对土地的所有权，农户对土地的使用权，允许农户自主经营土地，使得农村市场得以发育，有利于农业生产要素的优化配置。20世纪80年代，政府不断推进农产品交易品种和地点的市场化，主要表现为，政府从最开始只允许蔬菜、水果、水产品和部分畜产品在本地交易，到允许大部分农产品的自由流动。1985年，国家废除了统购统销制度，采取购销与价格"双轨制"。21世纪初期，国家以社会主义新农村建设为背景，实行"以工促农、以城带乡"的政策，统筹城乡协调发展，进一步激发了农村市场活力。2012年后，农村市场化改革也进入了深化改革的阶段。2015年，中共中央办公厅、国务院办公厅印发的《深化农村改革综合性实施方案》指出，当前和今后一个时期，深化农村改革要聚焦农村集体产权制度、农业经营制度、农业支持保护制度、城乡发展一体化体制机制和农村社会治理制度等5大领域。我国不断深化的市场化改革，其本质就在于不断处理好政府与市场的关系，调整不适应生产力发展的生产关系，提高农民参与市场的积极性，促进农业生产要素的优化配置，进而提高农业的发展质量。

5）基础设施建设持续投入提供了重要支撑

回顾过去几十年，我国政府不断加大对农村基础设施的投入力度，提高了农业的综合生产能力。1990~2019年，农村水电建设本年完成投资额从348 848万元增长到709 750万元，增长了103.5%；2019年农村发电量增加至25 331 509万千瓦时，相比于1990年增长了21 150 409万千瓦时，复合年均增长6.4%，为农

业生产的开展提供了电力保障。有效灌溉面积从 1978 年的 4 496.5 万公顷增加至 2020 年的 6 910.2 万公顷，增加了 2 413.7 万公顷，增长 53.7%，提高了土地的生产力。此外，交通和通信等方面的建设也取得了长足发展，提高了农业生产效率。2019 年，71.7%的农户所在自然村能便利地乘坐公共汽车，98.9%的农户所在自然村内主要道路路面为硬化路面。互联网普及率从 2002 年的 4.6%增至 2021 年的 73.0%。

　　6）农业支持保护政策调动了农民生产积极性

　　改革开放以来，中国城乡收入差距有扩大趋势[7]。为了增进农民的获得感，国家决定将改革的重心转移到农村上来，取消农业税自然而然就成为改革的首选措施。2001 年中国加入 WTO 以后，农业面临着外部冲击。为了应对这一冲击，政府逐步建立并完善了农业支持保护体系，如 2004 年开始实行的粮食最低收购价政策、2007 年推行的政策性农业保险、2007~2009 年陆续制定的重要农产品临时收储政策、补贴政策（种粮农民直接补贴、良种补贴及农机购置补贴）、2016 年出台的玉米生产者补贴制度等。农业支持政策提高了农民等生产经营主体参与农业生产的积极性，增加了他们的收入，促进了农业的可持续发展。

1.1.4　中国农作物种植制度演变历程

　　耕作制度是种植农作物的土地利用方式以及有关的技术措施的总称，主要包括作物种植制度及与种植制度相适应的技术措施。从我国的农业发展历史来看，大体经历了原始农业、传统农业、现代农业三个阶段，相应地，耕作制度也经历了撂荒耕制、休闲耕作制、连年耕作制、轮作复种制、连作和轮作复种制五个典型阶段[8]。

　　种植制度是耕作制度的核心，种植制度的演变特征与耕作制度的演变特征如出一辙。种植制度是一个地区或生产单位的作物结构与布局、作物种植次数、作物种植方式的总称，其中，作物结构与布局是指一个地区或生产单位作物种植的种类、分布和面积比例；作物种植次数是指一年内同一地块上的复种与熟制；作物种植方式是指单作、间作、套作、混作、轮作、连作等。

　　1. 种植制度演变的五个典型阶段与特征

　　原始农业时期，我国采用撂荒耕作制，前期实行年年易地的粗放经营；后期采用连种若干年、撂荒若干年的耕作方法。春秋时期，我国开始采用休闲耕作制，即耕种的土地和撂荒地之间定期轮换，这一时期，各类土地不再实行一致的休耕时间，而是根据土壤肥瘠不同确定土地休耕与否及休耕时间的长短。西汉时期，我国开始采用连年耕作制，连年耕作制是以豆类作物，并配合土壤耕作、施肥等养地手段与谷类及工业原料类的大田作物轮换种植，包括禾豆制、绿肥制、草田制，农业生产方式也从原来的粗放经营向精耕细作转变。隋朝时期，我国开始采用轮作复种制；唐朝时期冬小麦种植面积扩大，两年三熟复种制形成；南宋时期稻麦一年二熟制得到全面推广；明代时期，在湖南一带出现了绿肥、稻、豆等一年多熟制；清代时期，福建、安徽等地有了麦—稻—稻一年三熟制。中华人民共和国成立以来，我国开始采用连作和轮作复种制度，在北方，一年一熟和二年三熟为华北地区种植制度的主体，以春玉米、冬小麦、大豆二年三熟或春作物一年一熟居多。在南方，早期以单季稻和稻麦一年二熟为主，到了 20 世纪 70 年代，长江中游与华南地区在稻麦一年二熟和双季稻基础上，又发展了双季稻一年三熟。

2. 种植制度的全国区划

20 世纪 80 年代中期，韩湘玲等完成了中国种植制度的区划，建立了种植制度区划指标体系，按照热量、水分、地貌与作物，采用区域分区和类型区划分相结合的方法，将中国种植制度划分为 3 个零级带、11 个一级区和 30 个二级区[9]。王宏广在对中国耕作制度研究中，把全国划分为 3 个耕作区（一熟、二熟、三熟），一熟耕作区包括 6 个一级区和 17 个二级亚区，二熟耕作区包括 4 个一级区和 16 个二级亚区，三熟耕作区包括 3 个一级区和 7 个二级亚区[10]。刘巽浩和陈阜在研究中国农作制度中，为满足不同层次与不同角度的需要，研究制定了 3 种农作制度分区：一是农作制综合分区，从综合的角度，以县域为基本单元，将全国划分成 10 个农作制一级区和 41 个亚区；二是在以上分区研究基础上，仍以县域为基本单元，集中分析东部沿海、中部平原和西部高原三片农作制的特点；三是不打破省界的农作制分区[11]。杨晓光和陈阜在研究气候变化对中国种植制度影响时，采用刘巽浩等的指标体系，采用了分级分类的方法，即零级带统一按热量划分，一级区与二级区按热量、水分、地貌与作物划分[12]。

此外还有不少学者按作物品种进行区划分析，全国种植制度气候研究南方协作组对我国南方稻区种植制度进行气候生态区划研究，按照熟制将南方稻区划分为 4 个一级区和 9 个亚区[13]。梅方权等根据各地生态环境、社会经济条件和水稻种植特点，将中国稻区划分为 6 个稻作区（一级区）和 16 个稻作亚区（二级区），并对各个稻作区和亚区的基本情况、自然生态条件、稻田种植制度、品种类型、主要病虫害等作了评述[14]。中国水稻研究所根据水稻种植区域的自然生态因素和社会、经济、技术条件，将中国稻区划分为 6 个稻作区和 16 个稻作亚区[15]。龚绍先等运用模糊聚类的方法对北方冬小麦越冬冻害进行划区域分析，认为北方冬小麦冻害区划可以分为基本无冻害、轻冻害、中等冻害、重冻害、严重冻害和冬小麦不适宜种植 6 个区[16]。农业部种植业管理司依据生态自然条件、社会经济条件和农业技术条件将我国玉米种植区划分为北方春播玉米区、黄淮海夏播玉米区、西南山地玉米区、南方丘陵玉米区、西北灌溉玉米区和青藏高原玉米区 6 个区[17]。

3. 农作物种植制度的时空变化

种植制度主要包括作物结构与布局、复种与熟制、作物种植方式三个方面，复种与熟制是种植制度的核心，种植制度常以熟制命名[18]。因而，本节详细描述我国农作物复种指数与作物熟制的时空变化，以此来表征农作物种植制度的时空变化。

改革开放以来，中国农作物复种指数变化整体呈现波动下降的趋势（图 1-5），其中，1978~1995 年呈现上升趋势，复种指数由 1978 年的 151% 增长至 1995 年的 157%。1998~1999 年，由于 1999 年耕地面积大幅度调整，而农作物总播种面积变化不大，复种指数由 1998 年的 164% 骤降至 1999 年的 120%。1999~2007 年变化幅度较小，2007~2020 年复种指数总体上呈现在波动中上升的趋势，复种指数由 2007 年的 117% 增长至 2013 年的 131%，但较 20 世纪 80 年代仍有较大的差距。

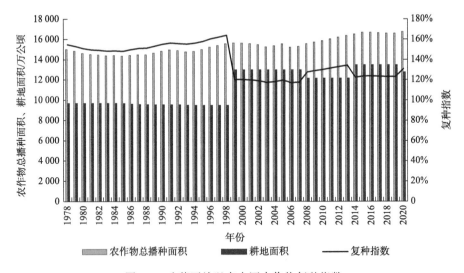

图 1-5　改革开放以来中国农作物复种指数

我国由南到北热量差异显著，存在一年一熟到一年三熟的多种耕作制度，大约有 40% 的耕地实行多熟种植，是耕地复种指数较高的国家之一。近 30 年来，全国范围的种植结构变化表现为粮食作物比重下降，经济作物比重逐步上升，同时粮食作物中，双季稻、小麦等的播种面积在下降，而一季稻等作物的种植面积却不断增加；经济作物中，花生、油菜籽、甘蔗和烟叶等作物的播种面积快速上升，而甜菜的种植面积却大幅减少[19]。大部分省区种植业的结构越来越趋于专业化,如新疆棉花种植面积快速增加,成为我国最大的棉花主产区,广西则大幅增加甘蔗的种植,成为我国最大的甘蔗主产区。

双熟区的热量条件提供了粮田一年两熟的可能,构成两熟制的上茬包括冬小麦、油菜、春玉米,其中多数为冬小麦;1985 年之前,由于生产条件的限制与技术水平的限制,主要的复种方式为小麦—玉米,小麦—水稻,油菜—水稻,小麦—棉花及果粮间作等模式;进入 90 年代,由于技术的进步及市场的影响,种植方式呈现多样化的趋势,出现了粮经间套作四种四收,五种五收,甚至七种七收的高产高效模式,间套作复种等种植方式的不断丰富,大大提高了土地生产率。

在 20 世纪 50 年代初期,三熟区进行了以"单季稻改双季、间作改连作、釉稻改粳稻"的"三改"为主的大规模耕作制度改革。例如,江西进行了"单季变双季、中稻变早稻、旱地变水田"的"三变";浙江省进行了"发展连作稻、发展三熟制、发展高产作物"的"三发展"等,70 年代开始逐步推广水田三熟制,麦—稻—稻、油—稻—稻等种植面积逐年扩大;1978 年后,种植方式进入了局部性调整阶段,没有再进行全面和大范围的耕作制度改革,这一时期的主要特征是增加了高产高效的经济作物的种植,同时压缩了部分不适宜种植双季稻的面积,复种指数自 80 年代以后又有所下降,90 年代在 200%左右。

20 世纪 50 年代中期、后期,针对我国耕作制度普遍存在复种指数低、生产力低等方面的问题,中央农业部提出在全国进行"单季改双季、间作改连作、釉稻改粳稻"的"三改",南方地区进行了大规模的耕作制度改革。湖北省江汉平原从 1956 年开始也进行了耕作制度的大改革,水田主要改冬泡、冬闲为冬种,改中稻为主为绿肥—双季稻;旱地以套种(套作)为中心,棉区推广"麦/棉""油/棉""蚕豆/棉"[20]。

20 世纪 50 年代至 70 年代后期,中国南方稻区普遍推广双季稻,单季稻改双季稻曾经为保障中国粮食安全起到了很大作用。进入 20 世纪 80 年代中后期,早晚两季水稻开始改为一季中稻或一季晚稻,特别是 1995 年之后,双季稻播种面积开始大幅度下降,而中稻种植面积开始迅速上升[21]。

21 世纪以来,随着城镇化、工业化的快速发展,大量优质耕地被建设项目占用,再加上农村劳动力流失,以及经济作物的相对较高收益带来的耕地非粮化,多种因素使得农作物复种指数明显低于 20 世纪七八十年代的农作物复种指数。尤其是水稻种植制度呈现由北向南"双改单"的变化趋势,转变最明显的区域位于长江中下游的两湖平原、鄱阳湖平原、安徽南部长江沿岸等传统单、双季稻作混合区[22]。近几年,由于耕地利用效率的提高、品种的改良及气候变暖等,我国农作物复种指数略有提高。受新疆北部地区大面积推广机械化作业及全球气候变暖的影响,新疆北部地区开始探索一年两作种植模式;安徽省沿江平原稻—稻区采用"早熟杂交稻+再生季"绿色高产高效种植模式,也在一定程度上解决了安徽省部分杂交稻早播早栽地区种植一季杂交稻后田块撂荒的问题。

1.2　中国种植业发展中存在的主要问题

1.2.1　生产组织化水平不高，现代经营主体培育不够

随着我国社会经济的发展，城镇化的快速推进，越来越多的农村青壮年选择外出务工，留在农村进行农业生产活动的劳动力大部分是身体素质较差、文化水平不高的老年人，农村的老龄化和空心化问题严重，与此同时，农业生产受自然风险和市场风险影响较大，小农分散经营难以抵抗农业面临的双重风险。传统的小农分散经营愈发困难且效益低下，农业现代化发展战略急需新的农业生产组织形式，如家庭农场、农民专业合作社、农业产业化龙头企业等。党的十八大报告提出，发展多种形式规模经营，构建集约化、专业化、组织化、社会化相结合的新型农业经营体系。此后，我国家庭农场、农民专业合作社、农业产业化龙头企业等新型农业经营主体不断涌现，竞相发展。截至 2021 年 9 月底，全国家庭农场超过 380 万个，平均经营规模 134 亩；全国依法登记的农民专业合作社高达 223 万家。

尽管新型农业经营主体层出不穷、稳步发展，农业生产组织形式也不断多样化，但依然存在一些问题。一是资金缺少，难以可持续发展；二是缺少劳动力，投入大收益小；三是土地约束，很难实现规模化；四是配套的基础设施不健全，抗风险能力差。新型农业经营主体的发展大多停留在初级阶段，普遍存在生产组织化程度较低、日常运行不规范问题，同时还存在服务保障不到位，新型农业经营主体和农户利益衔接不紧密等问题。

1.2.2　产业化经营水平不高，产业链条短且价值链条低

农业产业化经营是一种以市场为导向，以原农产品生产为基础，通过深加工农产品，依靠农业龙头企业组织，促进一二三产业融合，实现农业产业链条的延长和农业价值链的增值的新的生产经营组织形式。这种新的组织形式可以使小农户融入大市场以适应农业现代化的发展要求；可以转变小农户传统的生产经营方式，加快我国农业结构的转型升级。近年来，随着农业现代化的提出与乡村振兴战略的实施，我国农业产业化经营水平有了显著提高，产业链条有了一定延长，价值链也有了一定增值。截至 2021 年 9 月底，全国市级以上农业产业化龙头企业共吸纳近 1 400 万名农民稳定就业，各类农业产业化组织辐射带动 1.27 亿个农户，

户均年增收超过 3 500 元。

尽管我国农业产业化经营取得了一些骄人的成绩，但仍然面临一些不可忽视的问题。一是整体发展水平低、规模小、竞争力不强。我国农业劳动力整体文化水平不高、农村老龄化问题严峻，农业生产仍以传统的小农生产为主，农业生产效率不高，农业产业化建设难以开展，农业龙头企业十分缺乏，真正有实力的龙头企业更少，大多都是规模较小、带动能力较弱的小企业。二是农业产业链条拓展不足，价值链延伸不足。具体来说，初级农产品生产、农产品初级加工、农产品深加工、农产品销售和农产品品牌营销的前向延伸和初级农产品生产、种子培育、农资生产、农机制造的后向延伸不够；初级农产品生产、生态农业、旅游观光农业等横向拓宽不够；价值链上的每个链环在规模增加、适应能力增强、竞争实力提高方面也做得不够。

1.2.3　科技研发能力较低，关键技术方面有待挖掘

我国一直重视科技创新对经济发展的作用。从实施科教兴国、人才强国战略到深入实施创新驱动发展战略，从增强自主创新能力到建设创新型国家，在这个过程中，我国的研发经费投入也越来越多，由 2000 年 896 亿元增至 2020 年的 24 426 亿元，增长了约 26 倍，同时科技进步贡献率也越来越高，2020 年科技贡献率已超过 60%。同理，农业科技进步是提高农业生产率的重要动力，可以推动农业由大变强。2020 年我国农业科技进步贡献率达到 61%，农业科技创新已成为农业经济发展最重要的驱动力。

尽管我国农业科技取得了较大进步，促进了农业经济又快又好发展，但与发达国家相比，我国农业科技服务于农业发展的能力有待提高。具体表现在以下几个方面：一是农业科技研发资金依然不够。资金投入是农业科技进步的物质保障，资金投入不足会导致农业科技进步失去物质支撑，科技创新难有突破。二是缺乏专业的农业科技人才，农业科技创新缓慢。现有的农业科技人才理论知识丰富，但是实践知识非常欠缺，动手操作能力较差；同时，创新意识和创新思维较薄弱，对农业科技研发贡献较小。三是关键领域的技术有所欠缺，如动物育种技术、农机发展技术、农药化肥生产技术、农产品贮运保鲜技术等。

1.2.4　农产品质量安全水平有待提高

我国农产品质量安全事件时有发生，这些安全问题时刻威胁着人们"舌尖上的安全"。从农产品的生产环节来看，可能存在两个方面的安全隐患：一是农业生

产过程中化肥农药的过量使用导致农产品的毒性残留问题；二是农产品的生产环境问题，如土壤和灌溉水源的重金属污染问题。从农产品的加工环节来看，农产品的加工工艺落后，存在超量使用食品添加剂的现象，忽视了甚至没有考虑农产品食用的质量安全。从农产品的运输环节来看，农产品的贮存保鲜技术不成熟，运输过程可能会损坏了农产品的质量。从农产品的销售环节来看，农产品的质量安全溯源体系不健全，导致农产品出现质量安全问题时可能会不能准确问责。

1.2.5　农产品国内供求结构失衡，国际竞争力较低

自农业供给侧结构性改革提出以来，我国的农产品供给结构有了较大改善，主要表现在原农产品的供给结构向满足大众多样化需求的农产品及农产品加工产品的供给结构转变。尽管农产品供给结构实现了一定程度上的调整和优化，但依然有较大的进步空间，高产和优质农产品的市场还不发达。具体来看，一是农产品的国内供求结构失衡，供给与需求存在较大缺口。随着我国社会经济水平的不断提高与居民收入的大幅上涨，国内市场对农产品的需求不再只是大宗农产品，而是趋向于肉蛋奶等动物性食物及加工程度较高的副食品。因而，国内市场农产品供求关系出现了结构性失衡，供给端不能满足追求日益多样化和营养均衡饮食结构的农产品需求端。二是缺少优质和优势农产品，农产品的国际竞争力有待提升。这主要表现在粮食、油料、糖料、棉花等大宗农产品的价格竞争优势和质量竞争优势不明显及蔬菜、水果等高价值经济作物的质量竞争优势不明显。

1.3　新时代中国种植业发展面临的机遇与挑战

1.3.1　新时代中国种植业的发展机遇

1. 国家政策的大力支持

2004 年以来，中共中央连续发布了关于指导"三农"工作的中央一号文件，这些中央一号文件无论是在思想指导上还是在工作安排上都一脉相承。从 2004 年《中共中央 国务院关于促进农民增加收入若干政策的意见》的出台，到 2023 年《中共中央 国务院关于做好 2023 年全面推进乡村振兴重点工作的意见》的颁布，为农业发展提供了保障，农业发展的活力被进一步激活。

种植业是狭义上的农业范畴，是农业的主要组成部分。在过去 20 年中，除去 2011 年的中央一号文件，其余 19 年的中央一号文件都提出了关于种植业发展的

相关政策支持，党和国家对种植业的高度重视为其发展提供了良好的机遇。除了中央一号文件，农业部还发布了几轮种植业规划，为种植业的长久高效发展提供了支持。

2. 种植业供给侧结构性改革驱动

当前我国农业发展已进入新的历史阶段，主要矛盾由总量不足转变为结构性矛盾，突出表现为阶段性供过于求和供不应求并存，矛盾的主要方面在供给侧。2015 年 12 月 24 日至 25 日，中央农村工作会议在北京召开，会议强调，要着力加强农业供给侧结构性改革，提高农业供给体系质量和效率，使农产品供给数量充足、品种和质量契合消费者需要，真正形成结构合理、保障有力的农产品有效供给。"农业供给侧结构性改革"这一新鲜表述，通过中国最高级别的"三农"会议首度进入公众视野。种植业是农业的基础，农业供给侧结构性改革的推进为种植业的良好高效发展提供了重要机遇。

3. 乡村振兴战略带来的发展机遇

党的十九大提出实施乡村振兴战略，这是着眼于"两个一百年"奋斗目标导向和农业农村短板问题导向做出的重大战略部署，以及为推进"四化同步"和"五位一体"发展做出的重大战略决策。乡村振兴战略坚持农业农村优先发展，按照产业兴旺、生态宜居、乡风文明、治理有效、生活富裕的总要求，建立健全城乡融合发展体制机制和政策体系，统筹推进农村经济建设、政治建设、文化建设、社会建设、生态文明建设和党的建设，加快推进乡村治理体系和治理能力现代化，加快推进农业农村现代化，走中国特色社会主义乡村振兴道路，让农业成为有奔头的产业，让农民成为有吸引力的职业，让农村成为安居乐业的美丽家园。乡村振兴战略的提出与实施为种植业的现代化提供了良好发展机遇。

1.3.2　新时代中国种植业发展面临的主要挑战

改革开放以来，中国粮食播种面积稳定增加，单产连创新高，总产量相继跨越历史新台阶。与此同时，经济作物产量也保持增长态势，蔬菜和水果出口稳定增加，国际竞争力不断提高。中国用占全球 9% 的耕地和 6% 的淡水资源，养活了近 20% 的人口，实现了从饥饿到温饱再到小康的历史性巨变，取得了举世瞩目的成就，既保障了中国自身的粮食安全，也为全球的粮食安全做出了积极贡献。近年来，尽管中国食物供给不断增加，但国民食物消费结构正在转型升级，谷物等植物性食物消费量不断减少，肉、蛋、奶等动物性食物消费量刚性增长，食物供需结构矛盾突出。同时，未来动物性食物需求量增长的趋势加大了种植业的压力，尤其是饲料粮的供应。饲料粮已成为粮食总量需求最主要的增长点,这对我国粮食自给能力及种植业发展提出了挑战。种植业发展面临的主要挑战有以下六点。

1. 种植业劳动力呈现老龄化和妇女化,"谁来种粮"问题日益凸显

近年来,随着工业化与城镇化进程的不断推进,从事非农就业的农村劳动力越来越多,农村青壮年劳动力的转移导致了从事粮食生产的劳动力老龄化严重,其体力、素质呈现结构性下降,加之粮食比较收益低,农民减少或放弃种植粮食,"谁来种粮"问题越发受到各界关注。20 世纪 80 年代初我国仅有 200 万农村劳动力外出务工,改革开放以来城镇化增速不断加快,越来越多的农村劳动力涌入城市,2011~2019 年全国农民工总量由 25 278 万人增至 29 077 万人,农村第一产业就业人数则由 2000 年的 36 043 万人减少至 2019 年的 19 445 万人,减幅达到 46%。

农村劳动力转向非农就业已成为不可逆转的趋势,且外出务工的劳动力大多为青壮年,留下中老年及妇女在农村从事粮食生产,根据人口普查数据及农村统计数据测度的农村劳动力结构,30~49 岁的青中年农村劳动力比重由 2000 年的 56%降至 2015 年的 48%,而 50~64 岁的农村劳动力比重则呈现持续增长趋势,由 2000 年的 21%增至 38%(图 1-6)。随着农村青中年劳动力的减少及老龄化程度的加深,农业劳动力素质呈现结构性下降,这将影响农业生产的整体效率,阻碍新品种新技术的推广应用,直接制约农业生产方式创新与科技水平提升,再加上当前农业产业组织化程度仍较低,培育新型生产经营主体发展的步伐较为迟缓,劳动力因素对农业生产的制约将更加凸显,年龄大的人由于缺乏足够的体力与精力而放弃种粮,"谁来种粮"的困境亟待破解。

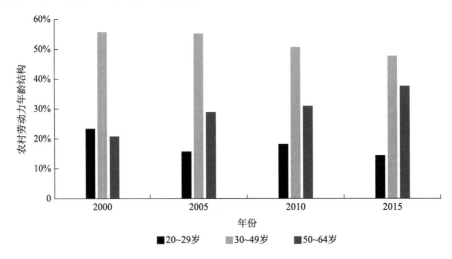

图 1-6 2000~2015 年中国农村劳动力年龄结构变化

2. 耕地数量有限且质量参差不齐，成为种植业发展的瓶颈

我国耕地的农作物增产空间十分有限。一是受城镇化发展和生态修复影响，我国耕地面积呈下降趋势，人均耕地面积有限。根据第三次全国国土调查数据，以 2019 年底为标准时点，我国耕地总面积约 19.18 亿亩，相较 10 年前第二次全国国土调查的 20.31 亿亩耕地面积，耕地总量减少了 1.13 亿亩，而人均耕地面积也由 2010 年的 1.52 亩降至 2019 年的 1.37 亩。二是耕地质量总体不高，优质耕地产能已经基本饱和。耕地破碎化现象严重，土壤质量总体不高，治理农业面源污染刻不容缓，加之粗放的农业生产方式导致耕地质量和土壤有机质含量不断降低。耕地资源中水浇地和水田 9.53 亿亩，这些优质耕地通过高标准农田建设项目投入，其农业基础设施配套建设总体上已经非常完善，高标准农田的农作物增产空间非常有限。三是国家可开发后备土地资源不足。2017 年调查数据显示全国耕地后备资源总面积 8 029.15 万亩，其中可开垦土地 7 742.63 万亩，集中连片耕地后备资源只有 940 万亩。这些后备资源大多呈零散破碎分布，且以荒草地（占后备资源总面积的 64.3%）、盐碱地（占 12.2%）、内陆滩涂（占 8.7%）和裸地（占 8.0%）为主，生态环境约束大，补充耕地的生态代价和经济成本高。

3. 农业水资源时空分布不均，水土资源分布不匹配制约种植业发展

一是我国水资源总量较不足。我国人均水资源占有量仅为 2 060 立方米，约为世界平均水平的 28%。据 2021 年《中国水资源公报》，2021 年我国农业用水达到了 3 644.3 亿立方米，占全国用水总量的 61.5%。水资源短缺已经成为农业可持续发展的主要制约因素[23]，工业化和城市化的迅速发展又对农业用水造成了挤压，导致农业用水进一步稀缺。农业生产对灌溉的依赖程度非常高，2019 年灌溉耕地占总耕地面积的 54%，灌溉耕地大约生产了全国 70% 的粮食。二是水资源时空分布不均，水土资源不匹配。我国水土资源分布严重不匹配，北方耕地多但水资源稀缺，2017 年北方地区耕地为 8 048 万公顷，占全国耕地的 60%，但水资源总量为 5 096 亿立方米，仅占全国水资源总量的 18%，部分北方地区的农业发展已存在超负荷的水资源开采利用情况，尤其是华北地区，粮食生产与水资源之间的矛盾明显。近年来，我国农业生产的地域重心逐渐转向水资源相对缺乏的北方，北方地区的水安全和生态风险增大，农业生产布局与水资源分布的失衡问题也进一步加剧。三是水资源质量较差。农业水污染问题依然严重。

4. 气候变化及其造成的自然灾害是种植业发展的重要阻碍

一是极端天气频率增加，干旱、洪涝等灾害导致农业损失较大。近百年来，以全球变暖为主要特征的气候变化已成为科学事实，《中国气候变化蓝皮书（2019）》

指出，中国气候系统变暖趋势进一步持续，而且是全球气候变化敏感区和影响显著区，中国极端强降水与高温事件在 20 世纪 90 年代中期以来明显增多。气候变化可能使中国农业变得更加脆弱，极端气候发生频繁导致农业损失规模更大、农业生产面临的风险加大。据统计年鉴数据，2019 年我国农作物受灾面积达到 1 926 万公顷，旱灾、涝灾及风雹灾导致的受灾面积分别占比 41%、35%、12%。二是我国整体减灾技术水平较低，农户应对灾害风险的能力不够，应对异常气候风险的农业防灾减灾应急体系建设缓慢。灾前的预警与防护措施不到位，应加强对农户进行防灾相关知识的宣传引导，使他们及时掌握天气变化规律，对农田沟渠等基础设施进行定期疏通维护。灾后的减灾及生产恢复措施存在不及时、不落实的情况，如未能有效地引导农户针对受寒潮影响严重的农田进行日排夜灌、深水增温、根外追肥等防治措施，对受灾严重的农户未能给予及时的灾害救济补贴等。

5. 实现"双碳"目标，推动绿色发展，种植业的环境约束趋紧

"双碳"目标具体是指"2030 年前实现碳达峰，2060 年前实现碳中和"，"双碳"目标的提出给我国的种植业发展及国家粮食安全保障提出了新的挑战。改革开放以来，我国经济快速发展，工业化城镇化进程持续加快，随之而来的是环境和生态问题日益突出，诸如土壤污染、地下水超采、大气污染等，同时高投入高消耗的粗放型农业生产方式加重了这一系列环境问题[24]。经验研究表明，依靠科技创新，推动农业绿色发展是实现"双碳"目标、缓解农业生产环境约束、保障国家粮食安全的重要途径[25-27]。农业是碳排放的重要来源之一，在农业生产上要兼顾产量与生态，要抛弃完全依靠化肥农药等投入的传统生产方式向依靠农业科技进步即"藏粮于技"方向转变，坚持农业绿色发展，为实现国家的"双碳"目标贡献农业领域的力量。

6. 种植业收益较低，农户种植积极性有待加强

随着我国经济的快速发展，粮食生产的化肥、种子、机械等农资价格不断攀升，劳动力成本和土地流转成本逐年上升，导致粮食单位面积成本大大超过净收益的增加，农户种粮收益日益下降。2010~2019 年，我国稻谷、小麦和玉米三种粮食作物总成本上涨了近一倍，其中人工成本和土地成本是两大主要上涨因素。2010~2019 年，稻谷、小麦、玉米的每亩人工成本分别由 266.58 元、178.83 元、235.10 元上涨到 474.20 元、340.86、424.79 元，每亩土地成本分别由 141.43 元、121.45 元、136.95 元上涨到 241.09 元、217.97 元、240.98 元，每亩机械成本分别由 104.87 元、91.83 元、58.12 元上涨到 194.21 元、140.64 元、118.21 元。稻谷、小麦、玉米的每亩总成本也分别由 2010 年的 766.63 元、618.63 元、632.59 元攀升至 2019 年的 1 241.77 元、1 028.91 元、1 055.67 元，且仍然有继续上涨的态势

（图 1-7）。生产总成本快速上涨的主要原因有：经济水平和物价水平的快速增长、工业化和城镇化的不断加快直接导致土地成本、人工成本和农资价格快速上涨；粮食增产路径越来越依赖化肥等农资投入，小规模分散经营的粮食生产效率低下间接导致投入成本增加[28]。

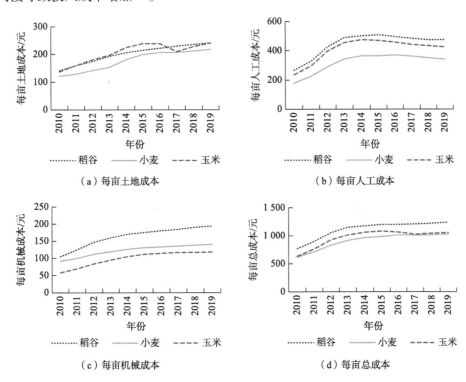

图 1-7 2010~2019 年稻谷、小麦、玉米每亩土地成本、人工成本、机械成本及总成本

2010 年以来随着种粮成本的持续上升和粮食价格的走低，粮食生产的净利润和成本利润率不断下降：不考虑各类粮补贴的情形下，稻谷、小麦、玉米的每亩净利润分别由 2010 年的 309.82 元、132.17 元、239.69 元下降到 2019 年的 20.44 元、15.08 元、-126.77 元。自 2016 年后，除了稻谷略有每亩净收益 50~150 元微利以外，小麦和玉米种植都出现了亏损，尤其是玉米种植的亩均收益下降幅度最为明显（表 1-1）。

表 1-1 2010~2019 年我国稻谷、小麦、玉米每亩净收益 单位：元

年份	稻谷	小麦	玉米
2010	309.82	132.17	239.69
2011	371.27	117.92	263.09

续表

年份	稻谷	小麦	玉米
2012	285.73	21.29	197.68
2013	154.79	−12.78	77.52
2014	204.83	87.83	81.82
2015	175.40	17.41	−134.18
2016	141.96	−82.15	−299.70
2017	132.55	6.10	−175.79
2018	65.89	−159.41	−163.34
2019	20.44	15.08	−126.77

第2章 农作物种植结构时空变化
及驱动力简析

改革开放以来，中国农作物种植结构发生了显著的变化，且呈现出较大的时空差异性。一方面，全国和省级层面上，各种农作物播种面积和产量及其占比发生了不同程度的变化，其生产布局也呈现出差异化的演变特征。另一方面，随着时间的推移，不同农作物种植结构也形成了差异化的空间集聚关系。本章通过呈现各农作物播种面积占比及其40多年来的变动，分析农作物种植面积的时空变化，并通过测算农作物播种面积集中度，探讨我国种植业区域分工的演变历程。然后，通过测算各农作物播种面积占比的全局 Moran 指数及局域 Moran 指数，分析农作物种植结构地理集聚空间变化特征。在此基础上，本章从农作物生产布局、农作物种植方式两个角度展开，结合自然资源、劳动力资源、市场、政策等多种因素，较全面地分析农作物种植结构变化的驱动因素。其中，由于40多年来，劳动力转移现象突出，劳动力价格攀升，农业政策变化明显，故在后文将重点分析劳动力及政策两个因素在农作物种植结构变化中的显著作用。

2.1 农作物种植结构的时空特征

中国是世界上最大的农业国，在鸦片战争以前的历史长河中，农业技术长期处于世界领先地位，在数千年的农业社会里，中华民族的购买力约占世界的1/4，是农业社会里最发达的国家。从某种意义上说，中华民族的辉煌历史主要归功于传统农业（传统农业技术）的巨大成就，而传统的农业技术主要是农业耕作与栽培技术[10]。其中，种植制度又是耕作制度的中心和主体[29]。分析农作物结构变化及区域种植份额变化有利于掌握中国农作物种植结构变化特征、趋势及规律，为农作物种植结构调整和优化作物生产布局提供实证参考。本章利用统计数据描述了 1979 年以来中国主要作物种植结构变化和空间布局变化特征，并利用探索性空间数据分析方法分析了作物种植结构地理集聚时空变化特征。

2.1.1　农作物种植结构变化趋势简析

农作物种植结构的空间格局和时空动态信息是进行农业生产布局、制定农业政策和调整种植结构的科学依据。优化农作物种植结构的空间布局对于实现农业可持续发展、保障食物安全、满足消费需求增长、增加农民收入等具有重要意义。众多文献研究了中国农作物空间布局的变化。改革开放以来，我国主要农作物播种面积变化呈现出较大的时空差异性，基本表现为粮食作物生产重心北移；在粮食作物内部，水稻仍以长江以南为主，黄淮海区成为小麦集中产区，玉米呈西南至东北走向，且以北方为主；大豆形成了以东北为主的格局；棉花生产形成了以新疆为主，两河流域（山东和河北属于黄河流域产区；湖北属于长江流域产区）为补充的生产格局；油菜、花生等为代表的油料作物分别向长江流域、黄淮海地区集中；蔬菜生产主要集中在以山东、河南、河北为代表的黄淮海及环渤海区，以四川、湖北、湖南、江苏等为代表的长江区。这种生产布局的变化直接关系到中国食物供给水平，也关乎中国食物的数量安全。

1. 农作物种植结构比例变化

全国主要作物种植结构变化趋势如下：粮食作物及棉花播种面积占全国农作物总播种面积的比例呈现下降趋势（图 2-1），分别由 1978 年的 80.34%、3.24%下降至 2020 年的 69.72%、1.89%。相反油料、蔬菜和糖料作物占比整体呈现上升趋势。油料作物占比由 1978 年的 4.15%上升至 2020 年的 7.84%，蔬菜占比由 1978 年的 2.22%上升至 2020 年的 12.83%，糖料作物占比由 1978 年的 0.58%上升至 2020 年的 0.94%。大豆播种面积占比则呈现先下降后上升的趋势，由 1978 年的 4.76%下降至 2015 年的 3.90%，又上升至 2020 年的 5.90%。40 年来，我国粮食作物种植比例下降了 13.22%，棉花种植面积占比下降了 41.64%。相反，油料作物种植面积占比上升了 89.10%，大豆种植面积占比上升了 23.95%，蔬菜种植面积占比则上升了 4.78 倍。

全国粮食作物种植结构内部变化趋势如下：水稻、小麦播种面积占全国粮食作物播种面积的比例呈下降趋势，分别从 1978 年的 28.54%、24.20%下降至 2020 年的 25.76%、20.02%（图 2-2），分别下降了 2.78 个、4.18 个百分点；玉米占比呈上升趋势，由 1978 年的 16.55%上升至 2020 年 35.34%，上升了 18.79 个百分点。近 40 年来，我国水稻种植面积占比下降了 9.76%，小麦种植面积占比下降了 17.26%，玉米种植面积占比上升了 1.13 倍。

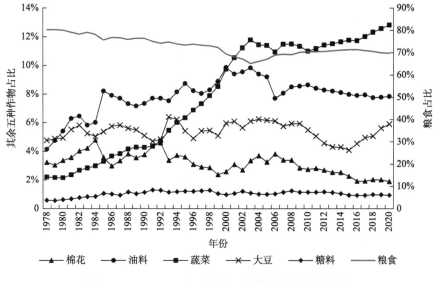

图 2-1　1978~2020 年全国主要农作物种植结构变化

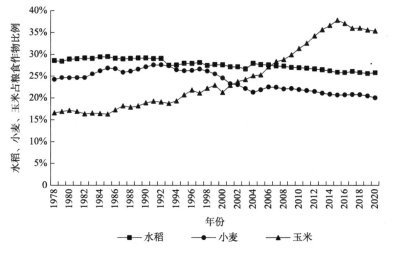

图 2-2　1978~2020 年全国粮食作物种植结构变化

2. 农作物种植面积比例变化

改革开放以来，中国各省区市均处于快速的经济增长和城市化进程中，但是种植业生产及其结构变化却不尽相同。虽然全国层面形成了粮棉作物种植面积不断下降、经济作物种植面积不断增加的基本变化趋势，但是各地区的主要农作物播种面积变化趋势与全国总体情况并不一致，甚至存在很大差异。为了描述各地区主要农作物种植面积比例在 1981 年、2020 年的变动情况，并且保证降低数据的波动,这里分别取 1981~1983 年 3 年的平均值代表 1981 年,取 2018~2020 年 3 年的平均值代表 2020 年,来分析中国省域主要农作物种植面积比例的时空变化特征。具体计算公式为某作物种植比例变化率=(2020 年该作物播种面积占比−1981 年该作物播种面积占比)/1981 年该作物播种面积占比。当变化率值大于零时,说明与 1981 年相比,某作物种植比例有所增长;反之,则表示其比例有所下降。中国主要农作物种植面积比例变化率,如表 2-1 所示。

　　总体而言,与 1981 年相比,2020 年我国省域棉花播种面积占比整体处于下降趋势;蔬菜、油料播种面积占比整体处于增长趋势;大豆、糖料作物种植比例在大部分省份呈下降趋势,少部分省份呈上升趋势。在粮食作物内部,与 1981 年相比,2020 年小麦播种面积占比整体处于下降趋势;玉米播种面积占比则呈增长趋势;水稻播种面积占比在南方双季稻大部分省呈下降趋势,东北三省呈增长趋势(表 2-2)。具体而言,与 1981 年相比,2020 年我国棉花播种面积占比仅新疆、甘肃及天津 3 省呈现增长趋势,分别增长了 3.55 倍、1.67 倍及 0.50 倍,其他省份均处于缩减趋势。与 1981 年相比,2020 年长江流域大多数省油料作物种植面积比例均呈现增长趋势,湖南和四川的种植面积占比增幅最大,分别达 2.15 倍、1.64 倍;相反,东北和华北平原油料作物种植面积则处于下降趋势,其中黑龙江、天津、北京 3 地分别下降了 89.52%、94.91%、62.49%。与 1981 年相比,2020 年全国除了黑龙江、吉林 2 省蔬菜种植面积比例略有下降外,其他省份均呈现出增长趋势,西北地区(以甘肃、青海为例)、华东地区(以浙江、江苏为例)、华南地区(以广西为例)分别增长了 6.56 倍、7.17 倍、11.04 倍、9.34 倍、12.53 倍。与 1981 年相比,2020 年全国大豆主产区的种植面积比例均处于下降趋势,其中降幅最大的 5 个区域是西藏、辽宁、宁夏、河南及山东,下降比例分别达 95.82%、82.45%、80.74%、74.14%、72.83%。与 1981 年相比,2020 年全国除了新疆、河北外,糖料作物播种面积占比呈增长趋势的省份均集中在南方地区,其中广西、安徽、云南、湖北、河北的播种面积占比增幅最大,分别达 3.85 倍、3.36 倍、1.59 倍、1.21 倍、0.66 倍。

　　与 1981 年相比,2020 年水稻播种面积比例增幅较大的区域主要集中在东北地区,其中黑龙江、内蒙古、吉林分别增长了 8.71 倍、4.26 倍、1.18 倍。与 1981 年相比,除贵州、云南、上海以外,2020 年全国其他省份玉米播种面积比例均处于增长趋势,其中福建、宁夏、安徽分别增长了 32.97 倍、9.24 倍、6.97 倍。与此相反,除江苏、山东、河南、安徽、河北、天津 6 省市小麦播种面积比例呈现增长趋势外,全国其他省份小麦播种面积比例均呈现下降趋势,下降最明显的是东北三省和南方 5 省(湖南、江西、福建、广东、广西),分别平均下降了 95.93%、92.62%。

表 2-1 中国主要农作物种植面积比例变化率

地区	棉花 1981年播种面积占比	棉花 2020年播种面积占比	棉花变化率	油料作物 1981年播种面积占比	油料作物 2020年播种面积占比	油料作物变化率	大豆 1981年播种面积占比	大豆 2020年播种面积占比	大豆变化率	糖料作物 1981年播种面积占比	糖料作物 2020年播种面积占比	糖料作物变化率	蔬菜 1981年播种面积占比	蔬菜 2020年播种面积占比	蔬菜变化率
北京市	0.39%	0.00	-100.00%	3.67%	1.38%	-62.49%	1.37%	1.55%	12.85%	—	—	—	8.88%	35.34%	297.80%
天津市	2.08%	3.10%	49.28%	6.24%	0.32%	-94.91%	3.87%	1.22%	-68.35%	—	—	—	6.00%	11.99%	99.87%
河北省	7.87%	2.47%	-68.61%	5.57%	4.45%	-20.08%	3.16%	1.11%	-64.94%	0.11%	0.18%	66.18%	2.58%	9.77%	278.01%
山西省	5.28%	0.06%	-98.93%	5.82%	2.82%	-51.51%	3.74%	3.76%	0.48%	0.30%	0.00%	-100.00%	2.27%	5.14%	126.83%
内蒙古自治区	—	—	—	10.42%	10.27%	-1.43%	4.66%	13.11%	181.56%	1.29%	1.42%	9.86%	1.54%	2.21%	43.89%
辽宁省	1.23%	0.00%	-100.00%	6.67%	7.03%	5.37%	11.68%	2.05%	-82.45%	0.41%	0.05%	-88.67%	5.81%	7.48%	28.76%
吉林省	—	—	—	4.91%	4.33%	-11.89%	13.86%	5.15%	-62.82%	1.43%	0.01%	-99.01%	3.99%	1.96%	-50.94%
黑龙江省	—	—	—	3.12%	0.33%	-89.52%	21.80%	28.59%	31.12%	3.16%	0.05%	-98.29%	3.49%	1.04%	-70.20%
上海市	14.18%	0.03%	-99.82%	8.80%	1.00%	-88.63%	0.22%	0.23%	2.83%	—	—	—	8.05%	33.21%	312.75%
江苏省	7.87%	0.16%	-97.93%	5.11%	3.67%	-28.07%	3.80%	2.59%	-31.79%	0.08%	0.04%	-55.97%	1.85%	19.13%	933.66%
浙江省	2.31%	0.27%	-88.38%	5.71%	6.78%	18.74%	1.49%	4.31%	188.37%	0.21%	0.34%	58.15%	2.69%	32.45%	1104.35%
安徽省	4.12%	0.75%	-81.79%	10.39%	5.95%	-42.73%	9.66%	7.17%	-25.75%	0.01%	0.03%	336.75%	1.36%	7.78%	471.60%
福建省	—	—	—	5.11%	4.83%	-5.47%	3.19%	2.04%	-35.99%	2.05%	0.30%	-85.16%	3.53%	36.09%	921.31%
江西省	1.74%	0.74%	-57.31%	6.55%	12.17%	85.98%	2.41%	1.96%	-18.37%	0.42%	0.25%	-39.88%	1.88%	11.59%	516.69%
山东省	12.09%	1.51%	-87.55%	6.35%	6.26%	-1.37%	5.88%	1.60%	-72.83%	0.09%	0.00%	-100.00%	2.70%	13.47%	398.03%
河南省	6.55%	0.20%	-97.00%	6.17%	10.39%	68.54%	10.11%	2.62%	-74.14%	0.02%	0.01%	-49.25%	1.93%	11.79%	509.55%

续表

地区	棉花			油料作物			大豆			糖料作物			蔬菜		
	1981年播种面积占比	2020年播种面积占比	变化率	1981年播种面积占比	2020年播种面积占比	变化率	1981年播种面积占比	2020年播种面积占比	变化率	1981年播种面积占比	2020年播种面积占比	变化率	1981年播种面积占比	2020年播种面积占比	变化率
湖北省	7.74%	1.90%	-75.41%	6.64%	16.48%	148.22%	2.17%	2.74%	26.33%	0.04%	0.08%	121.10%	2.10%	15.84%	655.36%
湖南省	1.98%	0.76%	-61.83%	5.37%	16.90%	214.98%	1.95%	1.36%	-30.43%	0.24%	0.09%	-61.84%	3.31%	15.97%	382.14%
广东省	—	—	—	7.05%	7.98%	13.17%	2.27%	0.74%	-67.29%	4.10%	3.83%	-6.50%	3.65%	30.23%	729.04%
广西壮族自治区	0.06%	0.02%	-70.51%	3.65%	4.20%	15.12%	5.25%	1.59%	-69.67%	3.03%	14.67%	384.89%	1.83%	24.69%	1252.69%
海南省	—	—	—	—	—	—	—	—	—	—	—	—	—	—	—
重庆市	—	—	—	—	—	—	—	—	—	—	—	—	—	—	—
四川省	1.41%	0.03%	-97.76%	5.94%	15.67%	163.72%	1.44%	4.16%	188.15%	0.41%	0.10%	-76.03%	3.20%	14.49%	353.34%
贵州省	0.10%	0.01%	-91.09%	11.24%	11.13%	-0.98%	4.12%	3.67%	-11.08%	0.13%	0.19%	51.04%	3.37%	26.46%	685.94%
云南省	0.10%	0.00%	-100.00%	3.52%	4.49%	27.60%	1.40%	2.63%	88.27%	1.38%	3.56%	158.80%	2.04%	16.91%	729.08%
西藏自治区	—	—	—	5.19%	7.89%	52.09%	0.29%	0.01%	-95.82%	—	—	—	3.64%	9.29%	154.87%
陕西省	5.32%	0.11%	-98.01%	3.82%	6.66%	74.24%	4.24%	3.67%	-13.55%	0.08%	0.10%	-96.14%	1.81%	12.31%	579.76%
甘肃省	0.19%	0.50%	166.75%	6.26%	7.73%	23.48%	1.03%	1.16%	12.72%	0.18%	0.10%	-46.27%	1.30%	9.84%	656.22%
青海省	—	—	—	15.51%	25.79%	66.24%	—	—	—	0.02%	0.00	-100.00%	0.96%	7.85%	716.53%
宁夏回族自治区	—	—	—	9.52%	3.03%	-68.20%	2.27%	0.44%	-80.74%	0.59%	0.00	-100.00%	1.31%	11.12%	749.20%
新疆维吾尔自治区	8.94%	40.68%	355.14%	8.55%	3.35%	-60.83%	0.56%	0.49%	-12.40%	0.73%	0.97%	32.83%	1.75%	4.70%	168.87%

表 2-2　中国三大主粮作物种植面积比例变化率

地区	水稻				小麦				玉米			
	1981年播种面积占比	2020年播种面积占比	变化率	2020年播种面积占粮食作物比例	1981年播种面积占比	2020年播种面积占比	变化率	2020年播种面积占粮食作物比例	1981年播种面积占比	2020年播种面积占比	变化率	2020年播种面积占粮食作物比例
北京市	7.28%	0.17%	-97.64%	0.33%	28.65%	9.02%	-68.54%	17.35%	30.95%	37.65%	21.65%	72.45%
天津市	4.90%	11.03%	125.02%	13.35%	25.05%	25.10%	0.20%	30.38%	29.49%	43.41%	47.23%	52.56%
河北省	1.50%	0.96%	-35.64%	1.21%	27.22%	28.24%	3.76%	35.56%	24.36%	42.03%	72.53%	52.91%
山西省	0.23%	0.05%	-76.69%	0.06%	22.78%	15.47%	-32.08%	17.49%	14.73%	49.01%	232.76%	55.41%
内蒙古自治区	0.34%	1.77%	426.22%	2.31%	19.32%	6.07%	-68.59%	7.89%	11.41%	42.65%	273.77%	55.46%
辽宁省	10.55%	11.92%	12.99%	14.44%	0.75%	0.06%	-91.72%	0.08%	32.04%	63.62%	98.58%	77.02%
吉林省	6.29%	13.72%	118.18%	14.87%	2.53%	0.05%	-98.09%	0.05%	39.90%	69.42%	74.01%	75.26%
黑龙江省	2.66%	25.86%	870.77%	26.67%	23.98%	0.48%	-97.99%	0.50%	17.75%	39.85%	124.48%	41.11%
上海市	36.27%	38.98%	7.48%	86.12%	5.78%	4.86%	-16.04%	10.73%	0.84%	0.58%	-31.21%	1.27%
江苏省	29.98%	29.42%	-1.87%	40.59%	21.73%	31.59%	45.37%	43.59%	5.40%	6.82%	26.34%	9.41%
浙江省	54.16%	31.95%	-41.01%	64.98%	7.50%	4.36%	-41.81%	8.87%	1.30%	3.15%	142.50%	6.41%
安徽省	26.81%	28.69%	7.01%	34.56%	24.84%	32.37%	30.32%	38.99%	1.70%	13.54%	697.06%	16.31%
福建省	66.20%	37.86%	-42.80%	73.10%	4.85%	0.01%	-99.83%	0.02%	0.06%	1.92%	3297.08%	3.71%
江西省	60.86%	61.14%	0.47%	91.62%	1.93%	0.26%	-86.53%	0.39%	0.13%	0.77%	508.02%	1.16%
山东省	1.21%	1.04%	-13.99%	1.37%	33.43%	36.46%	9.06%	47.98%	21.00%	35.42%	68.62%	46.61%
河南省	3.55%	4.20%	18.28%	5.73%	37.19%	38.75%	4.17%	52.87%	15.15%	26.11%	72.34%	35.63%

续表

地区	水稻				小麦				玉米			
	1981年播种面积占比	2020年播种面积占比	变化率	2020年播种面积占粮食作物比例	1981年播种面积占比	2020年播种面积占比	变化率	2020年播种面积占粮食作物比例	1981年播种面积占比	2020年播种面积占比	变化率	2020年播种面积占粮食作物比例
湖北省	35.19%	29.31%	-16.72%	49.35%	18.04%	13.28%	-26.36%	22.37%	5.70%	9.52%	66.98%	16.03%
湖南省	55.73%	48.14%	-13.63%	83.99%	2.72%	0.28%	-89.70%	0.49%	1.55%	4.59%	196.27%	8.00%
广东省	63.53%	41.38%	-34.87%	83.11%	1.60%	0.01%	-99.43%	0.02%	0.65%	2.78%	328.99%	5.58%
广西壮族自治区	58.58%	28.92%	-50.63%	62.54%	0.44%	0.05%	-87.61%	0.12%	11.47%	9.75%	-15.02%	21.08%
海南省	—	—	—	—	—	—	—	—	—	—	—	—
重庆市	—	—	—	—	—	—	—	—	—	—	—	—
四川省	25.95%	19.24%	-25.86%	29.75%	18.78%	6.32%	-66.35%	9.77%	14.67%	19.00%	29.53%	29.38%
贵州省	26.71%	12.18%	-54.40%	24.40%	9.08%	2.54%	-72.05%	5.08%	23.27%	9.94%	-57.27%	19.92%
云南省	27.37%	12.06%	-55.95%	20.07%	12.29%	4.75%	-61.37%	7.90%	26.49%	25.79%	-2.62%	42.93%
西藏自治区	0.31%	0.32%	3.17%	0.47%	20.03%	11.54%	-42.41%	17.02%	0.80%	1.76%	118.24%	2.59%
陕西省	3.36%	2.55%	-24.05%	3.51%	33.76%	23.40%	-30.69%	32.17%	20.50%	28.55%	39.30%	39.26%
甘肃省	0.11%	0.09%	-13.96%	0.14%	42.39%	19.28%	-54.52%	28.28%	7.85%	26.02%	231.23%	38.16%
青海省	—	—	—	—	43.25%	18.36%	-57.55%	36.27%	—	—	—	—
宁夏回族自治区	5.91%	5.93%	0.29%	9.89%	34.43%	9.43%	-72.61%	15.74%	2.61%	26.73%	924.25%	44.61%
新疆维吾尔自治区	3.07%	0.99%	-67.79%	2.75%	44.93%	17.07%	-62.00%	47.53%	16.38%	16.64%	1.62%	46.32%

农作物播种面积占比变动率从时间纵向角度反映了省级作物播种面积占比变动水平；农作物播种面积占比份额则从空间截面角度反映了省际农作物播种面积占比优势。播种面积占比变化率（2020 年相比 1981 年的变化）较大的省份与播种面积占比（2020 年）份额大的省份表现出不一致性。表 2-1 与表 2-2 显示了 2020 年各省该作物播种面积占该省农作物总播种面积的比例（3 大主粮作物则计算的是其播种面积占该省粮食作物播种面积的比例）。结果表明，2020 年相比 1981 年某作物播种面积占比变动率大的省份，其 2020 年的播种面积占比份额并不一定具有优势；相反，2020 年相比 1981 年播种面积占比变动率小的省份，其 2020 年的播种面积占比份额可能具有播种面积上的优势。具体而言，2020 年棉花种植面积占比位列前 10 位的省份及其占比分别为：新疆 40.68%、天津 3.10%、河北 2.47%、湖北 1.90%、山东 1.51%、湖南 0.76%、安徽 0.75%、江西 0.74%、甘肃 0.50%、浙江 0.27%。2020 年油料作物种植面积占比位列前 10 位的省份及其占比分别为：青海 25.79%、湖南 16.90%、湖北 16.48%、四川 15.67%、江西 12.17%、贵州 11.13%、河南 10.39%、内蒙古 10.27%、广东 7.98%、西藏 7.89%。2020 年蔬菜种植面积占比位列前 10 位的省份及其占比分别为：福建 36.09%、北京 35.34%、上海 33.21%、浙江 32.45%、广东 30.23%、贵州 26.46%、广西 24.69%、江苏 19.13%、云南 16.91%、湖南 15.97%。2020 年大豆种植面积占比位列前 10 位的省份及其占比分别为：黑龙江 28.59%、内蒙古 13.11%、安徽 7.17%、吉林 5.15%、浙江 4.31%、四川 4.16%、山西 3.76%、贵州 3.67%、陕西 3.67%、湖北 2.74%。2020 年糖料作物种植面积占比位列前 10 位的省份及其占比分别为：广西 14.67%、广东 3.83%、云南 3.56%、内蒙古 1.42%、新疆 0.97%、浙江 0.34%、福建 0.30%、江西 0.25%、贵州 0.19%、河北 0.18%。

在粮食作物内部，2020 年水稻种植面积占粮食作物比例位列前 10 位的省份及其占比分别为：江西 91.62%、上海 86.12%、湖南 83.99%、广东 83.11%、福建 73.10%、浙江 64.98%、广西 62.54%、湖北 49.35%、江苏 40.59%、安徽 34.56%。2020 年小麦种植面积占粮食作物比例位列前 10 位的省份及其占比分别为：河南 52.87%、山东 47.98%、新疆 47.53%、江苏 43.59%、安徽 38.99%、青海 36.27%、河北 35.56%、陕西 32.17%、天津 30.38%、甘肃 28.28%。2020 年玉米种植面积占粮食作物比例位列前 10 位的省份及其占比分别为：辽宁 77.02%、吉林 75.26%、北京 72.45%、内蒙古 55.46%、山西 55.41%、河北 52.91%、天津 52.56%、山东 46.61%、新疆 46.32%、宁夏 44.61%。

3. 农作物产量结构变化

1978~2020 年，我国大类作物产量在不断增长（表 2-3）。粮食、棉花、油料、糖料作物产量由 1978 年的 30 476.50 万吨、216.70 万吨、521.79 万吨、2 381.87

万吨上升至 2020 年的 66 949.15 万吨、591.05 万吨、3 586.40 万吨、12 014.00 万吨。大豆产量由 1978 年的 765.50 万吨上升至 2020 年的 1 960.18 万吨。蔬菜的产量由 1995 年的 25 726.71 万吨上升至 2020 年的 74 912.9 万吨。茶叶产量由 1978年的 26.80 万吨上升至 2020 年 293.18 万吨。水果产量由 2000 年的 6 225.15 万吨上升至 2020 年的 28 692.36 万吨。

表 2-3 1978~2020 年全国主要大类作物产量变化 　　　　单位：万吨

年份	粮食	大豆	棉花	油料	糖料	蔬菜	茶叶	水果
1978	30 476.50	756.50	216.70	521.79	2 381.87		26.80	
1980	32 055.50	794.00	270.67	769.06	2 911.27		30.37	
1985	37 910.80	1 050.00	414.67	1 578.42	6 046.78		43.23	
1990	44 624.30	1 100.00	450.77	1 613.16	7 214.47		54.01	
1995	46 661.80	1 350.20	476.75	2 250.34	7 940.14	25 726.71	58.86	
2000	46 217.52	1 540.90	441.73	2 954.83	7 635.33	44 467.94	68.33	6 225.15
2005	48 402.19	1 634.78	571.42	3 077.14	9 451.91	56 451.49	93.49	16 120.09
2010	55 911.31	1 540.99	577.04	3 156.77	11 303.36	57 264.86	146.25	20 095.37
2015	66 060.27	1 236.74	590.74	3 390.47	11 215.22	66 425.1	227.66	24 524.62
2020	66 949.15	1 960.18	591.05	3 586.40	12 014.00	74 912.9	293.18	28 692.36

在粮食作物内部，水稻产量占全国粮食作物总产量比重呈下降趋势，由 1978年的 44.93%下降至 2020 年的 31.65%。小麦和玉米占全国粮食作物总产量比重呈上升趋势，分别由 1978 年的 17.67%、18.36%上升至 2020 年的 20.05%、38.94%（表 2-4）。

表 2-4 1978~2020 年全国粮食作物产量结构变化

年份	稻谷	小麦	玉米
1978	44.93%	17.67%	18.36%
1980	43.64%	17.22%	19.53%
1985	44.46%	22.63%	16.84%
1990	42.43%	22.01%	21.70%
1995	39.70%	21.90%	24.00%
2000	40.66%	21.56%	22.93%
2005	37.31%	20.13%	28.79%
2010	35.27%	20.76%	34.12%
2015	32.11%	20.07%	40.11%
2020	31.65%	20.05%	38.94%

4. 农作物种植集中度及区域变化

此处采用集中度①（concentration rate，CR）来衡量各作物生产布局是否沿着专业化生产方向发展。旨在通过分析农作物主产区种植份额的变化，了解种植业区域分工演变历程[30]。文章采用各省某种农作物种植面积占全国该作物种植面积的比重来衡量，选择 1979 年和 2020 年农作物播种面积份额排名前 4 位的省份作为旧、新主产区，分别加总旧、新主产区各省所占比重作为该农作物的集中度，分析各种农作物主产区种植份额的变化及主产区的位移。从统计意义上的解读就是，当其组成省份相同时，集中度的升降反映了分工水平的上升或下降，而当旧、新主产区所含省份不一致时，则说明该种作物的生产区域发生了转移。这一做法与苗齐[31]的论文中讨论我国种植业区域分工时所采用的分析方法一致。

改革开放初期粮食主产区为四川、河南、山东、河北，各省面积占全国面积的比重分别为8.87%、7.80%、7.05%、6.29%，此间，黑龙江占6.27%，集中度为30.01%。到2019~2020年，黑龙江粮食面积占全国粮食面积的12.36%，跃居省域粮食作物种植份额第一位。河南以9.25%的占比保持在第二位，山东与四川以 7.15%、7.13%的占比位居第三、第四位，四川的份额减少了1.74个百分点，此阶段的集中度达35.84%。

改革开放初期，棉花主产区为河南、江苏、河北、湖北，其占比分别为12.71%、12.21%、11.92%、10.87%，此间，新疆棉花面积占全国棉花面积的4.28%，集中度为47.71%。2019~2020年，新疆棉花面积占全国棉花面积的77.48%，超过全国棉花种植面积的一半。湖北的生产份额减少至 4.95%，降至第三位。河北以 6.04%的份额位居第二，山东则以4.80%的占比位居第四。经过40年的发展，江苏和河南的棉花种植面积大幅下降，两省种植面积占比分别下降了97.46%、93.94%。相反，新疆的棉花种植面积占比上涨迅速，40年增长了17倍，新疆已经成为棉花生产的重中之重产区。我国形成了棉花生产以新疆为主，两河流域（山东和河北属于黄河流域产区；湖北属于长江流域产区）为补充的新格局。

改革开放初期，油料作物主产区为安徽、河南、山东、四川，各省面积占全国总面积的比重分别为8.48%、8.13%、7.77%、7.66%，集中度为32.04%。20世纪90年代以来，两湖地区油料作物生产快速发展，湖南生产份额达 10.82%、湖北生产份额达10.20%，分别攀升至全国油料作物主产区的第三位、第四位。四川以 14.37%的份额跃居第一位，河南以 12.02%的份额稳居第二。2019~2020 年，新

---

① 本章引用衡量企业市场占有率的集中度指标来表示作物播种面积占比份额水平变化。通常，四企业集中度是指在一个行业中，最大的四家企业的产出占该行业总产出的百分比。20世纪六七十年代，法院及执法机构最常采用的是"四企业集中率"（four-firm concentration rate，CR4），以此来确定某个市场的危险程度。

主产区集中度提升至 47.41%。

改革开放初期，糖料作物主产区为黑龙江、广东、广西、四川，集中度为 64.56%，其中，黑龙江和广东两省所占份额较大，分别占 23.81%、22.52%。经过 40 年的演变，黑龙江糖料作物规模大幅减少，而云南的生产份额攀升至 15.16%，成为全国糖料作物主产区的第二位，广西则以 55.52% 的份额跃居第一位。2019~2020 年，新主产区变为广西、云南、广东、内蒙古，集中度为 89.03%。

改革开放以来，我国蔬菜种植规模持续增加。20 世纪 80 年代初期，蔬菜主产区为黑龙江、四川、河北、辽宁四省，各省种植面积占全国总面积的比重为 8.79%、8.40%、6.22%、6.02%，集中度为 29.07%。2019~2020 年主产区变为四川、河南、广西、贵州，集中度上升至 32.67%。经过 40 年的演化变动，黑龙江蔬菜生产规模降幅明显，由 8.79% 下降至 0.71%。

改革开放初期，大豆主产区为黑龙江、安徽、山东、河南，集中度为 54.04%。其中黑龙江和河南两省所占份额较大，分别占 23.17%、13.40%。40 年间黑龙江大豆种植面积份额的涨幅较大，2004~2008 年大豆份额提升至 41.88%。到 2019~2020 年，大豆生产新格局变为黑龙江、内蒙古、安徽、四川，集中度为 71.69%（表 2-5）。

表 2-5　1979~2020 年主要农作物面积集中度变化

农作物	省区市	1979~ 1983 年	1984~ 1988 年	1989~ 1993 年	1994~ 1998 年	1999~ 2003 年	2004~ 2008 年	2009~ 2013 年	2014~ 2018 年	2019~ 2020 年
粮食	黑龙江	6.27%	6.53%	6.62%	6.95%	7.70%	9.60%	11.36%	11.99%	12.36%
	山东	7.05%	7.32%	7.23%	7.27%	6.77%	6.49%	6.75%	7.12%	7.15%
	河南	7.80%	8.27%	8.12%	7.98%	8.43%	8.94%	9.08%	9.33%	9.25%
	四川	8.87%	8.58%	8.81%	9.49%	8.91%	8.35%	7.36%	7.03%	7.13%
	河北	6.29%	6.01%	6.09%	6.29%	6.25%	5.90%	5.73%	5.66%	5.54%
	CR1	30.01%	30.18%	30.25%	31.03%	30.36%	29.68%	28.92%	29.14%	29.00%
	CR2	29.99%	30.70%	30.78%	31.69%	31.81%	33.38%	34.55%	35.47%	35.84%
棉花	河北	11.92%	16.29%	14.22%	10.17%	9.06%	11.23%	10.88%	7.67%	6.04%
	江苏	12.21%	11.05%	9.78%	9.91%	7.42%	5.49%	2.19%	1.10%	0.31%
	山东	19.07%	24.36%	22.45%	11.17%	14.67%	16.23%	14.19%	8.95%	4.80%
	河南	12.71%	15.81%	17.41%	18.55%	18.70%	13.54%	6.19%	1.58%	0.77%
	湖北	10.87%	8.58%	8.00%	9.69%	7.42%	8.70%	10.58%	6.66%	4.95%
	新疆	4.28%	5.70%	8.92%	16.96%	23.49%	26.66%	38.25%	62.62%	77.48%
	CR1	47.71%	51.73%	49.41%	48.32%	42.60%	38.96%	29.84%	17.01%	12.07%
	CR2	46.14%	54.93%	53.59%	47.99%	54.64%	62.82%	73.90%	85.90%	93.27%

续表

农作物	省区市	1979~1983 年	1984~1988 年	1989~1993 年	1994~1998 年	1999~2003 年	2004~2008 年	2009~2013 年	2014~2018 年	2019~2020 年
油料	安徽	8.48%	9.56%	9.21%	9.22%	9.60%	8.20%	6.57%	4.76%	4.03%
	山东	7.77%	7.63%	6.60%	6.76%	6.59%	6.65%	5.85%	5.56%	5.18%
	河南	8.13%	7.87%	8.41%	9.74%	9.99%	11.43%	10.41%	10.32%	12.02%
	四川	7.66%	8.87%	8.92%	7.96%	8.44%	10.15%	11.94%	13.34%	14.37%
	湖北	5.15%	5.79%	6.60%	8.09%	9.86%	10.11%	10.35%	10.10%	10.20%
	湖南	4.68%	4.25%	6.49%	7.09%	6.17%	6.86%	9.26%	10.00%	10.82%
	CR1	32.04%	33.93%	33.14%	33.68%	34.62%	36.43%	34.77%	33.98%	35.6%
	CR2	25.62%	26.78%	30.42%	32.88%	34.46%	38.55%	41.96%	43.76%	47.41%
糖料	内蒙古	5.55%	5.70%	5.87%	6.74%	3.50%	2.29%	1.96%	4.35%	8.01%
	黑龙江	23.81%	21.97%	19.48%	15.49%	9.29%	4.71%	3.65%	0.46%	0.38%
	广东	22.52%	23.53%	16.55%	12.63%	10.42%	8.80%	8.83%	10.51%	10.34%
	广西	13.26%	15.58%	21.42%	27.09%	36.39%	51.74%	57.72%	57.24%	55.52%
	四川	4.97%	3.65%	2.76%	1.83%	2.02%	1.56%	0.90%	0.75%	0.73%
	云南	5.08%	5.92%	7.67%	11.39%	16.86%	16.12%	15.94%	16.52%	15.16%
	CR1	64.56%	64.73%	60.21%	57.04%	58.12%	66.81%	71.10%	68.96%	66.97%
	CR2	46.41%	50.74%	51.50%	57.84%	67.28%	78.93%	84.45%	88.63%	89.03%
蔬菜	黑龙江	8.79%	4.81%	3.47%	2.86%	2.58%	1.74%	1.23%	1.07%	0.71%
	河北	6.22%	5.27%	4.52%	4.92%	5.76%	5.56%	4.08%	3.84%	3.77%
	辽宁	6.02%	4.40%	3.85%	3.23%	2.67%	2.16%	2.05%	1.70%	1.51%
	山东	8.04%	6.38%	6.50%	10.22%	11.35%	10.49%	8.45%	7.46%	6.97%
	四川	8.40%	9.98%	9.88%	8.37%	7.73%	8.33%	9.61%	10.19%	10.35%
	河南	5.81%	6.33%	6.21%	6.88%	8.03%	9.84%	9.42%	8.57%	8.23%
	广西	2.23%	2.99%	4.46%	5.80%	5.75%	6.12%	6.43%	6.98%	7.13%
	贵州	2.51%	2.75%	3.32%	2.74%	2.31%	2.80%	3.95%	5.90%	6.96%
	CR1	29.07%	20.86%	18.34%	21.23%	22.36%	19.95%	15.81%	14.07%	12.96%
	CR2	18.95%	22.05%	23.87%	23.74%	23.82%	27.09%	29.41%	31.64%	32.67%
大豆	黑龙江	23.17%	27.56%	29.67%	29.54%	32.75%	41.88%	41.36%	41.86%	47.42%
	安徽	9.24%	8.40%	6.02%	5.66%	7.69%	9.94%	9.62%	8.25%	6.46%
	山东	8.23%	6.82%	5.98%	6.26%	4.36%	2.14%	1.89%	1.77%	1.94%
	河南	13.40%	10.99%	7.49%	7.03%	6.09%	5.47%	5.45%	4.71%	4.01%
	内蒙古	2.61%	3.17%	4.69%	7.79%	8.00%	8.49%	10.63%	11.95%	12.45%
	四川	2.30%	2.42%	2.38%	2.26%	2.87%	3.18%	4.46%	5.81%	5.36%

农作物	省区市	1979~ 1983年	1984~ 1988年	1989~ 1993年	1994~ 1998年	1999~ 2003年	2004~ 2008年	2009~ 2013年	2014~ 2018年	2019~ 2020年
大豆	CR1	54.04%	53.77%	49.16%	48.49%	50.89%	59.43%	58.32%	51.88%	59.83%
	CR2	37.32%	41.55%	42.76%	45.25%	51.31%	63.49%	66.07%	67.87%	71.69%

注：本章节对农作物旧、新产区的定义分别为1979年和2020年农作物播种面积份额排名前4位的省份，而非根据表中1979~1983、2019~2020年这两个时间段的数据值排名

改革开放初期，湖南、广东、江西、四川构成了我国的水稻主产区，集中度为44.82%。此间，黑龙江水稻种植面积占全国面积的0.67%。经过近40年的发展变化，黑龙江水稻种植面积占比大幅上升，其比重在2019~2020年已达12.86%，跃居水稻主产区第二位。湖南省以13.13%的份额稳居第一位。新主产区集中度略有上升，集中度为45.80%（表2-6）。

表2-6　1979~2020年水稻、小麦、玉米面积集中度变化

作物	省区市	1979~ 1983年	1984~ 1988年	1989~ 1993年	1994~ 1998年	1999~ 2003年	2004~ 2008年	2009~ 2013年	2014~ 2018年	2019~ 2020年
水稻	江西	10.04%	10.09%	9.69%	9.64%	9.79%	11.04%	11.34%	11.44%	11.36%
	湖南	13.24%	13.31%	13.21%	13.04%	12.79%	13.38%	13.74%	13.76%	13.13%
	广东	12.26%	11.01%	9.28%	8.68%	8.09%	6.98%	6.27%	5.89%	6.07%
	四川	9.28%%	9.59%	9.65%	9.64%	9.93%	9.51%	8.60%	8.27%	8.45%
	黑龙江	0.67%	1.43%	2.20%	3.63%	5.28%	7.02%	11.07%	12.75%	12.86%
	安徽	6.42%	6.73%	7.00%	7.00%	7.15%	7.59%	7.72%	8.21%	8.40%
	CR1	44.82%	44.00%	41.83%	41.00%	40.60%	40.91%	39.95%	39.36%	39.01%
	CR2	33.23%	34.42%	34.75%	35.95%	37.79%	40.95%	44.75%	46.22%	45.80%
小麦	河北	8.85%	8.21%	8.25%	8.84%	10.02%	10.30%	9.95%	9.74%	9.64%
	山东	12.42%	13.72%	13.54%	13.66%	14.12%	14.64%	15.16%	16.48%	16.85%
	河南	14.11%	15.78%	15.68%	16.56%	19.25%	22.13%	22.15%	23.17%	24.16%
	四川	7.84%	7.04%	7.41%	8.01%	7.78%	6.31%	4.44%	3.03%	2.65%
	安徽	6.81%	6.83%	6.71%	7.00%	8.10%	9.88%	10.98%	11.64%	12.02%
	江苏	6.01%	7.63%	7.73%	7.56%	7.34%	8.10%	9.19%	9.83%	9.95%
	CR1	43.22%	44.75%	44.88%	47.07%	51.17%	53.38%	51.7%	52.42%	53.3%
	CR2	39.35%	43.96%	43.66%	44.78%	48.81%	54.75%	57.48%	61.12%	62.98%
玉米	河北	11.35%	9.86%	9.72%	10.15%	10.46%	9.84%	8.80%	8.25%	8.27%
	山东	11.17%	11.59%	11.42%	11.41%	10.35%	9.84%	9.12%	9.12%	9.35%
	河南	8.70%	9.27%	9.73%	8.59%	9.27%	9.54%	9.25%	9.38%	9.23%
	内蒙古	3.00%	2.95%	3.63%	4.85%	6.18%	6.99%	8.07%	8.80%	9.21%

作物	省区市	1979~ 1983 年	1984~ 1988 年	1989~ 1993 年	1994~ 1998 年	1999~ 2003 年	2004~ 2008 年	2009~ 2013 年	2014~ 2018 年	2019~ 2020 年
玉米	吉林	8.40%	10.10%	10.23%	10.05%	10.16%	10.21%	9.14%	9.67%	10.31%
	黑龙江	8.69%	9.43%	9.74%	10.28%	8.96%	11.05%	14.57%	15.31%	13.76%
	CR1	39.91%	40.15%	40.61%	40.43%	39.04%	40.27%	41.74%	41.88%	40.61%
	CR2	32.26%	34.07%	35.03%	36.58%	35.65%	38.09%	40.90%	42.72%	42.63%

改革开放初期，河南、山东、河北、四川构成了我国的小麦主产区，集中度为 43.22%。经过 40 年的发展变化，河南、山东、江苏三省的小麦种植规模继续扩展，其种植比例分别上升至 24.16%、16.85%、9.95%，分别位列主产区的第一、第二、第四位。新主产区的第三位由占全国总面积比重 12.02% 的安徽占据。小麦生产进一步向主产区集中，新主产区集中度达 62.98%。

改革开放初期，我国的玉米主产区为河北、山东、河南、黑龙江，各省面积占全国总面积的比重分别为 11.35%、11.17%、8.82%、8.69%，集中度为 39.91%。经过 40 年的发展变化，新的主产区格局发生了较大变化，黑龙江跃居主产区第一位，其份额达 13.76%，吉林则以 10.31% 的占比份额跃居第二位，山东省以 9.35% 的占比份额居第三位，内蒙古以 9.21% 的占比份额居第四位。与旧主产区相比，新主产区集中度略有上升，为 42.63%。受近年来国家缩减镰刀弯地区玉米种植面积的影响，玉米主产区在进一步转移中。

2.1.2　农作物种植结构地理集聚时空特征

1. 探索性空间数据分析方法

探索性空间数据分析（exploratory spatial data analysis，ESDA）通过考虑相邻位置给定变量观测值的相似性（或差异性），或通过考虑变量本身服从随机分布假设的偏差，来检测所分析数据在不同地理尺度上的空间结构特征[32]。ESDA 在放宽统计先验性理论或假定的前提下，通过对事物或现象空间分布格局的描述与可视化，对其特征进行分析，为空间数据统计假设进行高级建模和检验提供基础信息。因此可避免在未事先探索数据特征的情况下，盲目地将空间统计方法应用于空间数据集得出错误的结论及带来的负面影响[33]。

1）全局空间自相关

依据 Anselin[①] 的描述，全局 Moran 指数是用于分析区域中每个属性观测值位

---

① https://www.emch.sites.oasis.unc.edu/gisph/geoda093.pdf.

置之间的空间自相关性，确定所观测数据是否形成地理集聚。省域作物种植的全局 Moran 指数公式如下：

$$I = \frac{n}{\sum\limits_{i=1}^{n}\sum\limits_{j=1}^{n} w_{ij}} \cdot \frac{\sum\limits_{i=1}^{n}\sum\limits_{j=1}^{n} w_{ij}(x_i - \overline{x}) \cdot (x_j - \overline{x})}{\sum\limits_{i=1}^{n}(x_i - \overline{x})^2} \qquad (2\text{-}1)$$

式中，n 为所研究省份总数；x_i 表示省份 i 的 x 作物播种面积占比；$\overline{x}$ 为 x 作物播种面积占比在整个样本省份的均值；w_{ij} 为空间权重矩阵，表示省份 i 和 j 的相互邻接关系。全局 Moran 指数期望值为 $-1/(n-1)$，其原理与矩阵相关系数相似。当 I 大于 0 时，各省 x 作物播种面积占比存在空间正相关，当 I 小于 0 时，各省 x 作物播种面积占比存在空间负相关。极端情况下，+1 表示呈强烈且正向的空间相关性，0 表示呈随机分布，-1 表示呈强烈且负向的空间相关性。

2）局部空间自相关

局部空间自相关统计量为研究区域单元中某一属性值与邻近单元相同属性值的相关程度提供了一种度量方法。通常用来分析某一区域单元与邻近空间单元的空间分布特征。作物种植的局部空间自相关系数公式如下：

$$I_i = \frac{(x_i - \overline{x})}{S_i^2} \sum_{j=1, j \neq i}^{n} w_{ij}(x_j - \overline{x}) \qquad (2\text{-}2)$$

式中，

$$S_i^2 = \frac{\sum\limits_{j=1, j \neq i}^{n}(x_j - \overline{x})^2}{n-1} \qquad (2\text{-}3)$$

式中，S^2 为 x 作物播种面积占比的方差。如果 I 值大于 0，说明观测区域与邻近区域相似值发生集聚，呈现出"H-H"型或"L-L"型集聚特征，其分别表示，x 作物种植比例在区域自身和周边省份的观测值都较高或者都较低。"H-H"型和"L-L"型集聚均表示 x 作物种植比例的省域空间分布差异较小。如果 I 值小于 0，则表明 x 作物播种面积占比在观测省份与周边省份呈现"H-L"型，即该省自身观察值较高，相邻省份观察值较低；或"L-H"型集聚特征，即区域自身 x 作物播种面积占比较低，周边省份值较高。"H-L"型和"L-H"型集聚说明 x 作物播种面积的省域空间分布差异较大。

2. 农作物种植结构地理集聚时间变化特征

利用 OpenGeoDa 软件计算 1981~2020 年我国粮食、蔬菜、糖料作物、大豆、水稻、小麦、玉米等 7 种作物播种面积占比的全局 Moran 指数值，结果如图 2-3 所示。7 种作物的全局 Moran 指数值均为正，均通过 5% 显著性水平检验，这说明

7 种农作物的播种面积占比存在显著的空间正相关性，某种作物播种面积较多的省份，其周边省份该作物的播种面积占比也较大，反之亦然，各农作物的种植比例具有显著的空间集聚特征。1981~2020 年，7 种农作物呈现出不同的地理空间集聚模式。玉米和蔬菜的全局 Moran 指数值整体上呈现上升趋势，具有较高的空间集聚特征；糖料作物的集聚程度呈较明显的下降趋势；小麦相对稳定；水稻略有下降；大豆的集聚程度在波动中下降；粮食作物种植比例的空间集聚程度在波动中上升。此外，棉花和油料作物的全局 Moran 指数值接近于零，且统计显著性水平显著，表明这两种作物种植结构在空间分布上呈随机分布，在大多数年份未呈现出规律性变化特征。

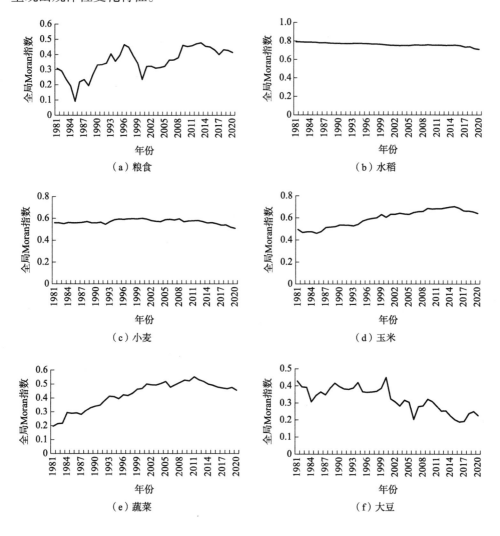

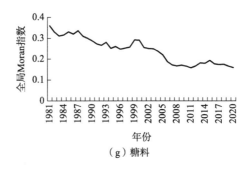

（g）糖料

图 2-3　1981~2020 年中国主要农作物全局 Moran 指数值

①全局 Moran 指数值表明，棉花、油料作物呈现空间随机分布特征，因此接下来的局部 Moran 指数分析将不再考虑这两种农作物；②7 种作物的 $z(I)$ 值均在 5% 显著性水平上显著（$p<0.05$）；③在分析作物播种面积占比的全局自相关性和局域自相关性时，将重庆市数据并入四川省统计。国家统计局网站显示西藏、北京、天津缺失 1981~2020 年糖料作物数据，故分析糖料作物时，剔除西藏、北京、天津样本点；青海缺失 1981~2020 年水稻、大豆数据，青海从 1998 年开始有玉米种植面积数据，但玉米种植面积占该省粮食作物播种面积的比例非常小，基本可以忽略其占比份额，分析这三种作物时，剔除青海样本点

3. 农作物种植结构地理集聚空间变化特征

根据 Lisa 集聚图的结果，制作了表 2-7，其显示了 1981~2020 年我国粮食、蔬菜、大豆、水稻、小麦、玉米等 6 种作物种植结构空间分布的关联类型。7 种农作物的种植面积占比表现出较为明显的空间分布格局。随着时间的推移，粮食作物的强优势产区聚集在东北和华北地区，尤其是东北地区，2010 年之前无 H-H 型集聚区，2010 年成为粮食作物的 H-H 型强优势产区。蔬菜的 H-H 型集聚区由最初的华北平原（天津）最后转移至东北地区，蔬菜的 L-L 型集聚区由西北地区的陕西、甘肃向东北地区扩展，截至 2010 年覆盖了整个东北地区。糖料作物的 H-H 型集聚区始终位于南部沿海地区，L-L 型集聚区自 2010 年以后明显减少。大豆播种面积占比的 H-H 型强优势产区主要集聚在东北地区，而 L-L 型集聚区自 2010 年以后开始骤然缩减，2020 年已无 L-L 型集聚区。水稻播种面积比例的 H-H 型集聚区分布在空间自相关格局中表现出较大稳定性，未呈现出明显随时间变化的特征，且主要集聚在华中地区与华南地区。玉米播种面积占比的 H-H 型集聚区由华北平原扩展至整个东北地区。随着时间的推移，小麦播种面积比例的 H-H 型集聚区由西北地区向黄淮海平原迁移。

表 2-7　1981~2020 年各农作物种植比例的局域 Moran 指数

作物	年份	H-H 集聚区	H-L 集聚区	L-L 集聚区	L-H 集聚区	非显著区	无数据区
粮食作物	1981	河北、内蒙古、重庆、四川、云南		江苏、浙江、安徽、江西	新疆	北京、天津、山西、辽宁、吉林、黑龙江、上海、福建、山东、河南、湖北、湖南、广东、广西、贵州、西藏、陕西、甘肃、青海、宁夏	海南

作物	年份	H-H 集聚区	H-L 集聚区	L-L 集聚区	L-H 集聚区	非显著区	无数据区
粮食作物	2010	河北、内蒙古、辽宁、吉林、黑龙江		江西		北京、天津、山西、上海、江苏、浙江、安徽、福建、山东、河南、湖北、湖南、广东、广西、重庆、四川、贵州、云南、西藏、陕西、甘肃、青海、宁夏、新疆	海南
	2020	河北、内蒙古、辽宁、吉林、黑龙江、山东、河南				北京、天津、山西、上海、江苏、浙江、安徽、福建、江西、湖北、湖南、广东、广西、重庆、四川、贵州、云南、西藏、陕西、甘肃、青海、宁夏、新疆	
蔬菜	1981	天津		安徽、山东、陕西、甘肃	河北	北京、山西、内蒙古、辽宁、吉林、黑龙江、上海、江苏、浙江、福建、江西、河南、湖北、湖南、广东、广西、重庆、四川、贵州、云南、西藏、青海、宁夏、新疆	海南
	2010	浙江		内蒙古、辽宁、吉林、黑龙江、青海、新疆	江西	北京、天津、河北、山西、上海、江苏、安徽、福建、山东、河南、湖北、湖南、广东、广西、重庆、四川、贵州、云南、西藏、陕西、甘肃、宁夏	
	2020	内蒙古、辽宁、吉林、黑龙江			江西	北京、天津、河北、山西、上海、江苏、浙江、安徽、福建、山东、河南、湖北、湖南、广东、广西、重庆、四川、贵州、云南、西藏、陕西、甘肃、青海、宁夏、新疆	
糖料	1981	广东		安徽、山东、河南		河北、山西、内蒙古、辽宁、吉林、黑龙江、上海、江苏、浙江、福建、江西、湖北、湖南、广西、重庆、四川、贵州、云南、陕西、甘肃、青海、宁夏、新疆	
	2010	广西				河北、山西、内蒙古、辽宁、吉林、黑龙江、上海、江苏、浙江、安徽、福建、江西、山东、河南、湖北、湖南、广东、重庆、四川、贵州、云南、陕西、甘肃、青海、宁夏、新疆	海南、北京、天津、西藏
	2020	广西	内蒙古	河南		河北、山西、辽宁、吉林、黑龙江、上海、江苏、浙江、安徽、福建、江西、山东、湖北、湖南、广东、重庆、四川、贵州、云南、陕西、甘肃、青海、宁夏、新疆	

续表

作物	年份	H-H 集聚区	H-L 集聚区	L-L 集聚区	L-H 集聚区	非显著区	无数据区
大豆	1981	吉林、黑龙江		西藏、新疆	内蒙古	北京、天津、河北、山西、辽宁、上海、江苏、浙江、安徽、福建、江西、山东、河南、湖北、湖南、广东、广西、重庆、四川、贵州、云南、陕西、甘肃、青海、宁夏	
	2010	吉林、黑龙江		新疆		北京、天津、河北、山西、内蒙古、辽宁、上海、江苏、浙江、安徽、福建、江西、山东、河南、湖北、湖南、广东、广西、重庆、四川、贵州、云南、西藏、陕西、甘肃、宁夏	海南、青海
	2020	吉林、黑龙江				北京、天津、河北、山西、内蒙古、辽宁、上海、江苏、浙江、安徽、福建、江西、山东、河南、湖北、湖南、广东、广西、重庆、四川、贵州、云南、西藏、陕西、甘肃、青海、宁夏、新疆	
水稻	1981	福建、江西、湖南、广东、广西	河北、山西、内蒙古、辽宁、陕西、甘肃、宁夏、新疆			北京、天津、吉林、黑龙江、上海、江苏、浙江、安徽、山东、河南、湖北、重庆、四川、贵州、云南、西藏	
	2010	浙江、福建、江西、湖南、广东	天津、河北、山西、内蒙古、宁夏、新疆			北京、辽宁、吉林、黑龙江、上海、江苏、安徽、山东、河南、湖北、广西、重庆、四川、贵州、云南、西藏、陕西、甘肃	海南、青海
	2020	浙江、福建、江西、湖南、广东	天津、河北、山西、内蒙古、宁夏、新疆			北京、辽宁、吉林、黑龙江、上海、江苏、安徽、山东、河南、湖北、广西、重庆、四川、贵州、云南、西藏、陕西、甘肃	
玉米	1981	北京、天津、河北、辽宁	浙江、福建、江西、广东		内蒙古	山西、吉林、黑龙江、上海、江苏、安徽、山东、河南、湖北、湖南、广西、重庆、四川、贵州、云南、西藏、陕西、甘肃、宁夏、新疆	
	2010	北京、天津、河北、内蒙古、辽宁、吉林、黑龙江	浙江、福建、江西、广东			山西、上海、江苏、安徽、山东、河南、湖北、湖南、广西、重庆、四川、贵州、云南、西藏、陕西、甘肃、宁夏、新疆	海南、青海
	2020	北京、天津、河北、内蒙古、辽宁、吉林、黑龙江	浙江、福建、江西、湖南、广东			山西、上海、江苏、安徽、山东、河南、湖北、广西、重庆、四川、贵州、云南、西藏、陕西、甘肃、宁夏、新疆	

作物	年份	H-H 集聚区	H-L 集聚区	L-L 集聚区	L-H 集聚区	非显著区	无数据区
小麦	1981	甘肃、青海、新疆	福建、江西、湖南、广东、广西、贵州	西藏		北京、天津、河北、山西、内蒙古、辽宁、吉林、黑龙江、上海、江苏、浙江、安徽、山东、河南、湖北、重庆、四川、云南、陕西、宁夏	
	2010	山东、河南	吉林、福建、湖南、广东、广西、贵州			北京、天津、河北、山西、内蒙古、辽宁、黑龙江、上海、江苏、浙江、安徽、江西、湖北、重庆、四川、云南、西藏、陕西、甘肃、青海、宁夏、新疆	海南
	2020	安徽、山东、河南	吉林、福建、湖南、广东、广西、贵州			北京、天津、河北、山西、内蒙古、辽宁、黑龙江、上海、江苏、浙江、江西、湖北、重庆、四川、云南、西藏、陕西、甘肃、青海、宁夏、新疆	

注：不包括港澳台数据

2.1.3 农作物种植面积与空间集聚形成的关系

我国种植业结构经历了三轮结构调整后，完成了种植业结构调整的压粮扩经—高产优质高效—调减主粮作物播种面积的目标，目前正向保口粮安全、优化品质结构及调减非优势区玉米播种面积的种植结构调整目标转变。宏观上，作物构成体现为一个国家、区域或生产单元中所有种植作物的类别、面积及其占比关系。在当前各类农作物在土地、环境等资源约束下相互竞争与替代关系日趋激烈的背景下，农作物种植比例在一定程度上反映了作物之间的竞争优势，作物种植比例越高，表明其在当地种植业中越重要，越具有种植规模优势。

2020 年，粮食作物播种面积占农作物总播种面积的 69.72%。研究结果表明，我国粮食作物优势产区集聚在东北和华北地区。这主要是因为水稻播种面积维持稳定，小麦播种面积略有减少，但玉米播种面积不断上升，而玉米的强优势产区在东北，从而导致粮食作物的强优势产区向东北地区集聚。虽有研究表明水稻生产重心由南向北迁移[34]，但是华中和华南双季稻稻作区凭借本区充足的水光热气候资源优势及南方居民偏好稻米消费等因素，仍是我国水稻的重要生产基地。水稻种植面积占比的 H-H 型集聚区分布在湖南、江西、浙江、福建、广东等省份。截至 2020 年，我国玉米集聚程度不断提高，且强优势集聚区分布在东北地区。但是由于近年来玉米供大于求、库存大幅增加、种植效益降低等，从 2016 年开始我国已经正式实施调减玉米种植面积政策。2016 年已成功减少玉米播种面积 3 000万亩，实现了 13 年来首次降低玉米种植面积，并且 2016~2020 年实现了玉米种植面积的 5 年连续调减。由此可见，宏观政策对优化种植结构和区域布局，提升农业效益和可持续发展能力具有重要指导意义。

大豆是东北地区的主要大宗农作物，其播种面积在东北地区种植业结构中所占比例大，形成了大豆种植的 H-H 型集聚区。虽然东北地区大豆单产处于全国中等水平，但东北地区土地资源较丰富，历来都是我国最主要的大豆产区。其中，黑龙江大豆播种面积和总产量约占全国大豆播种面积和总产量的 40%。虽然从 2009 年开始，由于受大豆种植比较收益持续降低、进口冲击等影响，东北地区大豆播种面积开始逐年下滑，但大豆种植的 H-H 型集聚区始终位于东北地区。2016 年《农业部关于促进大豆生产发展的指导意见》颁布，为扩大大豆种植面积提供了政策上的支持，加上同期玉米价格大跌、临储政策取消的影响，农户种植玉米的意愿也有所减弱，再加上近几年适当降低进口依赖度、提升国内自给率宏观目标的提出，这些主客观因素扭转了大豆播种面积减少的趋势，使得近几年大豆播种面积呈现扩张趋势。

众多研究表明，我国蔬菜生产主要集中在以山东、河南、河北为代表的黄淮海及环渤海区，以四川、湖北、湖南、江苏等为代表的长江区[35]。但本书研究表明，我国蔬菜播种面积占比的 H-H 型集聚区主要位于东部沿海地区，这说明我国蔬菜主产区与蔬菜种植结构优势区不一致。其原因可能是，一方面东部沿海地区的农作物播种面积在逐年萎缩；另一方面由于该地区非农经济发达、普遍较高的居民生活水平刺激了对蔬菜消费的市场需求及蔬菜经济效益较其他大宗农作物相对收益更高使蔬菜种植面积较大等，该地区蔬菜种植面积比例较大，形成了地理空间分布上的 H-H 型生产集聚。但与此同时，东部地区的大中城市是我国蔬菜主销区域，在我国蔬菜生产区域逐渐西移、东部地区蔬菜产销区已逐渐分离的情况下，我国蔬菜的区域供需不平衡问题会进一步恶化[36]。因此，重视蔬菜主销区的本地化生产或者增强其邻近地区蔬菜供给能力、合理规划蔬菜生产布局，对保障蔬菜的稳定供应具有重要现实意义。

已有研究表明，糖料作物的地理空间主要连片分布在广西、云南、广东，且集中程度与专业化程度均较高[37, 38]。本书研究结果与以往研究结果一致，2019~2020 年，广西、云南、广东三省的糖料作物种植面积占全国糖料作物的 81.02%，且在南部沿海地区形成了糖料作物的 H-H 型集聚区。20 世纪 80 年代，广东糖料作物种植面积占全国的比例居于首位，但随着时间的推移，广东糖料作物播种面积与产量逐渐减少，而广西、云南糖料作物播种面积呈上升趋势，尤其是广西，2020 年广西糖料作物播种面积占全国比例已达 55.52%。广西作为我国糖料主产区，近几年在不断扩大播种面积的同时，已实现集中化、专业化生产，将糖料作物打造成了该地优势农产品，全国糖料作物的 H-H 型集聚区也由广东转向广西。在中国农产品区域布局优化过程中，应继续发挥糖料作物的区域种植化优势，推动特色农业发展。

2.2　农作物种植结构变化的驱动因素分析

农作物种植结构的演化在自然的适应，人口的迁移，农业生产技术进步作用下呈现由简到繁、农作物间不断竞争融合的过程，这种变化越来越多地受到人们生活改善进而对农作物需求改变、科学技术进步、市场、政策与生产要素变迁的社会经济属性的影响，并不断地发生变化。一般认为农作物结构变化的驱动力可以分为自然因素、生产要素等社会经济因素及政策技术等。土地资源、水资源、气候资源、自然灾害是影响种植制度变化的主要自然因素。农业种植结构的空间分布主要由自然条件决定。具体而言，包括自然资源禀赋（气候、土壤、水文变化等）、市场因素（市场需求量与结构变化、产品价格等）、生产要素特点（土地、劳动力、机械、化肥等生产要素资料）、国家和区域农业政策与技术服务（国家农业产业布局、作物价格支持政策、储备收购制度、农业生产补贴、技术服务数量与质量等）、生产经营决策因子（劳动力结构与分布、农产品成本收益、农户对政策的响应）等。农作物空间布局及农作物种植方式演变是农作物结构变化研究的热点话题，因此，本小节对农作物种植结构变化的驱动因素主要从这两个方面展开，旨在为后续章节建立农作物种植结构变化的驱动因子框架模型奠定理论基础。

2.2.1　农作物生产布局变化的驱动力

农业作为人类和自然界密切相关的生产部门，与自然条件有着密切的关系。农业带的发展首先必须遵循农业自然资源的生态适宜性进行布局。自然资源如水分、温度、日照强度等客观气候条件对农业生产布局具有重要影响。事实上，即使是在特定气候环境的限制下，农民生产作物的选择也不是唯一的，通常是具有一定选择范围。从中国种植业发展的现实情况来看，非自然资源因素对生产布局的影响是不可忽视的，历史上客观气候环境变化并不大，但是各地区的农作物布局还是表现出比较明显且频繁的变迁。农作物生产布局变迁还受到区域社会经济发展、市场需求、科技创新与技术采用、国家政策等因素的影响。这些因素在很大程度上影响区域分工，进而导致农业生产区位形成及演变。区位、资源、市场、环境、技术、政策等主要影响因素通过不同的途径和方式，不同程度上作用于农业区域的形成演变过程，而多因素交叉所形成的区域就是最优农业区域配置所在（图 2-4）。众多学者运用实证分析方法从上述影响因素，对全国及区域的粮食作物（稻谷、玉米、小麦）、油料作物（大豆、油菜）和经济作物（棉花）等的生产布局变动的影响进行了研究。

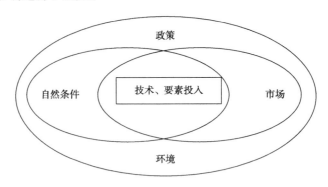

图 2-4　农作物种植结构的形成与变化驱动因素

自然条件因素驱动。与农业生产有关的生产资料的天然来源，如光、温、水、土地、生物等都是农业自然资源。我国幅员辽阔，从南至北有不同的气候带，形成了南北不同的作物种植制度。不同作物的生长发育要求不同的气候条件、气象条件，病虫害防治采取的手段也不相同。因此，一个地区农业的选择应充分考虑当地的气候因素。平原、山地这两种不同的地形地貌，耕作难易程度及机械化操作的难易程度存在巨大的差异，也会形成不同的农作物生产布局。例如，广袤的平原地区往往机械化程度高，有利于粮食作物的种植；山地、丘陵地区难以实施机械化作业，更适宜种植劳动力投工量多但是经济效益较高的经济作物或者弃耕抛荒。水资源对农业生产至关重要。这表现在，旱地和水田适宜的农作物类型不同；农田及其周围的水利灌溉设施是否完备和齐全不仅会改变作物生产布局，也会影响作物的单产和总产量；而过度地开采地下水资源用于农业生产使得北方地区形成的大量漏斗区对生态环境造成了严重的负面影响。土壤给植物生产提供了大部分的微量元素、水分和养分，是农作物生长的物质基础。我国土地资源丰富，类型多样，不同的土壤类型适宜种植不同的作物。土地资源是农业生产的主要载体，我国地域辽阔，不同区域的土地禀赋特征不同，劳动力与土地的相对比价也不同，影响着区域作物的生产布局。此外，农业生产与自然气候息息相关，极端气候条件对农业收成影响较大，遇上大型风灾、水灾可能会颗粒无收。经验丰富的农民善于依据往年的农业气象合理安排下一年度的种植决策计划。

劳动力资源变化驱动。舒尔茨认为经济增长中人力资本的贡献大于物质资本的贡献，人力资本是农业经济增长的主要源泉。随着我国人口红利逐步减弱，劳动力异质性逐步凸显，其对农业生产的影响也越发被关注和重视。大量学者从劳动力数量、人口结构变化、劳动力价格等方面研究劳动力资源对农业生产的影响。农业劳动力转移和人口结构变化对农业生产的影响主要体现在农业产出和农业生产技术效率等方面。关于农村劳动力转移与粮食产量的研究成果比较丰硕，形成了劳动力转移对粮食生产影响的三种不同观点，包括劳动力转移对粮食产量具有正向、负向及统计上无显著影响[39]三种观点。但在我国老龄化、女性化、低文化的农业人口结构演变趋势下，男性和壮年女性的转移会提高农户退出农业生产的概率，增大农户家庭耕地流出率，甚至会降低农业产出增长率[40]。由农村老龄劳动力或者女性劳动力从事农业生产的农户在农业生产技术应用、生产经营方式、生产经营收入、生产结构方面相比由农村非老龄劳动力或者男女劳动力共同从事农业生产的农户，均表现出明显的劣势[41, 42]。但是，老龄化带来的影响因作物本身对劳动力体力与人力资本要求的不同而有差异。老龄化对农作物的影响随着作物集体决策与机械化程度由高到低地变化，呈现出由完全没有影响到部分有影响再到有显著影响的梯度变化[43]。事实上，农业劳动力老龄化并非绝对的坏事。农业劳动力的老龄化和教育有利于提高农业和粮食生产的技术效率，但女性化会降低农业和粮食生产的技术效率[44]。目前较少研究关注劳动力价格上涨对作物播种面积的影响。研究表明，随着每工日劳动力价格的上涨，江苏省水稻播种面积增加而浙江省播种面积减少[45]，农村劳动力价格上涨并不意味着粮食播种面积下降。劳动力价格上涨有利于降低粮食种植比例，有利于增加经济作物种植比例[46]，且在不同劳动力流动类型分区中，农村劳动力价格上涨与转移对不同区域作物种植比例的影响存在显著差异[47]。

农业技术进步因素。农业发展的根本出路在科技，现代农业的发展过程实质上是先进科学技术在农业领域广泛应用的过程。科学技术是第一生产力，先进的科学技术代表着先进的生产力水平。例如，优质的种子既可以提高品质，又可以增加产量，如袁隆平水稻育种团队经科学选配而成的杂交水稻；优良的栽培措施也可以增加产量。科技创新与技术采用还包括新品种的化肥、农药及种子的使用和推广，新的生产方式、新的田间经营管理技术、农业机械技术的进步与发展。通常农业技术应用和推广会在一定程度上受到一定资源条件的制约。舒尔茨就提到，农作物新品种的高产出是新品种化肥、较高的田间管理水平配套综合作用的结果。农业机械技术作用的发挥更是受到耕地地形地貌条件的约束。地形地貌条件决定的耕地机械化作业适宜度是影响农业机械化发展的重要因素。平原地区的耕地容易实施机械化种植，而丘陵山区实施农业机械化作业的难度较大[48]。

政策因素。农业政策作为中国农业发展的指挥棒，对农业发展起着重要作用。2004 年实施农机具购置补贴，2006 年取消农业税，实施的农民直接补贴，粮食最低收购价政策，临时收储政策及目标价格政策等一系列农业生产促进性补贴及粮食价格支持政策，不仅对提高农民种粮积极性、扩大粮食播种面积作用明显，而且有力地促进了区域农作物结构调整和农业生产布局优化。经济作物种植结构的变化更多地受区域经济发展水平、居民收入水平、消费结构改变、市场供需变化的调节和影响。粮食作物是保障我国14亿人口的粮食安全的物质基础,粮食作物播种面积的调整则是政策重点关注的内容。我国先后启动了粮食最低收购价格(2005年启动早籼稻与中籼稻的最低收购价格制度,2006年启动小麦的最低收购价格制度,2008年启动玉米临时收储制度),国家的这一政策对不同区域农业种植结构造成了深远的影响。有研究表明,在各自的粮食主产区,享受最低收购价格的粮食播种面积比例显著提升,而在非主产区则显著下降[49]。当前针对粮食主产区的最低粮食收购价格政策可能是造成我国作物种植结构调整的重要原因之一,在一定阶段中维持一定的粮食收购价格对于保护粮食安全依然必不可缺。再者,以劳动力流入区的新疆棉花生产为例,除了独特的自然地理禀赋外,政府采用目标价格补贴等政策手段保护棉农利益,从而保护棉农的种植习惯不被破坏,是新疆棉花生产不断规模化、集中化发展,棉花的产量也逐步趋于稳定的重要因素。2007年《国务院办公厅关于促进油料生产发展的意见》下发,提出"从2007年起,在长江流域'双低'油菜优势区(包括四川、贵州、重庆、云南、湖北、湖南、江西、安徽、河南、江苏、浙江),实施油菜良种补贴,中央财政对农民种植油菜给予每亩10元补贴,鼓励农民利用冬闲田扩大'双低'油菜种植面积"。这一政策的实施极大地促进了长江流域农民种植冬油菜的积极性,2008年我国长江流域油菜种植面积比2007年增加了80.5万公顷。当前我国的农业生产依然离不开政策的支持。

社会经济发展与市场需求。营养是当前及今后全球粮食安全的研究重点之一,多样性食物结构是居民营养健康的重要基础,而农业与食物生产则是多样化饮食的重要前提。近年来,随着城乡居民收入水平提高、饮食消费习惯变化、膳食营养结构升级,城乡居民消费观念表现为由"吃得饱"向"吃得好、吃得安全、吃得健康"转变[①]。因此,为了迎合城乡居民消费结构快速升级,满足人民日益增长的健康生活需要,我国作物种植结构及农业生产结构也正在不断进行调整优化,我国的农产品结构和质量应尽量适应和满足这一新的消费观念。为了实现国民营养健康需求的农业发展目标[②],各级政府部门均制定了相应的发展战略,并采取了相应的政策措施。例如,《中共中央 国务院关于落实发展新理念加快农业现代化实现全面小康目标的若干意见》《农业部关于促进草食畜牧业加快发展的指导意见》等文件相继推出,为加快农业"转方式、调结构",促进"粮饲经"三元种植结构发展,形成粮草兼顾、农牧结合、循环发展的新型种养结构,从源头上保

---

① 农业部关于印发《全国种植业结构调整规划(2016-2020年)》的通知[EB/OL]. http://www.gov.cn/xinwen/2016-04/28/content_5068722.htm,2016-04-28。

② 国务院办公厅关于印发中国食物与营养发展纲要(2014—2020年)的通知[EB/OL]. http://www.gov.cn/zwgk/2014-02/10/content_2581766.htm,2014-02-10;国务院办公厅关于印发国民营养计划(2017—2030年)的通知[EB/OL]. http://www.gov.cn/zhengce/content/2017-07/13/content_5210134.htm,2017-07-13。

障膳食结构的多样性与高品质农产品的供给提供政策依据。在当前农业生产率下降、极端气候现象突现、水资源稀缺与土地退化等因素制约未来粮食安全的背景下，为了追求环境与健康的双重目标，农业生产也需要从动物食品生产转向植物食品生产，尤其是提供水果和蔬菜，加强农业生产系统的多样性，以保护生态与保障多样化的饮食结构。按照国际粮食安全需求规律及欧美发达国家的经验，可以预测未来我国粮棉油糖等大宗农产品需求增长及其在农业生产中的地位将逐渐下降，畜牧业、水产品、蔬菜、水果和多功能农业将会成为未来农业发展的重点[50]。在不断推进的城镇化进程中，农业越来越市场化，农作物种植结构调整也更多受作物利润、需求因素的影响，特别是价格因素的影响变得更加重要。价格因素直接反映了市场环境对农户种植作物类别的激励。农业产品生产是为了消费，大部分要到市场上销售，才会实现其经济价值，农户为了追求经济利益最大化，会根据市场行情有选择性地进行农产品生产，因此市场的需求状况影响了农业生产的类型和规模。任何一个理性的生产者，但凡其有不同的生产选择可以比较，一定会比较农作物生产的投入和产出效益。

2.2.2　农作物种植方式变化的驱动力

1. 成本收益推动的种植方式选择变化

通常采用不同种植方式的成本差异较大。以江西省双季稻种植为例，由于机插有低成本、高效益的优势，稻农均愿意采用机插种植方式[51]。蔬菜作为人们日常的生活必需品，其市场化进程要快于粮食作物，在农业生产中有重要地位。通常大部分蔬菜存在大棚、露地两种生产方式，不同种植方式下蔬菜的产出水平及成本收益均存在较大差异，而叶乐安[52]通过对上海市郊主要蔬菜的平均收益和利润调查发现，大棚设施栽培和露地种植的蔬菜的成本收益存在较大的差别，大棚蔬菜的总收益与总利润接近和超过露地蔬菜的 2 倍，有利于推动菜农选择大棚蔬菜种植。不仅农作物的成本收益在不同的种植方式下表现出差异，而且每一种种植方式对应的最优土地种植规模也存在差异。柯福艳等[53]基于浙江蔬菜产业调查发现，在露地种植、混合种植、设施种植三种种植模式下，露地种植属于低投入、低报酬的种植模式；设施种植属于高投入、高回报的种植模式；混合种植的投入与收益水平介于二者之间，调查结果有 72.7% 的农户采用混合种植和设施种植方式，追求高收益成为多数种植户的重要生产目标。三类种植模式的平均收益最高值均出现在经营规模 1.33~3.33 公顷的农户中，总收益最高值均出现在经营规模高于 6.67 公顷的农户中。中国甘蔗机械化种植比人工种植更具优势，且全程机械化种植方式的优势更显著。全程机械化种植方式比其他机械化种植方式更具成本和效率优势,比纯人工种植的效率高 5 倍以上,且能节约每亩种植成本 177.15 元。成本收益上的差异有力地促进了甘蔗机械化种植的发展[54]。

2. 气候、水土资源变化下对资源节约型种植方式的需求

气候、土地、水资源是农业生产主要的三大资源禀赋。我国在土地与资源稀缺的情况下,不断改良品种、提高单产,并在此基础上发展了各类节水型、设施型农业生产方式,在很大程度上缓解了资源的约束。例如,地处天山北麓的石河子,年降水量仅 180~270 毫米,蒸发量却高达 1 000~1 500 毫米,干旱是这里的常态。在膜下滴灌技术研发出来之前,干燥少雨的石河子从来没种过水稻。2017年水稻平均亩产能达到 600 千克,最高可达 830 千克,高于全国平均亩产。膜下滴灌水稻种植技术的应用使当地摆脱了气候的限制。这项技术已在全国多地大面积应用于四十余种作物种植。新疆的棉花与番茄的种植灌溉技术中,还采用滴灌丸粒化直播种植与水肥一体化技术,不仅有效提高了产量,还减少了虫害。番茄采用滴灌丸粒化直播种植技术后,亩产 8~9 吨,比常规种植每亩收益提高 50%左右。此外,设施化、模块化种植缓解了对土地资源的依赖,在水面上、耕地资源稀缺的地区提高了空间利用率,实现"全年无休"的高产农业,如漂浮农场、大棚种植、立体化种植等技术的利用。

3. 劳动力转移变化背景下种植方式变化

近年来,随着社会经济的发展,农村劳动力的大量转移,农业生产劳动力明显减少,因此在农业生产活动中,减小劳动强度、节省劳动力的农作物轻型栽培技术越来越受人们的关注。水稻的种植方式随着农业劳动力的转移而发生改变。20 世纪 90 年代以来,水稻抛秧逐渐被应用,在最近的几十年里,直播和机械移栽实践越来越多。全国水稻生产中手栽、抛秧、直播和机插面积分别占全国种植面积的 50%、25%、12%和 13%[55]。机插栽培具有省工、省力、节本、高产、高效等优势。直播和机插将成为未来水稻种植的方向。有学者通过玉米不同种植方式的试验结果表明,玉米翻耕育苗移栽、免耕育苗移栽、翻耕精量直播和免耕精量直播相互间产量差异达到显著水平,玉米翻耕育苗移栽的产量最高,达 8 488.5千克每公顷;免耕精量直播投产收益比最好,达 1:2.39[56]。但是,同时也有学者认为由于农村剩余劳动力的存在及劳动力的自由移动,劳动力可获性暂时不是影响农户种植方式和种植规模的关键因素[57]。

4. 科技创新的推动作用

党的十九大报告中提出了一个重大论断:经过长期努力,中国特色社会主义进入了新时代。农业科技成为主要驱动力量。2010~2020 年,农业科技进步贡献

率从 52%提高到 61%。主要作物单产提高幅度如下：小麦 21%，玉米 15%，稻谷 7%，棉花 41%。水果、蔬菜和畜禽产品，生产效率的提高幅度更高。农业装备日益现代化。农业机械化程度显著提高。10 年间，全国耕种收综合机械化水平从 52%提高到 71%。无人机、物联网等引领性的先进技术也在兴起，大大提高了劳动效率，减小了劳动强度，并且更好地满足了农时要求。

提供可获取的优良品种和种植模式选择是促进种植方式转变的重要技术支撑。例如，在湖北地区，再生稻品种培育与种植模式的推广极大地推动了区域种植模式的变化，缓解了劳动力投入和生产成本上升的冲击。国内外水稻直播种植方式发展情况：随着高效除草剂技术的成熟、早熟高产新品种的育成及劳动力成本的升高，许多地方改变了传统的水稻移栽种植方式，逐步采用直播方法。"双低"油菜优良品种、高油大豆品种的推广及普及，分别使得长江流域扩大了冬闲田油菜种植面积，东北及内蒙古地区则通过合理轮作适当恢复了大豆种植面积，从而带动了区域农作物种植方式的改变。

第3章 农村劳动力资源变迁
与农作物种植结构变化

2.2 节从多个维度和视角分析了农作物种植结构变化的驱动因子及其影响机理。本章首先从劳动力这一在过去 40 多年间发生了巨大变化且对农作物种植结构变化产生重要影响的驱动因素的历史变迁特征进行分析。农村劳动力转移和劳动力价格上涨改变了传统农业生产中以土地和劳动投入要素为主的基本配置格局。但是我国大国小农的基本国情农情,决定了我国未来小农户家庭经营仍将是农业的主要生产和组织方式,劳动力资源依然是重要的农业投入要素。然而现阶段"农民老龄化、农业副业化、村庄空心化"现象越发明显。因此,我们有必要在劳动力要素发生明显变化的情况下,收集整理劳动力要素的时间序列数据与空间分布数据,按变量的属性特征,包括数量变化、价格变化、年龄结构等,分析其时空变化特征、发展规模与速度或是阶段性重点与导向变化等。这些工作将为劳动力驱动因子对农作物种植结构演化的影响效应研究提供详细的数据、资料基础。在此基础上,进一步从理论及实证上分析探讨农业劳动力转移及其价格上涨、农业劳动力老龄化对农作物种植结构变化的影响效应。

3.1 农村劳动力资源变迁特征

3.1.1 农村劳动力转移阶段性变化特征

从新中国成立到改革开放前,虽然传统工业化道路出现了许多问题,但是经过近 30 年发展,建立了较为完整的工业经济体系,初步奠定了工业化的基础。改革开放后随着制度及政策的变革,中国开启了工业化发展新时期,其实质是乡镇企业体制下的劳动力流动过程。在城乡二元户籍制度和就业制度分割体制下,农村劳动力转移先后经历了从内到外、由紧到松、从无序到规范、由歧视到公平的过程[58]。本书主要依据工业化发展阶段对农村劳动力转移的变化进行阶段划分①（图 3-1），以此作为描述劳动力转移阶段特征的事实依据。具体而言，大致可以分为以下四个转移阶段。

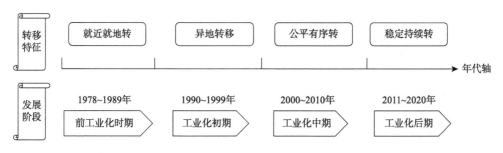

图 3-1　不同工业化发展阶段的农村劳动力转移特征

　　第一阶段，前工业化时期的农村劳动力转移特征。1978~1983 年，对农村劳动力流动的管制依然很严格，仅限于在农业内部产业间流动。通过鼓励开展农业生产的多种经营，兴办社队企业，允许农村剩余劳动人口从狭义的种植业生产向广义的农业生产活动就业。此时转移主要在自然村内部进行。1984~1988 年，我国乡镇企业以年均 69.6% 的速度递增，就业人数以年均 24.2% 的速率增长[59]。1984~1988 年出现了改革开放以来的第一个农村人口流动高峰。1989 年开始，政府正式重视农村劳动力转移问题，限制其盲目流入城镇，加上乡镇企业的弊端开始出现，政府实行"关、停、并、转"措施，乡镇企业发展势头受阻进入 3 年整顿时期。1989~1991 年，乡镇工业企业吸纳农村劳动人口的数量变成了负数，我国农村劳动力转移浪潮也随之回落，且出现了大量转移劳动力返回农业部门的情况[60]。20 世纪 80 年代，农村劳动力转移是一种"离土不离乡、进厂不进城"的转移模式，乡镇工业企业是农村劳动力转移就业的主要阵地。此阶段，我国农村剩余劳动力转移政策在二元经济体制下不断尝试做出调整，农村剩余劳动力就业由农村第一产业向农村第二产业转移，始终未改变农民身份。正是由于此项政策成功绕开了制度阻碍，才实现了部分农村剩余劳动人口的转移就业。

　　第二阶段，工业化初期的农村劳动力转移特征。这一阶段，邓小平同志南方谈话和十四届三中全会召开，我国迎来市场经济体制改革，市场经济深入人心，工业化和城镇化进程加快，进入蓬勃发展时期。乡镇企业的"就地"原则被打破，农民开始了大规模的异地流动就业浪潮。滞留在农业部门的剩余劳动力资源开始大规模地由经济不发达的中西部地区流向经济发达的东部及沿海地区。1992~

---

① 此处对工业化发展阶段的划分主要借鉴并综合了黄群慧[68]、赵昌文等[69]的研究成果。

1996 年，累计转移农业劳动人口 4 278 万人，年平均转移农业劳动人口 856 万人[61]，出现历史上大规模的"民工潮"现象。1997 年前后，"民工潮"总规模达到 8 000 万人左右。进入 90 年代后期，乡镇企业进入深入改制时期，对农村剩余劳动就业人口的吸纳能力降低。劳动力流入大省也陆续出台了限制农民工流动的政策，限制农民工人数和职业选择，造成城镇下岗人数猛增。相比 1992~1996 年年均 800 万人以上的转移规模而言，1997~2001 年年均规模减小超过 200 万人[62]。20 世纪 90 年代是我国农村劳动力"离土又离乡、进厂又进城"的转移阶段。1993 年开始，我国乡镇企业吸收的农村剩余劳动力开始小于外出流动就业劳动力数量[63]。1997 年全面实施国有企业用工制度改革，逐步消除了劳动力跨区域、跨行业重新配置进入障碍，从此外出流动就业劳动力大于乡镇企业吸收农村剩余劳动人口就业的趋势进一步加强。

第三阶段，工业化中期的农村劳动力转移特征。加入 WTO 后，我国逐步成为一个工业贸易大国，外商投资加快增长，促进了外向型经济增长对劳动力的需求。此阶段，国内经济环境稳定和谐，经济快速发展，国家更加重视"三农"工作，颁布和落实了多项支农惠农强农政策，使得农村劳动力转移进入高速、健康、稳定、正确发展轨道[64]。2000~2004 年，农民工以每年 600 万~800 万人的规模增加，2004 年民工总数约达 2 亿人①。此阶段农民工的就业渠道与前一阶段相比，更具多样性与灵活性[65]。这一时期的农村劳动力转移继续以异地跨省转移为主，且转移规模进一步扩大。20 世纪 90 年代后期跨省农村劳动力转移数量约为 2 000 万~3 000 万人。2000~2005 年，我国共转移农村劳动力 24 359 万人，农村劳动力转移规模是 20 世纪 80 年代的 3 倍多[66]。国家统计局农村社会经济调查总队调查显示，2000~2004 年农村劳动力跨省转移数量分别达 2 726 万人、3 056 万人、3 371 万人、5 620 万人、4 770 万人[67]。第二次全国农业普查主要数据公报（第五号）显示，2006 年农村外出务工劳动人口中，流入乡村的比例占 19.2%，流入城镇的比例占 80.8%[66]。2008 年，虽然全球金融风暴给整体经济造成了严重负面影响，但在国家积极有效的宏观调控引导下很快复苏。2008 年我国外出务工农民工数量 14 041 万人，2010 年为 15 355 万人。

第四阶段，工业化后期的农村劳动力转移特征。我国工业化在多种所有制经济共同发展条件下，历时 10 年完成了工业化中期历程，于 2010 年底完成工业化中期指标，进入工业化后期[68]。此阶段，产业结构进一步深化，逐步向重工业化和高加工度化方向转化和发展，服务业比重超过第二产业，成为经济中的最大行业[69]。尤其是进入工业化后期以来，整体上我国的劳动力转移总量不断增长，但是其增速出现回落趋势。随着近年来新型城镇化建设的不断发展及乡村振兴战略

---

① 资料来源：中国农民工问题研究总报告. 原载《改革》2006 年第五期。

的深入实施，农民工外出务工倾向居住地及其周边就业的意愿及趋势增强。并且伴随着产业结构的转型和升级，相比于工业化中期阶段建筑业、制造业是农村转移劳动人口就业的主导行业，生产性服务业吸纳就业的能力逐渐凸显，地位日趋重要。在此形势下，劳动力资源数量对经济增长的贡献将会逐渐弱化，而农村整体人力资本深化将逐渐成为驱动经济内生性增长的新动力。

3.1.2　农村劳动力价格上涨趋势

农村内部劳动力雇工工价是农业部门劳动力收入的主要来源之一[47]。农村内部雇工工资水平直接反映了劳动力从事农业生产经营的价格水平。因此，本小节拟从此视角阐述中国农村劳动力价格的变化趋势与特征。

1. 全国不同农作物雇工工资水平变化

不同农作物的生产方式存在较大差异，对劳动力投入要素的需求不同，导致不同农作物的雇工费用也存在较大差异。本书使用农作物雇工工价来反映农村劳动力内部就业的工资变动情况。在剔除价格因素影响后，三种粮食作物平均、棉花、蔬菜①、油料、水稻、小麦、玉米和大豆等 8 类作物的劳动力日雇工工资从 1998 年的 20 元左右上涨到 2020 年的 70 元左右（表 3-1）。2020 年，水稻的劳动力雇工工资水平最高，达 70.92 元/天，其次分别为大豆、蔬菜、玉米的劳动力日雇工工资水平，分别达 64.99 元、61.55 元、60.18 元。小麦作物的劳动力日雇工工资最低仅为 52.21 元。三种粮食作物平均下来雇工工价较高，达 66.19 元，主要是因为水稻拉高了雇工工价水平。出现上述现象主要是因为水稻和蔬菜属于耗工费时且种植工序烦琐或不易实施机械操作且平均机械化种植水平较低、生产过程中的劳动参与度仍然较高的作物；而小麦、油料作物则属于易于机械化种植或者劳动平均较轻的作物。

表 3-1　不同农作物的雇工工资水平　　　　单位：元/天

年份	三种粮食平均	棉花	蔬菜	油料	水稻	小麦	玉米	大豆
1998	18.43	19.70	14.32	23.95	22.56	19.85	12.20	22.40
1999	14.67	12.16	17.18	9.35	20.39	11.05	12.87	10.57

---

① 关于蔬菜的雇工价格数据说明：《全国农产品成本收益资料汇编》没有蔬菜总的雇工价格数据，只有分品种雇工价格数据。文章借鉴现有文献估计全国蔬菜平均雇工价格时的较普遍做法，通常是选取几类较为常见的大宗蔬菜品种为研究对象。因此，本书选择了在我国大部分省份均有种植，且其种植面积和总产量均较高的大宗蔬菜品种，黄瓜（26 省）、大白菜（27 省）、菜椒（25 省）。这 3 种蔬菜也是我国居民日常生活消费的主要蔬菜品种，具有一定的代表性。另外，也是考虑这 3 种蔬菜数据最齐全，种植省份最多。

年份	三种粮食平均	棉花	蔬菜	油料	水稻	小麦	玉米	大豆
2000	19.70	20.43	17.98	18.64	21.91	19.17	17.91	18.96
2001	19.24	19.34	19.88	19.45	22.21	18.07	17.54	18.18
2002	19.14	18.51	20.25	18.51	21.47	18.72	17.34	18.08
2003	19.61	19.30	21.80	19.40	22.11	18.67	18.04	18.36
2004	21.23	25.60	24.98	17.13	22.66	18.79	19.27	20.45
2005	22.50	25.41	25.10	19.25	24.94	15.15	20.09	21.90
2006	25.96	25.99	26.47	22.55	28.68	21.04	22.87	25.34
2007	28.35	27.74	27.13	24.96	31.93	22.85	24.86	26.25
2008	30.70	26.03	26.41	25.64	33.91	26.15	25.97	27.84
2009	36.46	29.68	30.20	31.09	38.87	35.74	31.25	33.82
2010	40.04	37.59	33.98	31.54	44.23	32.46	34.39	44.53
2011	46.60	43.24	35.52	35.01	49.65	42.01	41.72	49.57
2012	51.98	41.94	37.91	37.34	55.63	48.16	46.55	48.47
2013	54.85	52.17	42.36	43.52	60.81	45.37	49.45	52.38
2014	60.07	55.85	47.31	52.86	66.83	52.86	53.38	54.55
2015	62.55	60.31	48.02	49.75	69.85	51.72	55.78	64.33
2016	63.56	57.99	57.66	49.05	70.68	52.09	55.54	62.62
2017	64.37	58.94	58.86	50.04	73.08	51.03	56.57	65.63
2018	65.90	58.94	60.70	53.17	72.29	52.65	58.22	63.59
2019	65.79	58.56	62.00	57.44	72.21	55.74	54.11	60.91
2020	66.19	60.09	61.55	52.93	70.92	52.21	60.18	64.99

注：表中数据来源于 2001~2021 年《全国农产品成本收益资料汇编》，且使用农业生产资料价格指数，以 1998 年为基期进行了平减，剔除了价格因素的影响

2. 分地区农作物雇工工资水平变化

我国地域辽阔，不同区域之间经济发展水平、自然地理条件、作物种植结构、农业基础设施建设、劳动力转移与非农就业、家庭人均耕地经营规模与人口规模等存在显著的空间差异。这些因素导致各区域农业机械化进程呈现显著差异，进而导致农业机械对农业劳动的替代存在显著差异[60]。农作物机械对劳动的替代程度、可替代性差异及作物种植工序差异会导致其对劳动力的需求不同。另外，不同农作物之间生产方式存在差异，对各投入要素的需求也不尽相同，导致农作物劳动

雇工工资呈现差异性。如表 3-2 和表 3-3 所示，1998~2020 年，稻谷、小麦、玉米、棉花、油料、蔬菜、大豆的劳动力雇工工资均翻倍上涨，且整体呈现中部地区>东部地区>西部地区的趋势。中部地区的 8 个省份均为我国粮食主产区及农业生产优势区域。2020 年 8 个省农业产值占全国农业产值的 36.14%，占国内生产总值（Gross Domestic Product，GDP）的 2.61%。另外，就劳动力雇工工资增长趋势来说，稻谷、小麦和油料作物的劳动力雇工工资增长速度较快，增幅较大（图 3-2）。

表 3-2　分区域粮食作物的雇工工资水平　　　单位：元/天

年份	稻谷			小麦			玉米		
	东部地区	中部地区	西部地区	东部地区	中部地区	西部地区	东部地区	中部地区	西部地区
1998	21.38	23.78	17.63	13.18	13.84	16.14	15.81	17.11	12.32
1999	23.47	22.66	18.96	20.88	19.83	16.36	16.95	20.16	14.79
2000	23.86	21.67	18.14	22.23	17.49	18.12	17.94	20.14	17.13
2001	22.89	22.03	19.24	18.96	17.14	16.62	18.53	19.16	16.05
2002	22.69	21.96	19.44	19.40	16.94	17.95	18.95	16.62	16.90
2003	23.59	21.45	20.00	18.82	18.65	18.87	18.95	18.65	17.09
2004	25.11	23.58	19.86	21.82	18.82	18.61	19.69	19.82	17.95
2005	26.26	27.38	21.79	17.87	20.82	15.46	20.35	21.00	19.02
2006	29.92	31.49	28.55	21.84	23.44	20.40	24.64	26.31	19.95
2007	32.23	37.67	26.57	24.75	25.36	22.48	25.59	28.05	23.40
2008	33.98	36.83	30.73	25.64	25.74	24.19	24.46	30.01	26.64
2009	37.66	42.02	32.92	23.91	32.95	29.39	24.85	30.49	31.52
2010	41.07	49.14	38.10	26.47	39.05	35.66	31.26	33.11	34.98
2011	43.73	52.64	43.65	31.72	39.53	38.15	37.08	35.99	38.74
2012	52.06	57.72	48.42	35.41	45.75	44.28	36.24	43.12	43.22
2013	58.59	63.15	50.98	39.92	48.43	48.64	43.38	43.90	46.62
2014	63.69	66.52	54.16	42.40	55.25	54.01	43.92	47.32	50.49
2015	66.68	68.61	53.85	44.01	50.55	55.28	47.17	49.48	52.83
2016	67.28	71.42	57.13	49.18	67.19	52.40	46.33	52.41	50.58
2017	70.91	75.96	55.06	38.78	58.56	56.56	43.59	54.68	56.49
2018	73.04	74.55	56.13	43.27	57.01	54.76	46.09	57.38	58.45
2019	71.34	73.03	57.29	47.75	59.08	55.17	50.03	57.29	57.06
2020	70.22	70.79	56.10	42.03	55.52	53.78	42.40	63.50	56.20

注：表中数据来源于 1999~2021 年《全国农产品成本收益资料汇编》，并使用农业生产资料价格指数，以 1998 年为基期进行了平减

表 3-3　分区域经济作物的雇工工资水平　　　　　　单位：元/天

年份	棉花			油料作物			大豆			蔬菜		
	东部地区	中部地区	西部地区	东部地区	中部地区	西部地区	东部地区	中部地区	西部地区	东部地区	中部地区	西部地区
2001	20.17	21.93	17.43	27.69	24.23	17.08	18.35	19.32	16.86	22.21	17.37	18.38
2002	18.42	20.60	16.53	26.23	20.27	16.89	18.01	16.96	18.90	22.53	19.35	19.31
2003	18.46	21.67	17.87	25.50	23.08	17.13	17.35	19.65	16.92	24.39	17.73	17.25
2004	19.45	20.90	23.76	23.22	20.32	16.10	16.28	18.97	19.98	22.57	24.66	18.12
2005	19.75	22.47	24.72	25.61	22.75	17.41	14.37	20.60	16.44	22.24	27.96	20.43
2006	23.26	23.55	24.07	32.19	25.61	20.19	20.96	23.56	22.76	25.12	27.55	20.60
2007	25.61	29.21	25.94	27.70	31.72	24.61	23.63	23.68	22.73	26.62	28.91	25.39
2008	26.37	25.46	24.38	28.91	30.42	24.14	22.11	28.04	22.65	26.61	27.74	25.17
2009	25.51	33.39	30.22	32.64	37.72	28.12	24.40	26.90	33.27	30.36	31.32	30.73
2010	31.63	38.35	33.42	35.38	42.44	34.58	29.77	35.33	41.54	36.76	36.73	34.93
2011	35.94	38.52	54.49	37.02	43.44	36.49	32.74	39.39	45.31	40.30	38.41	36.63
2012	39.84	44.31	43.47	36.72	53.80	38.27	38.61	39.31	36.26	42.90	46.01	45.00
2013	36.46	48.41	49.02	44.49	54.02	40.41	44.08	42.43	41.66	48.23	54.58	47.55
2014	43.97	50.46	50.81	43.44	62.31	46.14	44.57	48.43	59.46	54.28	53.53	51.18
2015	46.12	52.02	55.76	46.99	67.84	49.55	43.31	46.41	54.67	55.43	54.27	54.01
2016	42.07	57.47	55.72	48.41	76.84	49.53	55.35	52.96	57.75	61.21	52.99	54.99
2017	39.48	61.10	57.16	54.23	56.18	49.99	43.99	49.61	57.43	58.78	54.60	59.57
2018	39.00	60.92	54.87	56.98	59.45	52.40	45.48	50.60	56.56	55.91	56.17	60.33
2019	39.01	61.71	53.80	57.83	59.11	53.50	45.38	55.43	52.14	62.09	39.41	40.36
2020	38.85	57.80	50.98	53.39	59.60	55.84	43.80	56.50	52.42	60.47	56.09	59.38

注：表中数据来源于 1999~2021 年《全国农产品成本收益资料汇编》，并使用农业生产资料价格指数，以 1998 年为基期进行了平减。蔬菜的数据来源于《全国农产品成本收益资料汇编》，由于缺少各个省份的蔬菜劳动力雇工工资水平数据，此处使用的是大中城市黄瓜、菜椒、大白菜 3 个品种劳动力雇工工资的平均值，代表省份的劳动力雇工工资水平

3. 农村劳动力价格阶段性变化特征

改革开放以来，农村劳动力要素价格处于稳步上升趋势，劳动力要素市场也逐渐过渡到自主定价、自主配置阶段。相应的劳动力价格也经历了缓慢上涨、加速上涨、短暂回落、快速上涨、持续上涨快车道等几个阶段。

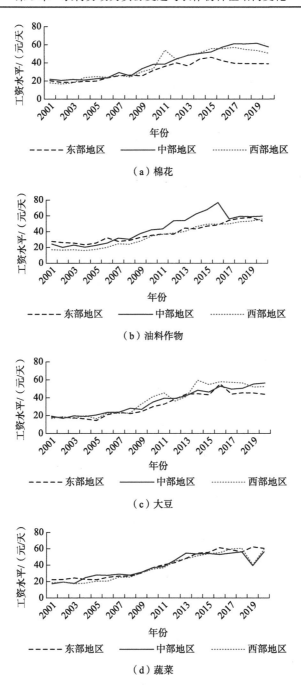

（a）棉花

（b）油料作物

（c）大豆

（d）蔬菜

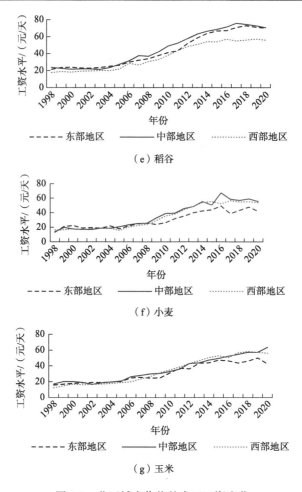

（e）稻谷

（f）小麦

（g）玉米

图 3-2　分区域农作物的雇工工资变化

　　1978~1983 年，农村劳动力要素价格上涨缓慢。始于 1978 年的农村生产经营方式改革极大地调动了农民农业生产的积极性，释放了大量"隐性"剩余劳动力。大量劳动力投入农业生产中，有效劳动力数量充裕。但是此时，城市经济体制改革尚未开始，农村剩余劳动人口向外转移依旧阻力较大，劳动力主要在农业内部转移。大量供过于求的农村剩余劳动力使得劳动力价格偏低。

　　1984~1988 年，农村劳动力要素价格加快上涨。城市经济体制改革盘活了城市经济活力，乡镇企业蓬勃发展极大地刺激了对劳动力的需求，导致农村劳动力价格较快上涨。

　　1989~1991 年，农村劳动力要素价格出现回落。从 1989 年起，全国乡镇工业企业进入 3 年整顿提高时期，国家为了解决供需矛盾，采取紧缩调控政策对国民经济的增长规模与进程进行干预，致使经济进入发展停滞期，出现了劳动力从非农就业部门向农业部门大回流现象[65]。

1992~1999 年，农村劳动力要素价格开始快速上涨。1992 年邓小平视察南方途中发表重要谈话，1993 年十四届三中全会召开，市场经济改革深入人心并进入蓬勃发展时期。这一时期东南沿海民族企业、国外招商引资跨国公司如雨后春笋般兴盛起来，吸纳了农村剩余劳动人口的大规模转移就业，推动了农村转移劳动力工资快速上涨。

2000 年以后中国的农村劳动力要素价格进入加速上涨快车道。2001 年加入 WTO 后，中国经济与世界经济接轨，成为名副其实的"世界工厂"。制造业、建筑业、服务业等劳动力密集型产业快速发展，国际国内两个市场同时增加了对劳动力的需求，同时生育观念的改变和出生人口的下降造成农村富余劳动力数量持续减少，这些因素导致中国于 2004 年前后出现"民工荒"，这标志着中国进入刘易斯转折点，从此农村劳动力工资进入了持续上涨的快车道[70]。

3.1.3　农业劳动力老龄化变化趋势

在已有的相关研究中，有关农业劳动力老龄化的衡量，目前广泛使用的有两个指标，因为乡村老龄人口仍然参与农业劳动，有学者采用本乡村 65 岁以上的人口占总人口的比例作为农业劳动力老龄化的衡量指标，此外一些学者用老年抚养比表征农业劳动力老龄化，即乡村 65 岁以上人口与 15~64 岁人口数量之比。随着中国经济的迅速发展，除了劳动力要素价格快速上涨外，劳动力人口结构也发生了极大变化，当前人口老龄化现象严重。结合研究的实际情况，本书选取老年抚养比，即乡村 65 岁以上的人口占劳动人口（15~64 岁人口）的比例表征农业劳动力老龄化，并进行农业劳动力老龄化时间和空间变化趋势分析。

1. 农业劳动力老龄化的时间变化趋势

本书参考联合国对老龄化的划分标准，当一个国家或地区 65 岁及以上老年人口数量占总人口比例超过 7%时，就意味着这个国家或地区进入老龄化。按照这个标准，中国大概从 2000 年开始进入人口老龄化社会，2000 年我国农村地区 65 岁及以上人口比重达到 7.35%，超过临界标准，老年抚养比为 10.95%，农业劳动力也进入老龄化阶段。农村地区 65 岁及以上人口比重主要从人口数量视角衡量老龄化程度，而老年抚养比主要基于人口负担视角对老龄化程度进行度量。

表 3-4 描述了我国农村地区 0~14 岁、15~64 岁、65 岁及以上人口数量和占比，从表中可看出，我国农业劳动力老龄化呈上升趋势且老龄化程度较深，2010 年，65 岁及以上人口已超过 10%，2019 年底达到 14.69%。从图 3-3 可看到，从 2000~

2019 年，我国 65 岁及以上人口比重呈现逐年上升的趋势，从 2013 年开始，我国农村地区人口老龄化表现出加速上升的趋势。

表 3-4 2000~2019 年我国农村地区人口年龄结构

年份	0~14 岁		15~64 岁		65 岁及以上		老年抚养比
	人口数/万人	占比	人口数/万人	占比	人口数/万人	占比	
2000	20 578.00	25.49%	54 223.00	67.16%	5 938.00	7.35%	10.95%
2001	19 836.34	24.91%	53 589.20	67.29%	6 214.33	7.80%	11.60%
2002	18 373.28	23.53%	53 343.02	68.30%	6 382.39	8.17%	11.96%
2003	17 062.53	22.62%	52 042.97	68.99%	6 324.85	8.39%	12.15%
2004	16 402.59	21.50%	53 456.52	70.07%	6 441.72	8.44%	12.05%
2005	15 519.99	21.95%	48 437.83	68.50%	6 750.74	9.55%	12.82%
2006	15 350.17	20.64%	51 935.17	69.83%	7 091.73	9.53%	13.65%
2007	14 589.44	19.97%	51 442.78	70.41%	7 025.89	9.62%	13.66%
2008	13 972.38	19.40%	50 998.65	70.81%	7 049.72	9.79%	13.82%
2009	13 328.06	18.84%	50 474.34	71.36%	6 931.62	9.80%	13.73%
2010	12 701.30	19.16%	46 911.94	70.78%	6 667.29	10.06%	14.15%
2011	12 244.59	18.82%	46 085.06	70.83%	6 738.12	10.36%	14.62%
2012	11 966.55	18.87%	44 725.75	70.53%	6 725.03	10.60%	15.04%
2013	11 716.67	18.82%	43 609.25	70.03%	6 945.38	11.15%	15.93%
2014	11 548.18	18.90%	42 519.46	69.59%	7 036.38	11.52%	16.55%
2015	11 579.85	19.18%	41 519.65	68.78%	7 262.65	12.03%	17.45%
2016	11 375.75	19.28%	40 238.35	68.19%	7 395.10	12.53%	18.38%
2017	11 178.40	19.39%	38 850.49	67.39%	7 621.72	13.22%	19.62%
2018	10 968.17	19.45%	37 621.59	66.71%	7 803.54	13.84%	20.74%
2019	10 646.54	19.30%	36 403.21	66.00%	8 103.72	14.69%	22.26%

资料来源：《中国人口和就业统计年鉴》

老年抚养比是指人口中老年人口数与劳动年龄人口数之比，用以表明每 100 名劳动年龄人口要负担多少名老年人。2000 年我国农村地区老年抚养比为 10.95%，而 2019 年我国农村地区老年抚养比达到了 22.26%，相当于每 4.5 名劳动力供养 1 名老人。20 年间，我国农村地区老年抚养比翻了一倍，呈现出加速增长的趋势。农村地区老年抚养比的上升不仅加重了劳动人口的负担，同时也加重了社会负担，增加了农村养老问题的难度。农村劳动力老龄化会带来劳动力数量减

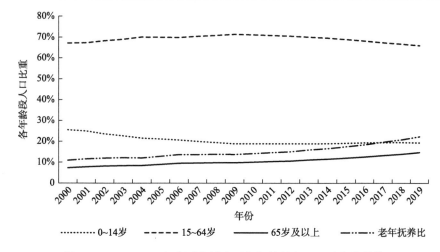

图 3-3　2000~2019 年我国农村地区各年龄段人口比重变化趋势

资料来源：《中国人口和就业统计年鉴》

少、质量下降等问题，进而可能会导致农业劳动生产率降低，不利于农业生产；但是，农村劳动力老龄化会加速农业现代化的发展，当老年人无力经营农业生产时，会选择将土地流转出去，这些土地如果最终流入青壮年承包户或企业手中进行集中经营，能有效推动农业生产规模化发展。

2. 农业劳动力老龄化的空间变化趋势

下面从人口迁移地域类型来看农业劳动力老龄化的空间变化趋势。本书参照的劳动区划分如下，劳动力流入区包括：新疆、北京、天津、江苏、浙江、上海、福建、广东；劳动力流出区包括：黑龙江、吉林、河北、甘肃、陕西、四川、湖北、湖南、安徽、河南、江西、贵州、广西；劳动力流动持平区包括：内蒙古、辽宁、山西、山东、云南、西藏、青海、宁夏。

分区对各个区域的老龄化进行对比（表 3-5），我们可以发现，各个地区都表现出明显的老龄化趋势。从各地区来看（图 3-4），65 岁及以上人口占劳动人口比重在区域间表现为：2010 年之前，劳动力流入区>劳动力流出区>劳动力流动持平区，但在 2010 年之后，劳动力流出区的农业劳动力老龄化程度开始超过劳动力流入区，并在 2019 年达到 22.51%。2003 年底，劳动力流动持平区 65 岁及以上人口占劳动人口比重超过 10%，而劳动力流入区及劳动力流出区在 2000 年就已超过 10%，分别为 12.57%、10.05%。由此可见劳动力流入区及劳动力流出区进入农业劳动力老龄化阶段的时间更早。此外，2000~2019 年，无论是劳动力流入区、劳动力流出区还是劳动力流动持平区,其 65 岁及以上人口占劳动人口比重均呈上升趋势，其中劳动力流出区农业劳动力老龄化增幅最大，而劳动力流入区农业劳动力老龄化增幅相对较小。

表 3-5 2000~2019 年各区域农村 65 岁及以上人口占劳动人口的比例

年份	劳动力流入区	劳动力流出区	劳动力流动持平区
2000	12.57%	10.05%	9.40%
2001	13.66%	10.46%	9.95%
2002	13.81%	11.20%	9.93%
2003	13.14%	11.10%	10.50%
2004	13.71%	11.44%	10.23%
2005	14.54%	13.53%	11.36%
2006	14.62%	13.39%	10.88%
2007	14.60%	13.59%	10.95%
2008	14.50%	13.67%	11.19%
2009	14.88%	13.23%	11.29%
2010	13.90%	14.19%	11.40%
2011	14.02%	14.95%	10.90%
2012	13.80%	15.36%	11.56%
2013	17.28%	16.27%	11.89%
2014	16.12%	16.69%	12.48%
2015	17.00%	17.63%	13.88%
2016	18.68%	18.43%	14.30%
2017	19.85%	19.99%	15.38%
2018	19.41%	20.78%	16.28%
2019	19.75%	22.51%	17.76%

资料来源:《中国人口和就业统计年鉴》

从图 3-5 中我们可以看出,2000 年和 2019 年,我国各省份 65 岁及以上人口占劳动人口比重都出现了较大幅度的增长。在 2000 年,上海农村地区 65 岁及以上人口占劳动人口比重最高,为 18.62%,青海最低仅为 6.28%;在 2019 年,山东农村地区 65 岁及以上人口占劳动人口比重达到 31.2%,而最低的西藏为 8.53%。无论是 2000 年还是 2019 年,农村地区 65 岁及以上人口占劳动人口比重最低的省份都属于劳动力流动持平区,而最高的省份出现在劳动力流入区和劳动力流出区。截至 2019 年,我国各省份均已进入农业劳动力老龄化阶段,表明我国已进入全面老龄化阶段。

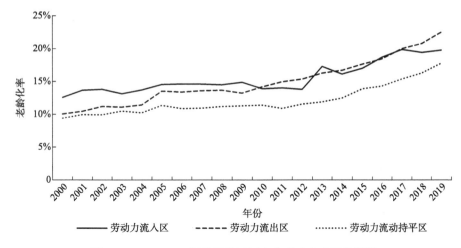

图 3-4　2000~2019 年我国分区域农业劳动力老龄化情况
资料来源:《中国人口和就业统计年鉴》

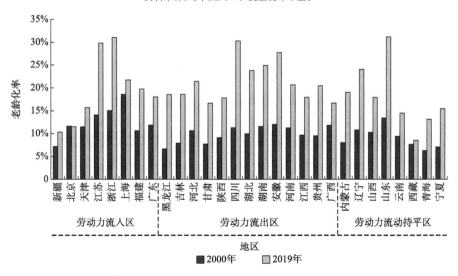

图 3-5　2000 年、2019 年我国 29 省农业劳动力老龄化情况
资料来源:《中国人口和就业统计年鉴》

3.2　农业劳动力转移及其价格上涨与农作物种植结构变化

3.2.1　基于省级面板数据验证

过去 40 年,中国农业生产结构和作物种植结构在自然适应、人口迁移、社会

经济发展、宏观农业政策调控及农业技术进步等作用下不断发生变化演替，并且各地区表现出一定的差异。这种差异大体源于以下几个方面。从生产角度来说，一是我国地域辽阔，耕地类型丰富多样，南北方地理条件、自然气候条件差异巨大；二是各区域的劳动力资源禀赋，包括劳动力资源数量、劳动力资本存量、农业劳动力机会成本等存在巨大差异，导致劳动力资源作用于区域农作物种植结构决策的方向和程度表现也不一致。从社会需求角度来说，各地区，如南北方、沿海与西北边疆地区的居民食物消费结构及消费偏好存在较大差异，使得作物种植结构的演变也错综复杂。从市场角度来说，劳动力资源在市场发育较不完善的情况下，通常种植决策较为传统和保守，以自给自足为主；相反，劳动力资源在市场开放且市场发育相对完善的条件下，种植决策会更倾向迎合市场需求，生产更多适销对路的农产品获取更多的收益。同时，劳动力资源往往会依据不同时期国家农业政策的引导进行偏向性的作物种植决策。上述因素均牵引和约束着劳动力资源作用于作物种植决策，导致各区域呈现出差异化的作物种植结构和生产布局。

本节首先利用多元线性回归方程对全国省域面板数据尺度的农村劳动力转移及其价格上涨对作物种植结构变化的影响进行了论证。在此基础上，利用线性混合模型验证考察省际空间尺度上农村劳动力转移及其价格上涨作用于作物种植结构变化的集聚（或者离散）趋势，探索其存在的空间非平稳性特征，验证这两个驱动因子对作物种植结构变化省际差异性影响的存在。并使用 ArcGIS 10.0 软件在地图上呈现省际差异性结果。最后，讨论其他影响因素对农作物种植结构变化的影响。

1. 农作物种植结构变化驱动因子模型构建

1）多元线性回归模型设定

土地资源是农业生产的主要载体，我国地域辽阔，不同区域的土地禀赋特征不同，劳动力与土地的相对比价也不同，影响着区域作物的生产布局。农业发展与技术进步密不可分，先进的农业科学技术在农业领域的广泛运用是支撑现代农业发展的关键。美国、日本的农业之所以取得长足进步与他们重视农业科技在农业发展中的地位分不开。农作物播种面积还受农业与非农业部门的收入差距、投入与产出、宏观经济及农业政策等因素的影响[71]。农业与非农业部门收入差距主要影响二者的资源竞争，一般量化指标有：二元特征变量、城镇化水平及劳动力结构变化等。随着城镇化水平的提高及农业劳动力比例的下降，资源向非农业部门转移速度加快，导致农作物播种面积减少。农户通过调整不同投入要素的组合应对农业劳动力成本上升，用相对价格较低的生产要素，如机械、化肥等替代成本上涨较大且投工量较多的劳动力[50]。农产品出售价格越高，农业生产资料成本越低，将有利于农作物播种面积增长。宏观环境运行对农业生产的影响通过国民收入、非农产业水平及农业政策变动来反映。从理论角度来讲，国民收入和非农经济增长将大幅降低农业在国民经济中的比重。农业政策一直是中国农业发展的指挥棒，但任何政策发挥作用都有一定时滞性，并且可能受其他因素牵制，因而政策效果常常难以准确预测。此外，农业生产与自然气候紧密相关，极端气候条件对农业收成影响较大，遇上大型风灾、水灾可能颗粒无收[72]。经验丰富的农民善于依据往年的农业气象合理安排下一年度的种植决策计划。基于以上分析，本章建立以下计量分析模型：

$$N_{it} = \alpha_0 + \alpha_1 P_{it} + \alpha_2 L_{it} + \alpha_3 X_{it} + \varepsilon_{it} \qquad (3\text{-}1)$$

式中，N_{it} 为因变量，表示某省种植某种作物的比例；核心自变量 P_{it} 为农村劳动力价格；L_{it} 为农业劳动力转移率；X_{it} 为控制变量组，包括人均耕地面积（A_{it}）、城市工业化水平（I_{it}industry$_{it}$）、农业机械化水平（M_{it}mechanization$_{it}$）、农业政策补贴（S_{it}）、物质投入水平（MI$_{it}$input$_{it}$）、农业自然灾害率（D_{it}）。

　　面板数据模型回归分析前分两步确定函数模型。首先用 F 检验判断使用混合回归还是个体效应模型。若检验结果拒绝零假设，即说明个体固定效应模型优于混合回归，否则使用混合回归；若检验结果拒绝零假设，则进一步采用 Hausman 检验来确定是建立固定效应还是随机效应模型。若检验结果拒绝零假设，则采用固定效应模型，否则建立随机效应模型。对全国及 3 个分区域模型的 F 检验结果均拒绝原假设，各模型 P 值均为 0.000，说明个体固定效应模型优于混合回归。同时，全国及 3 个分区域模型的 Hausman 检验结果均在 5%显著性水平上拒绝建立随机效应模型的原假设，所以考虑采用个体固定效应模型。为减少数据方差及缩小残差波动范围，回归方程除了比例变量外所有实变量均取对数形式。

　　另外，由于作物种植结构变化的影响因素错综复杂，而且随着经济发展、人们收入水平提高、居民消费结构升级，社会经济因素对作物结构变化的影响越来越深，对作物结构变化的推动作用越来越明显。但是，通常这类变量处在复杂的社会经济系统中，所有的变量很难说是完全独立的。本书在筛选模型实证分析变量时，选取的自变量农村劳动力价格、农业劳动力占总劳动力数量的比重、农作物综合机械化率、人均耕地面积、城市工业化水平、农业政策补贴、物质投入水平等，在理论上都存在潜在的内生性问题。本书主要参照郑旭媛和徐志刚[73]、杨进等[46]在研究同类问题时采取的对模型内生性的处理办法。具体方法为：在面板数据固定效应模型中，采用省份和时间双向固定效应控制那些不随时间变化的个体之间的差异和不随个体而变但随时间而变的不可观测因素与模型解释变量自相关导致的内生性问题。本书第六章和第七章的实证分析，采用同样的方法处理变量的内生性问题。

2）线性混合模型设定

线性混合模型（linear mixed model，LMM）普遍应用于经济学、社会学、行为学研究，它适用于拟合地区间观测数据的空间自相关性及同一地区时序数据的自相关性。线性混合模型包括固定效应和随机效应部分，通过随机效应部分引入空间和时间协方差，对方差分量（包括方差及协方差矩阵）估计是参数估计的重点。经典估计方法包括极大似然估计和受限极大似然估计，后者是对前者未考虑固定效应估计所引起的自由度减少的修正估计，本书选择受限极大似然估计。在严格遵循以数据为基础的模型选择时，逐步型方法是较流行的模型选择方法。本书选择另外一种模型选择方法——赤池信息量准则法（Akaike information criterion，AIC）。AIC 因避免了使用逐步型方法选择最优模型时需要设置一个合适显著性水平的要求而变得更具优势。其判定原则为 AIC 值越小，相对应模型对数据的拟合效果越好。模型基本形式如下：

$$y_{ij} = \beta_1 x_{1ij} + \beta_2 x_{2ij} \cdots \beta_n x_{nij} + b_{i1} z_{1ij} + b_{i2} z_{2ij} \cdots b_{in} z_{nij} + \varepsilon_{ij} \tag{3-2}$$

$$b_{ik} \sim N\left(0, \psi_k^2\right), Cov\left(b_{ik}, b_{ik'}\right) = \psi kk' \tag{3-3}$$

$$\varepsilon_{ij} \sim N\left(0, \sigma^2 \lambda_{ijj}\right), Cov\left(\varepsilon_{ij}, \varepsilon_{ij'}\right) = \sigma^2 \lambda_{ijj'} \tag{3-4}$$

式中，y_{ij} 为因变量，表示作物 j 播种面积占省份 i 的农作物总播种面积（或者粮食作物播种面积）的比例。β_1 至 β_n 为模型的固定效应参数。x_{1ij} 至 x_{nij} 为作物 j 在省份 i 中的固定效应分量（通常第一项作为截距项/常数项保留；$x_{1ij}=1$）。本书固定效应变量包括核心自变量农村劳动力价格和农业劳动力转移量，以及控制变量工业化水平、农业机械化率、人均耕地面积、农业补贴、化肥施用量、自然灾害率等 8 个因素。所有自变量的皮尔逊配对相关性检验结果都显示变量间只具有弱相关性，可以选为农作物种植结构变化的驱动因子。b_{i1} 至 b_{in} 为省份 i 的随机效应参数，假定其服从多元正态分布，随机效应随省份和年份的不同而变化。z_{1ij} 至 z_{nij} 为随机效应因子，本书选择省份（地区）和年份（时间）作为随机效应因子。ε_{ij} 为作物 j 在省份 i 的随机误差项，且假定其呈多元正态分布。ψ_k^2 和 $\psi kk'$ 分别为随机效应的方差和协方差。在实际应用中，其具体形式依据相对较少的基本参数进行参数化。$\sigma^2 \lambda_{ijj}$ 为第 i 组误差项 ε_{ij} 和 $\varepsilon_{ij'}$ 间的协方差。通常，$\lambda_{ijj'}$ 也是采用一些基本参数对其进行参数化，其具体形式视具体问题而定。例如，当观测值是在组内独立采样，并假定具有恒定的误差方差时，$\lambda_{ijj}=1$，$\lambda_{ijj'}=0$（且 $j \neq j'$ 时），常数项误差项方差是唯一需要估计的参数。

3）数据来源与说明

选取 1981~2015 年的省际面板数据，数据来自各省《统计年鉴》、《全国农产品成本收益资料汇编》、《新中国六十年统计资料汇编》、《中国农业机械工业年鉴》

和《中国农村统计年鉴》。极少数缺失数据采用邻近省份及相邻年份的数据替代、全国平均水平替代、插值等方法补齐。变量描述性统计结果见表 3-6。各变量定义如下。

表 3-6　全国尺度上变量设定与描述性统计

类型	变量名称	符号	变量定义	极小值	极大值	均值	标准差
二元特征	劳动力价格（元/人）	P	农村居民人均工资性收入	12.48	2 491.13	276.32	348.52
	农业劳动力转移（%）	L	农业劳动力占总劳动力的比重	3.28	84.21	49.57	18.91
土地禀赋	人均耕地面积（公顷/人）	A	耕地面积/总人口	0.01	0.42	0.11	0.08
宏观环境	工业化水平（%）	I	（工业增加值+第三产业增加值）/GDP	25.97	96.26	73.41	11.99
技术进步	农作物综合机械化率（%）	M	机耕水平×0.4+机播水平×0.3+机收水平×0.3	0.12	94.01	33.76	20.92
国家政策	农业补贴（亿元）	S	财政支农资金	0.28	168.48	16.55	25.76
物质投入	物质投入水平	MI	农业生产资料价格指数	99.80	864.44	354.34	193.89
自然气候	自然灾害率（%）	D	受灾面积比重×0.1+成灾面积比重×0.3	0.05	26.71	7.24	4.36

注：各省耕地面积数据来源于中国科学院人地系统主题数据库共享数据

选取农村居民人均工资性收入表示农村劳动力价格，并依据农村居民消费价格指数以 1981 年不变价格折算。农村居民人均工资性收入是农村居民人均总收入扣除家庭经营性收入、财产性收入及转移性收入的剩余部分。该指标可体现农户家庭劳动力资源自用的机会成本及劳动力雇佣的影子价格，反映农村劳动力价格变化的大致方向与水平。选取人均耕地面积表示土地禀赋特征。选取工业增加值与第三产业增加值占 GDP 的比重表示工业化发展水平。用农作物综合机械化率反映农业资本投入，使用机耕、机播与机收水平分别按照 0.4、0.3、0.3 的比例进行加权平均，由农业部进行核算。农业补贴金额用财政支农资金表示，并依据农业生产资料价格指数按 1981 年不变价格折算。选取农业劳动力占总劳动力的比重表示劳动力转移率，反映城乡"二元经济"结构特征。其中农业劳动力、总劳动力分别用第一产业从业人员、三次产业总从业人员表示。选取农业生产资料价格指数表示农业物质投入水平，反映农业生产中物质资料投入价格变动情况，并以 1981 年为 100 构造不变价格的全国和分省农业生产资料价格指数。自然灾害率反映气候稳定性，由农作物受灾面积与成灾面积占农作物总播种面积的比例加权所得，二者的权重分别为 0.1、0.3。

2. 农村劳动力转移及其价格上涨对农作物种植结构变化的影响分析

农村劳动力价格上涨导致全国粮食作物及棉花播种面积不断缩小，蔬菜及油料作物播种面积呈增加趋势（表 3-7）。这可能与中国经济快速发展，城乡居民收入水平提高、食品消费结构升级后，居民增加蔬菜消费比例及由动物脂肪油向植物油转变有关。农业劳动力比重对粮食及棉花种植比例具有正向影响，这可能是因为粮食（尤其是水稻）和棉花均为耗工费时、劳动投工多的作物，一定的农业劳动力数量是稳定水稻、棉花播种面积的保障。水稻农业劳动力比重系数为正，在 1% 统计水平上显著，进一步说明了这点。农业劳动力转移促进了蔬菜、油料作物种植比例增加，这可能是由于随着农业劳动力不断转移，劳动力价格不断上涨，我国各区域倾向将有限的农业劳动力资源投向经济效益较高的蔬菜、油料作物。

表 3-7　全国农业及粮食种植结构模型回归结果

符号	农业种植结构				粮食种植结构		
	粮食作物	棉花	油料作物	蔬菜	水稻	小麦	玉米
$\ln P$	−0.645*** (0.061)	−2.709*** (0.644)	0.195*** (0.029)	0.366*** (0.035)	−0.055*** (0.021)	−0.445*** (0.032)	0.375*** (0.062)
I	−0.061*** (0.004)	0.204*** (0.037)	0.037*** (0.003)	0.005*** (0.002)	−0.009*** (0.002)	0.002* (0.001)	−0.042*** (0.006)
M	0.088*** (0.003)	−0.030 (0.019)	0.002* (0.001)	−0.044*** (0.002)	−0.003*** (0.001)	0.026*** (0.002)	0.001 (0.002)
L	0.086*** (0.006)	0.209*** (0.025)	−0.071*** (0.003)	−0.093*** (0.003)	0.040*** (0.002)	−0.104*** (0.004)	0.054*** (0.007)
$\ln S$	0.640*** (0.046)	0.610** (0.305)	−0.353*** (0.020)	−0.088*** (0.027)	0.072*** (0.019)	−0.374*** (0.029)	0.287*** (0.042)
$\ln MI$	2.958*** (0.224)	−2.399** (1.101)	0.614*** (0.078)	−1.792*** (0.123)	0.235*** (0.077)	0.032 (0.114)	0.161 (0.275)
D	−0.037*** (0.002)	0.008 (0.035)	0.013*** (0.001)	0.007*** (0.001)	−0.009*** (0.001)	0.001 (0.001)	−0.030*** (0.003)
$\ln A$	1.449*** (0.122)	2.304*** (0.559)	0.057*** (0.016)	−1.388*** (0.080)	0.728*** (0.047)	0.891*** (0.081)	−0.832*** (0.096)
cons	75.070*** (3.146)	13.080 (8.166)	−2.923*** (0.576)	17.200*** (1.912)	6.134*** (0.785)	41.650*** (2.482)	42.270*** (3.345)
个体效应	是	是	是	是	是	是	是
时间效应	是	是	是	是	是	是	是

符号	农业种植结构				粮食种植结构		
	粮食作物	棉花	油料作物	蔬菜	水稻	小麦	玉米
N	1 015	630	1 015	1 015	980	1 015	980
R^2	0.863	0.795	0.815	0.899	0.993	0.952	0.955

*$p < 0.1$，**$p < 0.05$，***$p < 0.01$

注：①括号内为稳健标准误；②考虑有些省份未种植或者不适合种植某种作物的情况，剔除了各省未种植以及其种植面积占该农作物总播种面积（或粮食作物播种面积）的比重小于 0.1%的样本。研究区域为除重庆、海南、香港、澳门、台湾外的 29 个省份。具体为：棉花剔除广东、福建、广西、云南、贵州、西藏、青海、宁夏、内蒙古、吉林、黑龙江等 11 个省份，剩下 18 个研究省份；青海未种植水稻、玉米作物，分析这两种作物时，剔除青海样本点，剩下 28 个研究省份

农村劳动力价格上涨对 3 种粮食作物播种面积的影响呈现出显著差异。水稻和小麦劳动力价格系数为负，均通过 1%显著性水平检验，这说明随着农村劳动力价格上涨，水稻和小麦种植比例不断下降。玉米的劳动力价格系数为正，通过1%显著性水平检验，这说明随着农村劳动力价格上涨，玉米种植比例在增加。劳动力非农转移促进了小麦播种面积占比增加。这可能是因为小麦农业机械化水平高，小麦机械化种植弥补了由劳动力转移引起劳动力短缺造成的播种面积减少。水稻和玉米劳动力转移系数均为负数，这意味着劳动力非农转移促使水稻和玉米播种面积占比下降。

3. 农村劳动力转移及其价格上涨影响的省际差异检验

1）基准回归结果与分析

各类农作物播种面积占比是形成区域作物种植结构空间集聚的物理形态。本书以劳动力要素为切入点，分析农村劳动力转移及其价格上涨对农作物种植结构变化进而作物空间集聚形成的影响。影响各类农作物种植结构变化的因素其回归系数显著性检验结果，如表 3-8 所示。从地区和时间随机效应系数来看，粮食作物、蔬菜、玉米存在显著省际差异性，表明这 3 种作物种植比例在各省份的不同年份存在时序变化，且在同一时间节点上存在省际差异性。但是，棉花、水稻、小麦、大豆和油料作物种植比例仅存在省际差异性，表明这 5 种作物的种植比例存在省际差异性。另外，核心自变量农村劳动力转移及其价格上涨分别与省份交互项的回归结果显示，农村劳动力价格和劳动力转移对作物种植结构变化的影响在省域尺度上存在集聚（或者离散）趋势，呈现出显著的空间非平稳性特征。

表 3-8　作物选定模型的回归系数显著性检验结果

自变量	p 值							
	粮食	棉花	水稻	小麦	蔬菜	玉米	大豆	油料
地区变量	<0.001	<0.001	<0.001	< 0.001	< 0.001	<0.001	<0.001	<0.001
时间变量	<0.001	—	—	0.230	< 0.001	<0.001	—	—
农村劳动力价格	0.006	—	—	< 0.001	0.585	<0.001	<0.001	—
农业劳动力数量	0.001	0.007	<0.001	< 0.001	0.358	—	—	—
农业政策补贴	<0.001	—	0.008	0.037	< 0.001	—	<0.001	0.006
农业机械化率	<0.001	<0.001	<0.001	< 0.001	0.007	<0.001	0.003	—
人均耕地面积	<0.001	—	<0.001	< 0.001	< 0.001	<0.001	—	<0.001
自然灾害率	—	—	—	0.005	< 0.001	0.020	—	0.042
化肥施用量	<0.001	—	—	—	—	0.049	—	—
工业化水平	0.033	0.181	—	0.016	—	0.004	0.001	—
省份×农村劳动力价格	<0.001	<0.001	<0.001	< 0.001	< 0.001	<0.001	<0.001	<0.001
省份×农村劳动力转移	<0.001	—	<0.001	< 0.001	< 0.001	<0.001	<0.001	<0.001

注：lmer( )函数运行结果中无 p 值显示，采用 ANOVA( )函数获取方程式的 p 值显著性水平。其自由度计算方法采用 DDF="Kenword-Roger"。相比 Satterthwaite 方法计算的自由度，Kenword-Roger 方法可不同程度地校正固定效应误差估计的偏差

2）农村劳动力转移对作物种植结构变化影响的省际异质性效应

农村劳动力转移对整体蔬菜、油料作物种植面积占比具有正向影响；对江苏和华北平原等大豆主产区的大豆种植面积具有正向影响（表 3-9）。随着大量劳动力转移到城市，我国农业劳动力数量由 1990 年的 38 914 万人减少到 2015 年的 21 919 万人，加剧了农业劳动力短缺，使农户选择种植具有较高经济收益的作物获取更多家庭收入的决策行为变得容易理解。农村劳动力转移对新疆、西南地区、东南丘陵地区的粮食作物种植面积占比具有显著负向影响，但是对江苏、吉林等省份的粮食种植面积具有正向影响[74]。具体而言，对东北地区的小麦和水稻种植面积占比有正向影响；对东北及西南主产区的玉米播种面积占比具有显著正向影响，对东南丘陵地区（湖南、广东、浙江）的玉米生产具有负向影响。

表 3-9　农业劳动力占比对作物种植结构变化的影响

地区	粮食	蔬菜	大豆	油料	水稻	小麦	玉米
北京	−1.03	0.69	0.93	2.08	NS	NS	−2.96
天津	NS	NS	−1.52	−1.10	−3.46	NS	1.61

续表

地区	粮食	蔬菜	大豆	油料	水稻	小麦	玉米
河北	NS	NS	−0.76	−0.69	NS	NS	NS
山西	NS	NS	NS	−0.76	NS	−1.28	0.43
内蒙古	NS	NS	NS	−0.46	−1.17	−3.38	NS
辽宁	NS	−0.03	NS	2.74	NS	−8.79	NS
吉林	−0.07	NS	1.05	NS	NS	2.26	−1.55
黑龙江	NS	NS	NS	1.63	−0.80	−2.48	−1.95
上海	NS	NS	−1.28	−1.22	NS	−5.00	−0.72
江苏	−0.14	−0.32	−0.48	NS	NS	NS	NS
浙江	1.22	−0.57	NS	NS	NS	NS	0.62
安徽	NS	−0.21	NS	NS	NS	NS	NS
福建	0.28	−0.40	NS	NS	NS	NS	NS
江西	0.02	−0.34	NS	−0.90	NS	NS	−0.88
山东	NS	NS	NS	NS	0.95	NS	NS
河南	NS	NS	NS	NS	NS	NS	NS
湖北	0.27	−0.49	NS	−0.72	NS	NS	NS
湖南	NS	NS	NS	NS	NS	NS	1.08
广东	0.55	−0.49	NS	NS	NS	NS	1.06
广西	0.06	−0.37	NS	−0.97	NS	−1.68	NS
四川	0.05	NS	NS	NS	NS	NS	NS
贵州	NS	0.04	NS	NS	NS	2.60	−0.41
云南	0.47	−0.36	NS	NS	NS	3.93	−1.01
西藏	0.42	−1.01	NS	NS	NS	2.34	NS
陕西	0.28	−0.83	NS	NS	NS	NS	NS
甘肃	−0.08	−0.14	NS	NS	NS	NS	−0.87
青海	NS	NS	—	NS	—	NS	—
宁夏	0.50	NS	0.63	NS	NS	NS	NS
新疆	NS	NS	2.90	−2.43	1.33	−2.03	NS

注：NS 表示影响不显著，"—"表示该区域无数据。下表同

　　逻辑上来说，当农村劳动力转移之后，由于农业劳动力数量的约束，农户会倾向种植劳动力投入少、机械化替代程度较高的粮食。但是，农村劳动力转移对粮食生产的影响要面临机械替代劳动力的难易程度和种植结构调整空间等条件的制约。在不适宜机械作业的丘陵山区，劳动力转移对粮食生产的促进作用会被削弱；在城市郊区，由于城市农产品市场容量大，种植结构调整空间大，劳动力转移对粮食生产的促进作用也会被削弱[75]。这也正好解释了实证回归的结果，西南地区和东南地区的地形地貌以山地及丘陵为主，不适宜农业机械化作业；而江苏、吉林却因为区域农业自然条件相对较好，人均耕地丰富，且耕地多低坡地，适宜大规模机械作业，有利于缓解劳动力与资本在粮食生产上的流失，因此劳动力转移对粮食播种面积下降的负面影响不明显[76]。东北地区的水稻和小麦作物在农村劳动力转移的背景下，出现其对播种面积占比正向影响的情况同样是由于东北平原的地形地貌有利于大型农业机械对农业劳动力的替代。东南丘陵地区不适宜农业机械化作业，玉米的机械化程度低，不利于玉米种植面积的增加。新疆和宁夏显著减少了大豆种植比例，这可能是由于这两个地区原本大豆种植面积就较低，且加上劳动力转移导致该区域农户在有限的农业劳动力数量条件下缩减大豆种植面积。

　　3）农村劳动力价格对作物种植结构变化影响的省际异质性效应

　　劳动力价格对作物种植结构的影响在空间尺度和作物种类之间均存在显著差异（表 3-10）。农村劳动力价格上涨对蔬菜、大豆、油料、玉米作物播种面积占比具有显著正向影响，但是对粮食、棉花、小麦作物播种面积占比具有显著负向影响[30]。总体而言，随着农村劳动力价格的不断上涨，各地区增加了经济作物播种面积比例，尤其是蔬菜种植比例，但减少了传统粮棉作物播种面积比例，尤其是棉花种植比例。这可能是由于种植业生产成本不断增加，导致农户更倾向种植效益高的经济作物以实现种植收益最大化的目标。

表 3-10　农村劳动力价格对作物种植结构的影响

地区	粮食	棉花	蔬菜	大豆	油料	水稻	小麦	玉米
北京	NS	-0.57	-0.16	-0.47	NS	-0.89	-0.96	0.39
天津	0.22	NS	NS	-0.64	NS	-0.07	-0.21	0.19
河北	NS	NS	0.05	NS	NS	NS	-0.42	0.17
山西	0.25	-0.48	NS	NS	-1.01	-0.21	NS	0.95
内蒙古	NS	-0.69	0.45	-2.05	0.45	-1.77	-2.10	NS
辽宁	-0.30	—	NS	NS	1.08	NS	-2.23	NS
吉林	-0.40	—	NS	NS	NS	-0.45	NS	-1.07

续表

地区	粮食	棉花	蔬菜	大豆	油料	水稻	小麦	玉米
黑龙江	NS	—	NS	NS	NS	-0.76	NS	NS
上海	0.14	1.39	NS	NS	-0.75	-0.09	0.18	-0.12
江苏	NS	NS	NS	0.46	-0.39	0.17	NS	-0.07
浙江	NS	0.21	-0.05	0.12	NS	NS	0.21	NS
安徽	NS	NS	NS	1.05	-0.77	NS	-0.34	-0.87
福建	NS	—	NS	0.04	0.33	0.18	-0.69	-0.24
江西	0.31	NS	-0.53	-0.10	-0.76	0.34	NS	NS
山东	NS	NS	NS	0.06	NS	NS	-0.67	0.12
河南	NS	-1.22	NS	0.79	NS	NS	NS	NS
湖北	NS	NS	NS	NS	NS	NS	NS	0.92
湖南	-0.27	NS	0.14	NS	NS	0.37	NS	NS
广东	NS	—	NS	0.19	0.39	0.17	-0.39	-0.05
广西	0.55	NS	-1.04	NS	-0.62	0.41	NS	NS
四川	NS	-0.52	0.21	0.57	0.39	0.23	-1.66	NS
贵州	NS	NS	0.43	0.58	0.64	0.75	-8.15	1.56
云南	NS	NS	NS	NS	1.21	0.43	NS	NS
西藏	-1.41	—	NS	NS	NS	NS	NS	NS
陕西	-0.70	0.92	NS	NS	NS	NS	NS	NS
甘肃	NS	-1.07	0.46	NS	NS	-0.42	-2.72	2.40
青海	NS	—	0.29	—	-1.01	—	-2.78	—
宁夏	-0.74	—	0.17	-1.50	-0.79	NS	-2.50	-0.61
新疆	0.38	-1.39	0.36	NS	NS	-0.53	-0.13	0.93

4）其他影响因素对农作物种植结构变化的影响

农作物种植结构空间布局变化受诸多因素影响，除了农业劳动力变迁对作物种植结构存在省际差异性影响外，线性混合模型回归表明，工业化水平提升显著增加了经济作物种植比例，降低了传统作物种植比例（表3-11）。与之相反，农业政策补贴显著增加了传统作物的播种面积占比，降低了经济作物的播种面积占比。人均耕地面积对传统粮食作物播种面积占比具有正向影响，对经济作物播种面积占比具有负向影响。农业机械化率提升更有利于易机械化种植作物的播种面积占比增加，不利于难以机械化种植作物的播种面积占比增加。事实上，传统农作物比经济作物更易于采用农业机械技术，从回归系数看，农业机械化率提升增加了粮食作物、水稻、小麦等主要传统作物的播种面积占比，减少了蔬菜、玉米等经济作物的种植比例。化肥施用量增加提高了粮食作物和蔬菜的播种面积占比。自然灾害率对蔬菜和油料作物种植比例具有正向影响，对小麦和玉米种植比例具有负向影响。

表 3-11　其他因素对各作物种植结构的影响

农作物	工业化水平	农业机械化率	人均耕地面积	农业政策补贴	化肥施用量	自然灾害率
粮食作物	-0.07** (0.03)	0.13*** (0.02)	1.22*** (0.12)	0.10*** (0.02)	0.22*** (0.06)	—
棉花	—	-0.19*** (0.05)	—	—	—	—
蔬菜	—	-0.05*** (0.02)	-1.37*** (0.08)	-0.10*** (0.02)	0.09** (0.05)	0.02*** (0.01)
大豆	0.14*** (0.04)	0.10*** (0.03)	—	-0.16*** (0.03)	—	—
油料	—	—	0.06*** (0.02)	-0.09*** (0.03)	—	0.02** (0.01)
水稻	—	0.07*** (0.02)	0.73*** (0.05)	-0.04*** (0.02)	—	—
小麦	-0.13** (0.06)	0.46*** (0.04)	0.82*** (0.08)	0.07** (0.03)	—	-0.03*** (0.01)
玉米	0.13*** (0.04)	-0.15*** (0.03)	-0.81*** (0.09)	—	—	-0.02*** (0.01)

$p < 0.05$，*$p < 0.01$

注：①最优模型运行完后进行方差齐性检验及模型残差值的正态分布检验。经过函数 plot( )、qqnorm( )检验的 6 个作物的模型均表现良好，满足同方差和残差值的正态分布假设。因篇幅限制，最优运行模型的 plot 残差图和正态 Q-Q 图均未列出，如读者感兴趣可向作者索取；②R 中有很多包可以分析线性混合模型，其中最常用的是 lme4 包的 lmer( )函数和 nlme 包的 lme( )函数。实践证明 lme4 从 20 世纪 90 年代发展至今技术已经比较成熟，为混合效应模型提供了可靠、易于解释的输出。相比 nlme 包，lme4 包更具有计算和统计上的优势，因此本书选择运用 lme4 包的 lmer( )函数；③括号内为稳健标准误

4. 农业机械与劳动力要素替代对农作物种植结构变化的影响

诱致性技术创新理论认为基于要素的相对价格变化可以诱导要素节约（希克斯的要素替代），即一种要素相对于其他要素的价格上涨，会导致该要素相对于其他要素的使用量降低[77, 78]。在农业生产领域，农业技术变革方向倾向节约更为昂贵（稀缺）的生产要素，使用相对便宜（充裕）的生产要素[79]。由于生产要素替代弹性主要用生产函数进行测算，并非直接用于农作物播种面积，因此本节以

1978~2015 年 13 个粮食主产区面板数据为例①，利用超越对数生产函数模型，在论证劳动力与机械投入要素对粮食产量贡献的基础上，测算农业机械对农业劳动投入的替代弹性，来讨论农业生产投入要素对粮食生产的影响，以期考察农业机械对劳动的要素替代关系变动。

1）农村劳动力转移与机械化发展现状

1978 年以来全国及粮食主产区的农村劳动力转移量②均呈上升趋势（图 3-6）。1978 年全国农村劳动力转移量为 2 182.2 万人，2019 年上升到 20 611.95 万人。粮食主产区的劳动力转移量则由 1978 年的 1 489.4 万人上升到 2019 年的 13 361.62 万人。2019 年粮食主产区的劳动力转移量占全国劳动力转移量的 64.82%。在农村劳动力不断转移的同时，我国农作物综合机械化率呈稳步上升趋势（图 3-6）。全国的农作物综合机械化率由 1978 年的 19.66%增长到 2019 年的 69.35%。粮食主产区的农作物综合机械化率则由 1978 年的 17.88%上升到 2019 年的 83.78%。农业机械与劳动力作为农业生产的基本投入要素，对粮食生产具有重要影响。

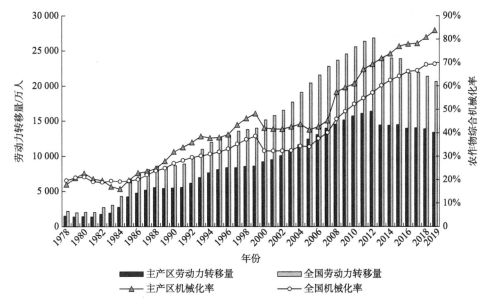

图 3-6 1978~2019 年劳动力转移量及农作物综合机械化率

---

① 在我国农业生产现实中，由于粮食作物生产作业易于机械化，而经济作物难度较大，因此农业机械对农业劳动的替代主要出现在粮食作物当中。我国 13 个粮食主产区的粮食播种面积及总产量占据重要地位。2019 年我国 13 个粮食主产区的粮食播种面积、总产量分别达 8 765.36 万公顷、52 371 万吨，分别占全国粮食总播种面积、总产量的 75.52%、78.89%，因此，选取 13 个粮食主产区为研究对象。

② 借鉴周振等的做法，农村劳动力转移量=乡村从业人员−农林牧渔业从业人员。

2）农业机械与劳动力替代弹性分析

本小节主要采用由 Christensen 等提出的具有变弹性性质的超越对数生产函数，其具体函数形式、变量选取，以及农业机械与劳动力的替代弹性公式推算过程均详见黄玛兰等[60]的研究。主要利用 13 个粮食主产区 1978~2015 年粮食产量与生产投入数据进行估计。由于所用数据是面板数据，分两步确定函数模型形式。首先 F 检验值为 89.38，在 1%水平上显著，说明个体固定效应模型优于混合回归。进一步采用 Hausman 检验来确定应使用固定效应还是随机效应模型，Hausman 检验值为 328.69，在 1%显著性水平上强烈拒绝原假设，所以考虑采用个体固定效应模型。

从整体上看，1978~2015 年 13 个粮食主产区农业机械对劳动力的替代弹性不断增强，平均替代弹性达 0.76（图 3-7）。这表明随着农业生产中劳动力资源变得越来越稀缺，农户更倾向通过采用机械化生产来替代稀缺的劳动力资源，保障粮食产量。

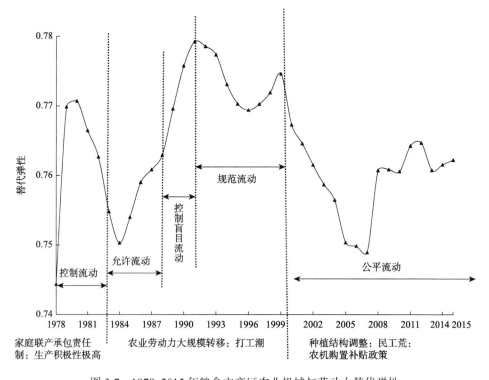

图 3-7　1978~2015 年粮食主产区农业机械与劳动力替代弹性

　　从各阶段上看粮食主产区农业机械与劳动力的替代弹性呈现较明显的阶段性特征，并表现出与农业劳动力转移的阶段性特征相一致的趋势。1978~1983 年，替代弹性整体处于下降阶段。1978~1983 年是中国劳动力转移在"控制流动"政策下的起始阶段。1984~1999 年是中国劳动力转移的拓展和深化阶段，机械与劳动力的替代弹性整体处于稳步上升趋势。从 2000 年起，中国农村剩余劳动力转移在"公平流动"政策下进入稳步加快时期。2000~2007 年，替代弹性出现较明显的下降趋势。从 2008 年起，农业机械与劳动的替代弹性逐渐稳步回升，并处于上升阶段（图 3-7）。

　　由前文的理论分析，农业机械对劳动力的替代受到地形地貌条件的制约，平原与丘陵山地地区能够实现的机械对劳动力的替代程度具有显著的差异性。为了说明这两类地形地貌条件中机械对劳动力差异化的替代弹性，我们选取以平原地貌为主的河北、河南、山东、安徽、江苏 5 省（华北平原），以及以丘陵地貌为主的四川、湖北、湖南、江西（长江中游）为代表，分别测算两者的机械对劳动的替代弹性系数（图 3-8）。我们发现，华北平原地区土地广袤、地势平坦，机械对劳动的替代弹性相对较高，1978~2015 年其农业机械与劳动的替代弹性变化趋势基本与粮食主产区变化趋势相一致，平均替代弹性为 0.68。长江中游的川、鄂、湘、赣地形复杂，地貌类型较其他省份更丰富，山地、丘陵面积比例大，相对不利于大型农业机械化作业，因此机械化水平相对偏低。1978~2015 年的农业机械与劳动的替代弹性显著低于粮食主产区，其平均替代弹性值仅为 0.25。

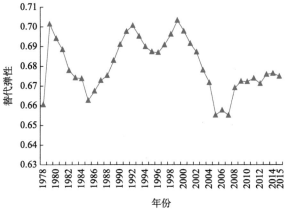

（a）平原地貌为主的地区

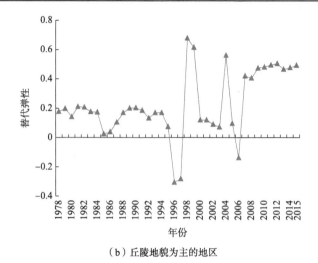

（b）丘陵地貌为主的地区

图 3-8　1978~2015 年不同区域农业机械与劳动力的替代弹性

　　因此，上述实证结果表明，一是当劳动力价格上涨，导致劳动力短缺和从事农业生产的机会成本上升时，普遍存在农业机械对劳动力的替代现象。二是农业机械对劳动力的替代程度受到地形地貌条件的约束。耕地地形地貌这一影响机械替代劳动难易程度的资源禀赋约束条件体现在当劳动力成本上升时，生产者倾向选择大田粮食作物生产及以蔬菜等经济作物的高投入高产出转型两个不同的种植方向。通常面对劳动力成本上升的冲击，在以平原为主的地区，生产者在大田粮食作物生产上容易使用机械替代劳动，诱使种植结构调整转向容易机械化作业的大田粮食作物生产；但是在以丘陵山地为主的地区，机械对劳动的替代难度较大，生产者较难实现利用机械替代劳动来缓解劳动力成本上升的冲击，生产者的种植结构调整会表现为相对增加具有高投入高产出特征（如蔬菜）的经济作物的种植面积。

3.2.2　基于劳动力转移区域分异视角的分析

　　3.2.1 节我们讨论了农村劳动力转移及其价格上涨对农作物种植结构变化的影响与省际差异性的存在。但是，由于各个省份之间社会经济发展水平、地缘关系亲疏差异等，劳动力转移和价格上涨趋势呈现出差异的同时也表现出相似或相近的属性。因此，本节基于劳动力转移区域分异规律视角分析农村劳动力转移及其价格上涨对农作物种植结构的区域性影响差异。农村劳动力转移规模及速度与劳动力价格变化幅度在具有不同经济发展水平、城镇化水平及劳动力市场发育水平的区域间存在较大差异，为了能够尽可能真实地反映其带来的影响，本章采用因省际人口迁移格局演变形成的流动人口地域类型作为划分标准，综合考虑区域间经济发展水平与人口流动变迁特征，从而有助于直观且准确地分析伴随在人口流动过程中的农村劳动力转移和劳动力价格的区域性变化差异特征。在此基础上，深入分析区域农村劳动力转移及其价格上涨特征导致的农作物种植结构差异及其对作物种植结构差异形成的原因。

1. 中国劳动力人口流动类型区域划分

中国缺乏对流动人口系统性动态的监测，目前研究省际人口迁移态势与空间格局演变的数据，主要来自每 10 年一次的人口普查和两次普查期间逢第 5 年的全国 1%人口抽样调查。即，由 1990 年、2000 年、2010 年人口普查资料及 1995 年、2005 年、2015 年全国 1%人口抽样调查资料中"按现住地和五年前常住地分的人口"一表获得。最后，根据当次人口普查或抽样调查的抽样比例换算成实际人口迁移数据。目前对流动人口空间分布与地域类型的研究多采用迁移规模、迁移规模占比、净迁移率、总迁移率等单一型指标，以及基于改进的采用净迁移率和总迁移率等复合指标。但复合指标未考虑各空间单元的各类流动人口占全国的份额，从而容易出现净迁移率与总迁移率指标值在某些区域被高估或低估等误差。为准确反映中国流动人口地域类型与空间分布特点，有必要根据各省各类流动人口在全国所占份额对复合指标进行进一步修正。因此，本章采用修正型复合指标法对中国省际人口流动进行分区。

刘盛和等[80]、杨传开和宁越敏[81]等使用修正复合指标法，将中国 31 个地区的人口迁移划分为净流入型活跃区、平衡型活跃区、净流出型活跃区与非活跃区 4 种类型。本章借鉴其区域划分结果，将人口迁移平衡型活跃区与非活跃区合并为人口流动持平型区域，划分出 3 种人口迁移地域类型，即劳动力流入区、劳动力流出区、劳动力流动持平。具体的劳动力流动类型分区参见第 3 章 3.1.3 节农业劳动力老龄化变化趋势中的划分。不同的流动人口地域类型大致体现了区域的经济发展水平、劳动力市场发育水平及城镇化发展水平。劳动力流入区除新疆外，其他 7 个省市均处于东部沿海、非农经济发达、市场化程度较高、城镇化水平高；劳动力流出区大部分处于中部地区，是粮食主产省；劳动力流动持平区大部分处于西部和西北地区，农业产值占比大，非农经济欠发达，市场发育程度相对较低，城镇化发展水平相对落后。

中国改革开放以来形成人口由西向东迁移的主流模式未发生变化[82, 83]，在较大程度上保证了本书流动人口地域类型划分标准能够体现该区划本身的精准性和符合历史变化趋势。这也是本书借鉴该流动人口地域类型区划结果的重要依据。需要说明的是，由于人口流动的动态特征，尤其是近十年中国区域性人口流动发生了很大变化，部分省际人口迁移区域类型发生了一些明显的局部性变化。比较朱孟钰和李芳[83]对 1985~2015 年中国省际人口迁移类别划分结果发现，朱孟钰和李芳对 1985~2010 年整个区间段或者部分区间段内的研究结果与杨传开和宁越敏[81]、刘盛和等[80]的研究结果基本一致。但是在 2010~2015 年这个时间段，部分省份出现了区域类型变动，如山西、山东、云南 3 省。朱孟钰和李芳[83]研究表明，这 3 个省由平衡型活跃区转变为净流出区。同时全国 1%人口抽样调查数据显示，山西、山东、云南 2014 年、2015 年人口流出量分别达：6.35 万人、0.99 万人；100.2 万人、97.52 万人；10.18 万人、13.3 万人。但是，数据短期大幅变化并不适合更不能真实反映长时序数据的整体变化特征。因此，本书对劳动力流动类型区域划分主要参照人口流动变化处于稳定时期（1980~2010 年）内，各省所处的流动人口地域类型。即，选取山西、山东、云南在过去 30 年稳定状态时所处的流动人口地域类型为最终区划结果，将其归为劳动力流动持平区。

2. 区域农村劳动力转移、价格上涨与农作物种植结构变化

1）农村劳动力转移变化特征

劳动力流入区、劳动力流动持平区与劳动力流出区农业劳动力占比分别由 1980 年的 55.65%、70.25%、72.45% 减少至 2019 年的 13.96%、36.66%、37.91%（图 3-9）。劳动力流入区农业劳动力占比远低于全国平均水平，劳动力流动持平区的这一比重变化趋势基本与劳动力流出区一致，其比重均略高于全国平均水平，下降速度均低于全国平均水平。这符合我国各区域经济发展特征，即东部沿海地区农业产值占比低，非农经济发展水平明显高于中西部地区。劳动力流入区快速发展的工业化、城市化进程，吸引了大量农村剩余劳动力转移就业，且形成了中国农村劳动力主要由中部及内陆地区流向沿海地区的基本模式。

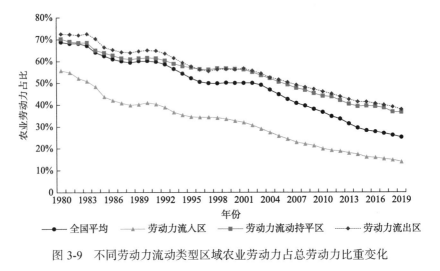

图 3-9　不同劳动力流动类型区域农业劳动力占总劳动力比重变化

2）农村劳动力价格上涨趋势

劳动力流入区农村居民人均工资性收入由 1980 年的 141.80 元上涨到 2019 年的 13 469.98 元，远高于全国平均水平，2019 年为全国平均水平的 2.05 倍（图 3-10 ）。劳动力流动持平区农村居民人均工资性收入由 1980 年的 94.36 元上涨到 2019 年的 5 007.21 元，略低于全国平均水平。劳动力流出区农村居民人均工资性收入由 1980 年的 94.55 元上涨到 2015 年的 5 113.58 元，基本与劳动力流动持平区相一致。劳动力工资性收入上涨是农村劳动力机会成本上升的体现，2003 年东南沿海"民工荒"的出现，进一步加剧了劳动力用工成本的上涨。工资上涨是劳动力要素相对于资本、土地等要素而言变得更为稀缺的体现。舒尔茨认为农民对农产品和要素价格变动反应灵敏，农户会依据农产品和要素价格的变动进行资源优化配置。农村劳动力价格变动会造成农业生产对劳动需求量的变化，进而引起耕地和资本等要素的相应变化。从耕地经营方面分析，农村劳动力价格上涨将直接影响耕地经营主体调整农业投入要素组合，使耕地投入和作物种植比例发生相对变化，进而优化品种结构和区域布局。

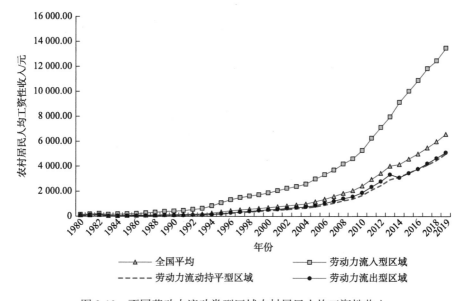

图 3-10　不同劳动力流动类型区域农村居民人均工资性收入

3）农作物种植结构变化趋势

1980~2019 年，不同劳动力流动类型分区的作物种植比例存在显著区域差异性（图 3-11）。3 个区域粮食作物种植比例均呈下降趋势，劳动力流入区下降幅度最大，且下降速度快于其他两个区域；劳动力流出区呈现降幅和降速均居中的趋势；劳动力流动持平区呈现降幅和降速均最弱的趋势。劳动力流入区棉花种植比例在不断上升；其他两个区域棉花种植比例则呈现下降趋势，2000 年后种植比例趋于相近，且其下降幅度和速度也几乎一致。劳动力流入区油料作物种植比例呈下降趋势；其他两个区域油料作物种植比例均出现不同程度的上升，且劳动力流出区占比高于劳动力流动持平区占比。3 个区域的蔬菜种植比例均呈上升趋势，其中劳动力流入区种植比例最大，且呈现快速增长的趋势；其他两个区域增长速度较平稳，劳动力流出区播种面积占比略高于劳动力流动持平区播种面积占比。在粮食作物内部，总体来看，水稻种植比例在劳动力流入区呈平稳下降趋势，2015年后呈波动上升趋势；在劳动力流动持平区及劳动力流出区均呈缓慢增长趋势，其中劳动力流动持平区在 2016 年之后有小幅下降。小麦种植比例在 3 个分区均呈下降趋势。玉米种植比例在 3 个分区均呈稳步上升趋势。接下来将对劳动力转移与价格上涨在不同劳动力流动类型分区的贡献差异进行深入分析，以更好地理解农村劳动力数量与价格变化对作物种植结构的影响，进而针对性地制定差异化的区域种植结构调整政策。

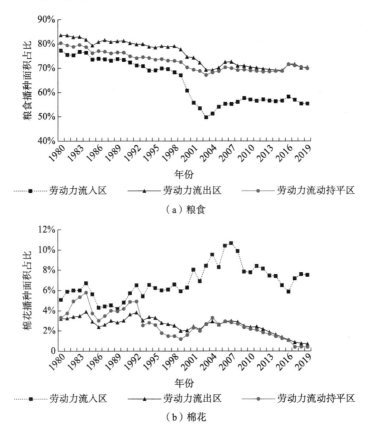

（a）粮食

（b）棉花

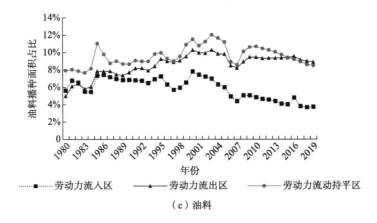

（c）油料

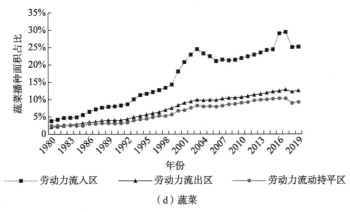

（d）蔬菜

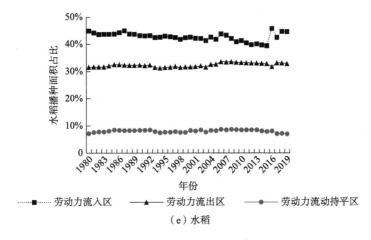

（e）水稻

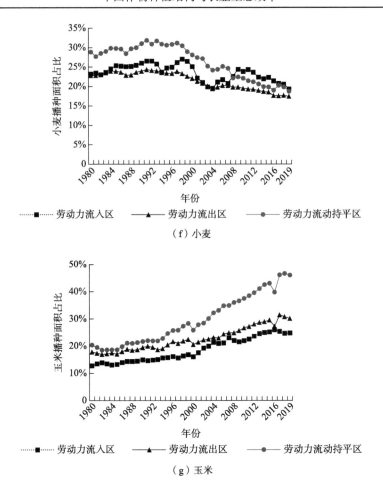

（f）小麦

（g）玉米

图 3-11　主要农作物在不同劳动力流动类型区域的种植比例变化

3. 区域农村劳动力转移及其价格上涨对农作物种植结构变化的实证分析

1）模型设定、变量选择及描述性统计

此部分的模型设定、变量选择及变量定义均与本章 3.2.1 中的"1.农作物种植结构变化驱动因子模型构建"的内容一致。因此，这里不再重复定义与说明，各变量区域尺度上的描述性统计结果如表 3-12 所示。

表 3-12　区域尺度上变量设定与描述性统计

区域	符号	极小值	极大值	均值	标准差	样本量
劳动力流入区	P	14.09	2 491.13	529.72	510.69	280
	L	3.28	73.71	33.00	20.04	280
	A	0.01	0.24	0.06	0.06	280

区域	符号	极小值	极大值	均值	标准差	样本量
劳动力流入区	I	49.72	96.26	81.16	11.94	280
	M	5.35	87.50	40.88	20.03	280
	S	0.63	168.48	17.31	28.13	280
	MI	100.10	749.63	339.68	175.84	280
	D	0.05	16.22	5.16	3.23	280
劳动力流出区	P	18.43	2 491.13	240.94	318.20	455
	L	3.28	83.01	53.37	18.00	455
	A	0.01	0.42	0.11	0.08	455
	I	25.97	96.26	71.36	11.40	455
	M	0.12	94.01	29.49	21.23	455
	S	0.61	126.46	16.67	24.83	455
	MI	99.80	864.44	359.71	196.20	455
	D	0.05	24.21	6.96	4.09	455
劳动力流动持平区	P	12.48	981.67	180.34	192.54	280
	L	26.01	84.21	54.33	15.01	280
	A	0.07	0.37	0.14	0.07	280
	I	30.00	90.60	71.47	11.96	280
	M	2.30	90.99	34.96	19.31	280
	S	0.28	164.16	14.81	24.39	280
	MI	100.50	799.05	354.7	200.88	280
	D	1.07	26.71	8.88	5.02	280

2）回归结果与分析

（1）劳动力流入区模型估计结果。农村劳动力价格上涨、劳动力转移对作物种植结构的影响由于区域农业生产率、城市化率、非农产业发展程度不同，呈现出显著的空间差异。劳动力价格上涨导致劳动力流入区倾向增加蔬菜、油料作物种植比例，倾向减少粮食、棉花种植比例（表3-13）。对于棉花，应区别对待新疆，近年来在一系列农业政策激励下，新疆已成为中国棉花生产第一大省（区）。农业劳动力转移对粮食生产无显著影响，增加了蔬菜、油料作物种植比例，但降低了棉花种植比例。在粮食作物内部，劳动力价格上涨对水稻种植比例产生负向影响，这意味着在非农经济发达的沿海地区随着劳动力价格不断上涨，该区域倾向减少水稻生产。劳动力价格上涨对小麦、玉米种植比例具有正向影响。劳动力非农转移对水稻、小麦种植比例具有正向影响，对玉米种植比例具有负向影响。

表3-13　劳动力流入区农业及粮食种植结构模型回归结果

符号	农业种植结构				粮食种植结构		
	粮食作物	棉花	油料作物	蔬菜	水稻	小麦	玉米
lnP	-2.979*** (0.881)	-6.181*** (1.013)	0.806** (0.333)	2.501*** (0.680)	-0.983** (0.396)	1.987** (0.919)	0.526** (0.257)
I	-0.179* (0.106)	0.482*** (0.067)	0.131*** (0.039)	-0.278*** (0.074)	-0.231*** (0.048)	-0.547*** (0.080)	-0.070** (0.031)
M	0.345*** (0.051)	-0.010 (0.031)	0.029* (0.016)	-0.196*** (0.036)	-0.040 (0.024)	0.129*** (0.038)	-0.023** (0.011)
L	-0.050 (0.070)	0.527*** (0.055)	-0.149*** (0.022)	-0.312*** (0.055)	-0.063* (0.034)	-0.238*** (0.055)	0.124*** (0.027)
lnS	2.797** (1.134)	3.457*** (1.017)	-1.166*** (0.400)	-4.356*** (0.742)	-0.656 (0.459)	-2.681*** (0.916)	0.660** (0.279)
lnMI	12.762*** (2.405)	-1.870 (2.137)	-0.257 (0.758)	-7.724*** (1.721)	-0.182 (0.989)	-0.482 (1.996)	-0.699 (0.660)
D	-0.155 (0.105)	-0.021 (0.079)	0.018 (0.037)	0.120 (0.074)	-0.057 (0.061)	0.001 (0.083)	0.003 (0.013)
lnA	-0.533 (1.523)	12.469*** (1.719)	-1.009* (0.555)	-6.178*** (1.269)	5.939*** (0.857)	-0.864 (1.297)	-1.819*** (0.518)
_cons	13.757 (17.936)	30.351*** (11.339)	-10.012* (5.855)	45.281*** (12.363)	53.180*** (7.823)	67.106*** (14.004)	45.462*** (5.245)
个体效应	是	是	是	是	是	是	是
时间效应	是	是	是	是	是	是	是
N	280	210	280	280	280	280	280
R^2	0.882	0.889	0.712	0.908	0.992	0.958	0.971

$*p<0.1$, $**p<0.05$, $***p<0.01$

注：括号内为稳健标准误

（2）劳动力流出区模型估计结果。劳动力价格上涨、劳动力非农转移对劳动力流出区农业及粮食内部种植结构的影响见表3-14。随着劳动力价格上涨，该区倾向减少粮食种植比例、增加蔬菜种植比例。劳动力价格上涨对劳动力流出区的棉花、油料作物播种面积影响不显著。劳动力转移对粮食、棉花种植比例具有负向影响，相反对蔬菜、油料作物种植比例具有正向影响。从粮食内部结构看，随着农村劳动力价格不断上涨，劳动力流出区倾向减少水稻、玉米种植比例。农业劳动力转移对水稻、玉米种植比例具有负向影响，对小麦种植比例具有正向影响。农业机械作为对劳动力最主要的替代要素，水稻、玉米综合机械化率系数均为正，且通过 1% 显著性水平检验，小麦综合机械化率系数不显著，这可能是造成该区域水稻播种面积稳定、玉米播种面积不断上升，而小麦播种面积下降的一个原因。

表 3-14　劳动力流出区农业及粮食种植结构模型回归结果

符号	农业种植结构				粮食种植结构		
	粮食作物	棉花	油料作物	蔬菜	水稻	小麦	玉米
$\ln P$	-2.199*** (0.665)	0.035 (0.126)	0.068 (0.303)	0.196* (0.113)	-1.060*** (0.404)	0.324 (0.532)	-0.928** (0.442)
I	-0.065 (0.054)	0.037*** (0.013)	0.086*** (0.024)	-0.0002 (0.005)	-0.119*** (0.037)	0.038 (0.045)	-0.212*** (0.052)
M	0.297*** (0.033)	-0.009* (0.005)	0.023 (0.015)	-0.044*** (0.006)	0.069*** (0.026)	0.008 (0.029)	0.169*** (0.032)
L	0.067* (0.036)	0.032*** (0.011)	-0.114*** (0.019)	-0.041*** (0.007)	0.155*** (0.026)	-0.282*** (0.027)	0.072** (0.034)
$\ln S$	1.734*** (0.431)	0.110 (0.071)	-0.858*** (0.238)	-0.090 (0.078)	0.169 (0.253)	-1.587*** (0.382)	0.610* (0.340)
$\ln MI$	4.440*** (1.574)	0.450 (0.433)	1.254 (0.905)	-1.290*** (0.441)	-0.934 (1.099)	-3.550*** (0.697)	1.339 (1.108)
D	-0.072 (0.059)	0.013** (0.005)	0.084** (0.034)	0.00001 (0.004)	0.036 (0.041)	-0.097* (0.055)	-0.064 (0.060)
$\ln A$	3.881*** (1.082)	-0.030 (0.213)	2.741*** (0.533)	-0.337* (0.175)	0.858 (0.764)	-7.318*** (1.013)	1.466* (0.777)
_cons	72.539*** (11.495)	1.145 (2.73)	6.707 (5.917)	9.962*** (2.378)	6.448 (7.822)	53.242*** (6.477)	37.071*** (8.817)
个体效应	是	是	是	是	是	是	是
时间效应	是	是	是	是	是	是	是
N	455	315	455	455	455	455	455
R^2	0.882	0.729	0.742	0.887	0.991	0.957	0.968

*$p < 0.1$，**$p < 0.05$，***$p < 0.01$

注：括号内为稳健标准误

（3）劳动力流动持平区模型估计结果。劳动力价格上涨、劳动力非农转移对劳动力流动持平区农业及粮食种植结构的影响见表 3-15。随着劳动力价格的上涨，该区域倾向缩减粮食、棉花种植比例，增加蔬菜种植比例。同时，劳动力转移对粮食种植比例具有负向影响，对棉花种植比例无显著影响，但对蔬菜、油料作物种植比例具有正向影响。从粮食内部结构看，随着劳动力价格上涨，该区域倾向缩减小麦种植比例，扩大水稻和玉米种植比例。劳动力转移对小麦种植比例具有正向影响，但对水稻和玉米种植比例具有显著负向影响，这可能是由于小麦相对于水稻和玉米，更易于机械化种植。该区域相对其他两个区域而言，非农经济不发达，农业生产依然占有重要地位，当农业机械化水平提升时，农户会首先考虑扩大易于实施机械化种植的作物的播种面积，获得更多的农业产出。

表 3-15　劳动力流动持平区农业及粮食种植结构模型回归结果

符号	农业种植结构				粮食种植结构		
	粮食作物	棉花	油料作物	蔬菜	水稻	小麦	玉米
$\ln P$	−1.249*	−1.872**	0.276*	2.045***	0.384*	−4.804***	4.888***
	（0.666）	（0.947）	（0.150）	（0.240）	（0.231）	（0.691）	（0.903）
I	−0.091	−0.238***	0.007	0.033	−0.125***	−0.104	−0.015
	（0.059）	（0.073）	（0.021）	（0.024）	（0.025）	（0.064）	（0.092）
M	0.208***	−0.075**	−0.009	−0.062***	0.041***	0.072**	0.089**
	（0.029）	（0.032）	（0.008）	（0.012）	（0.012）	（0.031）	（0.043）
L	0.235***	0.011	−0.062***	−0.196***	0.039**	−0.363***	0.634***
	（0.062）	（0.048）	（0.022）	（0.023）	（0.012）	（0.049）	（0.079）
$\ln S$	0.158	1.013**	−0.318*	−0.365**	−0.726***	−1.556***	0.938
	（0.528）	（0.448）	（0.164）	（0.169）	（0.235）	（0.414）	（0.646）
$\ln \text{MI}$	4.967***	−2.540**	0.308	1.070***	−1.958***	−2.864***	6.615***
	（1.708）	（1.091）	（0.488）	（0.248）	（0.734）	（0.714）	（2.206）
D	−0.168***	0.014	0.002	0.014	−0.009	−0.018	−0.100
	（0.059）	（0.025）	（0.010）	（0.020）	（0.023）	（0.056）	（0.064）
$\ln A$	−0.177	0.117	−0.875*	−0.581	−3.384***	4.639***	−10.370***
	（1.314）	（1.551）	（0.502）	（0.464）	（0.608）	（1.292）	（1.788）
_cons	63.580***	40.952***	4.949	−4.213	6.093	102.900***	−91.653***
	（11.171）	（10.464）	（4.069）	（3.112）	（4.154）	（8.353）	（17.418）
个体效应	是	是	是	是	是	是	是
时间效应	是	是	是	是	是	是	是
N	280	105	280	280	245	280	245
R^2	0.802	0.881	0.870	0.879	0.984	0.944	0.951

*$p<0.1$，**$p<0.05$，***$p<0.01$
注：括号内为稳健标准误

（4）粮食作物结构影响的再分析。分别分析对农村劳动力转移和农村劳动力价格上涨的影响。一是农村劳动力转移的影响。劳动力转移降低了劳动力流出和流动持平区的水稻种植比例，提高了劳动力流入区的水稻种植比例。劳动力流出区除甘肃、贵州等省外均为粮食主产省，农村劳动力转移使该区域劳动力趋于老龄化、女性化，导致新栽培方式、栽培技术的推广应用相对困难，制约了水稻生产[84]。劳动力流动持平区农业机械技术发展相对缓慢，水稻生产耗工费时、需要精细的田间管理，导致劳动力非农析出不利于维持水稻播种面积的稳定。劳动力流入区大多位于东南沿海，粮食生产以水稻（南方双季稻产区）为主，作物结构调整的专业化、规模化趋势使得作物种植向扩大水稻和经济作物生产方向变化。

劳动力转移对 3 个区域的玉米种植比例具有负向影响。劳动力流出和流动持平区大部分省处在北方春播玉米区、黄淮海夏播玉米区及西南山地玉米区，这 3 个玉米产区的总产量约占全国总产量的 90%，大量劳动力转移势必会降低玉米种植比例。此外，除西藏南端的青藏地区，黑龙江北部、吉林东南部、内蒙古西部和东部、甘肃北部，广东、广西局部，江西和福建的局部及海南大部，都由于温度、海拔及日照、降水等自然条件不利于夏玉米种植[85]。当劳动力转移后，依据资源竞争优势原理，农户作为理性生产者会选择适应当地物候条件的作物种植，如青稞，从而缩减玉米种植比例。

劳动力转移对 3 个劳动力流动类型区域的小麦种植比例具有正向影响。相比水稻、玉米作物而言，小麦的劳动投工量最少，且机械化程度最高，劳动力与机械的替代易于实现，甚至劳动力非农转移有利于推动小麦机械化种植。需要说明的是，小麦在劳动力流入区的种植面积很小，基本上可以忽略其占比份额。

二是农村劳动力价格上涨的影响。劳动力价格上涨阻碍了劳动力流入和流出区水稻种植比例的增长。水稻单位用工量大，综合机械化率低、不易于机械种植，且劳动力流入和流出区的农村劳动力价格明显高于劳动力流动持平区，导致劳动力成本上升与两个区域的水稻种植比例呈负向关系。与此相反，小麦具有单位用工量小、综合机械化率高、易于机械化种植的特征，容易形成农业机械对劳动用工的替代来抵消小麦生产的劳动力成本上涨。因此在劳动力价格水平居中的劳动力流出区，劳动力价格与小麦种植面积变化关系不显著。农村劳动力价格上涨对玉米种植比例的影响呈现出较大区域差异，其中的原因各异。例如，在农业生产占有重要份额的劳动力流动持平区，可能是因为玉米相比于水稻而言，种植工序简单、劳动投工量少；而相比小麦而言，玉米种植的比较效益较高，因此该区域劳动力价格上涨与玉米种植面积呈正向关系。

4. 其他因素对区域农作物种植结构变化的影响分析

本小节前面的实证分析为我们理解农村劳动力转移及其价格上涨对区域作物种植结构变化的影响提供了实证参考。无论是农村劳动力转移还是劳动力成本上升，生产者均可以选择投入要素替代或者产品替代。分区域的模型回归结果大体验证了在劳动力成本上升的冲击下，生产者会向劳动力投工季节性分布均匀、经济效益较高的高投入高产出作物生产方向转变。但是，3 个分区的部分粮食作物及其内部的小麦、玉米、水稻等种植结构变化出现了与劳动力变化不一致的情形。具体而言，劳动力转移应当会促使生产者向劳动力投入少、机械化替代程度较高的作物生产方向转变，进而从整体上增加粮食播种面积。但是，劳动力对粮食生产的影响要面临机械替代劳动力的难易程度和种植结构调整空间等条件的制约[75]。这种现象也可以解释为区域农作物种植结构的形成和变化是劳动力变化与农产品市场价格、自然资源禀赋条件、农业技术进步共同作用的结果。因此，本节初步探讨了这些因素及劳动力变化与农作物种植结构变化的关联。

1）农作物相对利润的变化对分区农作物种植结构变化的影响

从生产者角度考虑，农户的经济行为一般以实现利润最大化为目标，其种植决策取决于作物之间利润的对比。农作物的单位面积利润是农户进行生产决策、衡量农作物种植效益的重要指标，其变化势必会影响到区域农作物的种植结构。因此，下面尝试利用各区域农作物间相对利润变化趋势及其差异，分析其利润变化与种植结构调整之间的关联。

结合本章图 3-11 与表 3-16 对 3 个区域各作物单位面积相对利润变化进行分析，我们发现，蔬菜作为我们选取的经济作物的典型代表，较高的单位面积相对利润变化与各区域蔬菜种植比例的上升趋势高度吻合。3 种粮食平均总体相对较高的单位面积相对利润变化，却表现出与各区域的种植面积比例下降的相反变化趋势。劳动力流入区相对于玉米而言较低的单位面积利润抑或劳动力流出区及其持平区本身在多数年份为负值的单位面积净利润均使其与各自区域小麦种植面积比例下降的趋势高度吻合。水稻和玉米则呈现出与小麦相反的情形，3 个区域相对较高的单位面积相对利润与各区域水稻（劳动力流入区除外）和玉米种植比例上升的趋势高度吻合，其中劳动力流入区较高的水稻单位面积相对利润变化与其种植面积比例呈相反变化。此外，劳动力流出区及劳动力流动持平区的油菜单位面积相对利润变化与其种植面积变化也呈现相反的变化。

以粮食生产为例，虽然从理论逻辑上应当呈现劳动力转移的正向影响，但是模型实证回归结果显示各区域的劳动力转移对粮食生产具有显著负向影响，而我们从其在各区域的单位面积相对利润变化分析来看，发现各区域（尤其是劳动力流入区及流出区）历年均具有较高的单位面积相对利润。因此，我们可能从这里理解造成各区域粮食作物种植面积变化的原因。与此相反的一种情况是，虽然模型实证回归结果显示，劳动力流出区和流动持平区的农村劳动力转移促进了小麦种植面积比例的增长，但是本小节我们通过各区域小麦相对玉米较低的单位面积利润发现，较低的单位面积相对利润很容易被具有相对较高单位面积利润的水稻和小麦作物替代。这意味着对小麦单位面积相对利润变化的分析也不能支持小麦播种面积增加的结论。这说明，农作物单位面积利润变化作为农户进行生产决策、衡量农作物种植效益的重要指标，单位面积利润的变化势必会影响农作物种植结构，但是由于农作物种植结构的形成与变化与众多因素有关，其不能最终决定生产决策选择及区域的农作物种植结构。

表 3-16　2001~2020 年不同劳动力流动类型分区农作物单位面积相对利润

年份	劳动力流入区						劳动力流出区						劳动力流动持平区					
	油菜	棉花	蔬菜	3种粮食均	水稻/玉米	小麦/玉米	油菜	棉花	蔬菜	3种粮食均	水稻/玉米	小麦/玉米	油菜	棉花	蔬菜	3种粮食均	水稻/玉米	小麦/玉米
2001	0.02	0.64	0.06	0.04	0.97	0.47	-0.14	0.12	8	0.15	1.48	-0.6	-0.04	4.04	0.05	0.02	0.88	-0.26
2002	-0.02	3.5	0.03	0.02	1.05	0.33	-0.03	8.07	0.04	0.01	1.19	-0.81	0.01	1.86	0.04	0.01	0.7	-0.8
2003	0.02	1.8	0.02	0.02	1.34	0.66	0.01	2.87	0.02	0.01	2.1	-0.4	0.04	1.71	0.01	0.01	0.89	-0.02
2004	0.06	0.61	0.04	0.03	1.55	0.69	0.05	0.84	0.03	0.03	2.36	0.27	0.05	0.81	0.04	0.03	2.35	0.3
2005	-0.01	1.67	0.05	0.03	1.94	1.36	-0.01	2.46	0.04	0.01	2.55	-0.33	0	1.53	0.05	0.01	2.33	-0.36
2006	-0.003	1.42	0.04	0.03	1.15	0.58	-0.01	1.96	0.04	0.02	1.52	0.12	-0.01	0.86	0.09	0.04	1.12	-0.07
2007	0.07	0.61	0.04	0.02	0.84	0.4	0.08	0.6	0.04	0.02	1.26	0.48	0.08	0.58	0.04	0.02	1.09	-0.22
2008	0.46	0.06	0.06	0.04	1.27	1.13	6.62	-0.09	0.09	0.07	1.57	1.13	0.88	-0.05	0.15	0.06	1.74	0.25
2009	0.06	0.5	0.05	0.04	0.9	0.93	0.01	0.71	0.08	0.04	1.56	0.74	-0.18	-1.09	0.36	0.06	0.92	-0.01
2010	0.02	2.06	0.02	0.01	1.1	0.67	-0.01	4.83	0.02	0.01	1.49	0.51	-0.07	8	0.03	0.01	0.84	-1
2011	0.04	0.33	0.1	0.07	1.39	0.58	-0.02	0.58	0.12	0.07	2.65	0.53	[0.08]	-9.27	8	8	0.93	-0.13
2012	-0.01	0.5	0.13	0.06	1.15	0.34	[0.15]	-8.98	8	8	4.28	-0.56	[0.10]	3.15	8	8	1.04	-1.1
2013	0.02	-0.06	0.95	0.26	0.89	0.86	[0.06]	{10.67}	8	8	0.81	-1.12	[0.17]	[0.85]	8	[0.005]	-0.21	-1.7
2014	[0.02]	-4.49	8	8	1.29	1.09	[0.05]	{3.74}	8	8	8	8	[0.12]	[0.93]	8	[0.003]	-0.3	-2.96
2015	[0.03]	{19.18}	8	8	8	8	[0.06]	{2.37}	8	[0.01]	8	[0.41]	[0.08]	{1.39}	8	[0.01]	[0.21]	{1.17}
2016	[0.13]	{1.16}	8	[0.00]	8	[0.37]	[0.09]	{1.44}	8	[0.01]	8	[0.64]	[0.11]	{1.06}	8	[0.01]	[0.64]	{1.13}
2017	[0.04]	{28.98}	8	8	8	8	[0.05]	{2.77}	8	[0.01]	8	[0.61]	[0.05]	{1.91}	8	[0.01]	[0.99]	{1.38}
2018	[0.13]	{3.42}	8	[0.00]	8	[0.21]	[0.06]	{2.02}	8	[0.01]	8	{1.36}	[0.05]	{2.16}	8	[0.01]	[0.94]	{2.07}

续表

年份	劳动力流入区						劳动力流出区						劳动力流动持平区					
	油菜	棉花	蔬菜	3种粮食平均	水稻/玉米	小麦/玉米	油菜	棉花	蔬菜	3种粮食平均	水稻/玉米	小麦/玉米	油菜	棉花	蔬菜	3种粮食平均	水稻/玉米	小麦/玉米
2019	[0.05]	{5.26}	∞	∞	0.93	-0.47	[0.05]	{2.93}	∞	[0.01]	∞	[0.60]	[0.03]	{4.84}	∞	[0.01]	{1.40}	[0.72]
2020	[0.02]	-2.45	∞	∞	0.55	0.04	[0.04]	{8.05}	∞	[0.00]	∞	{1.36}	[0.04]	{5.45}	∞	[0.00]	-1.23	-0.33

注：数据来自《农产品成本收益资料汇编》。3种粮食平均、棉花、油菜、蔬菜使用的是每50公斤主产品的平均出售价格减去总成本得到净利润，再经过计算得到的单位面积相对利润。表格最后两列分别汇总了水稻、小麦对于玉米的单位面积的相对利润。相对利润是采用该作物单位面积历年单位面积净利润与其余3种作物该年单位面积净利润（或者玉米）的单位面积净利润的均值之比来计算的。中括号、大括号数据分别表示某作物单位面积净利润为负（分子），而其他3种作物（或者玉米）的单位面积相对净利润同样为负（分母）。表中的大括号、中括号表示净利润单位面积净利润为正数，中括号数据表示某作物单位面积净利润为负数，而作为分母的值为正数。当某作物单位面积净利润作为分子为正数，而作为分母净利润为负数时，相对利润用无穷大符号∞表示。前者相当于后者的绝对值更大，更小。

2）农业机械技术对分区农作物种植结构变化的影响

以小麦作物为例，上述分析极有可能忽略了小麦具有较高水平的农业机械对劳动力的替代关系。我们从农作物综合机械化率总体对粮食作物及其内部 3 种主粮口粮作物回归的参数系数可知，农作物综合机械化率均对后者种植面积比例具有正向影响。这个变化与劳动力转移相结合更能说明劳动力转移后为何出现小麦种植面积比例的增加，这也从侧面说明了农业技术进步对农作物种植结构变化的影响。

为了应对劳动力短缺及劳动力成本不断上升的冲击，农户可以选择使用农业机械替代劳动以减少农业劳动投入量，或者选择使用农业机械（抑或者是农药、化肥等要素）替代投入量多且价格较高的农业劳动以节约生产总成本。但是使用机械替代劳动面临要素替代难度的制约。地形地貌条件决定的耕地机械化作业适宜度是影响农业机械化发展的重要因素。平原地区的耕地容易实施机械化种植，而丘陵山区实施农业机械化作业的难度较大[76]。我们以劳动力流出区为分析对象，在本章 3.2.1 小节 "4. 农业机械与劳动力要素替代对农作物种植结构变化的影响" 部分已经讨论过，该区域以平原地貌为主的河北、河南、山东、安徽、江苏 5 个省（华北平原）的农业机械对劳动力的替代弹性显著高于该区域以丘陵地貌为主的四川、湖北、湖南、江西（长江中游），1978~2015 年，两者的平均替代弹性系数分别为 0.68、0.25。这从侧面表明，由于农业生产的特殊性，自然资源条件（耕地地形地貌差异）对农业生产具有重要影响，而农业机械技术作用的发挥也受到耕地地形地貌条件的约束[86, 87]。

3.3　农业劳动力老龄化与农作物种植结构变化及农业绿色全要素生产率

粮食安全是国家稳定发展的重要基础，传统的高投入生产方式在提升我国粮食产出能力的同时，也带来了环境问题。农药、化肥和地膜过度投入造成的土壤破坏已经超出耕地自身的生态循环修复能力[88]，转变农业生产经营方式，加快粮食生态绿色生产已经刻不容缓。此外，随着中国耕地供给日趋紧张、农业水资源短缺、食物消费升级，粮食供需的结构性矛盾日益凸显，调整农作物种植结构成为促进农业可持续发展的必然选择。工业化和城镇化的快速发展，使得农业生产的主体也随之变化，农业劳动力大量转移到城镇，劳动力的年龄结构发生变化，人口老龄化问题日趋严重。了解清楚劳动力老龄化对农业种植结构及绿色农业的影响，对于优化种植结构，促进农业供给侧结构性改革，推动农业绿色化发展具有重要的理论与现实意义。

这一节主要针对农业劳动力老龄化对农作物种植结构变化及农业绿色全要素生产率（total factor productivity，TFP）影响机制进行分析，并通过实证检验农业劳动力老龄化对区域农作物种植结构的影响效应，以及农业劳动力老龄化对农业绿色全要素生产率的影响效应。

3.3.1 农业劳动力老龄化对农作物种植结构变化及农业绿色全要素生产率的影响机制分析

人口老龄化的迅速发展深深改变着人类的生产生活。近年来，学者们开始关注老龄化对农业生产的影响，考虑农业劳动力老龄化对农作物种植结构及粮食绿色全要素生产率的影响。

农业劳动力老龄化会引发作物种植结构调整。相比青年劳动力而言，老年劳动力在农业生产中表现出体力不足、兼业较少、对新技术的适应能力较差等特点。随着年龄的增长，老年劳动力体力逐渐下降，面对繁重的农业生产环节，他们更倾向选择增加机械、化肥、农药等要素的投入，以减少对劳动力的需求。因而农户在进行作物选择时便出现了差异，一些便于机械化操作的作物更容易被选择，粮食作物的机械化生产较经济作物容易[89]。此外，老年农户由于很少有兼业机会，农业收入是其主要收入来源，从这个角度来看，老年农户以收入最大化作为其生产目标，在土地要素不变的情况下，理性老年农户将增加种植经济作物的劳动时间以获得高收益，即调整家庭农业种植结构，使其向经济作物倾斜[90]。老年农户进行农业生产多以经验为主，相比年轻人而言，思想保守而更倾向风险厌恶[91, 92]，不愿意尝试新品种或进行作物的调整，倾向延续传统粮食作物的种植，而减少对经济作物的种植。

全要素生产率不仅反映生产技术水平的高低，也反映生产效率的高低，这意味着不仅可以通过技术进步来提高全要素生产率，还可以通过生产要素的重新配置，将生产要素从低生产率领域配置到高生产率领域来实现全要素生产率的提高。从人力资本存量生命周期理论、农业技术进步理论及农户经济行为理论等理论出发，现有学者认为劳动力老龄化会通过人力资本及要素替代两方面对粮食绿色全要素生产率产生影响[93, 94]。

首先农业劳动力老龄化影响人力资本积累，进而影响粮食绿色全要素生产率。劳动力老龄化对人力资本积累既有负面影响，也有积极的影响。大多数学者认为老龄化对人力资本积累产生显著的负向影响[95]，也有学者提出伴随着农村居民收入水平和生活水平的改善，个人的平均寿命得以延长。相较于过去，当前农村老龄劳动力的健康状况和精神面貌也有了较大改善,这对提高个体的健康人力资本具有明显的积极作用,并且会进一步增加农村人力资本总量和人均人力资本存量;再者,根据"干中学"理论,随着劳动时间的增加,劳动力的生产经验会愈加丰富。农村人力资本积累通过促进农业技术进步、提高劳动参与率、促进农村产业融合发展等方式提升农业全要素生产率[96]。此外,从要素替代效应及人力资本积累来看,农村劳动力老龄化在发挥人力资本作用时,如果人力资本整体的弱化作用明显,且大于要素的替代深化作用时,农业绿色全要素生产率将下降;相反,如果作为要素替代作用时,要素替代深化显著强于人力资本弱化,可以提高农业绿色全要素生产率[93]。根据人力资本存量生命周期理论,农业劳动力人力资本存量存在一种倒"U"形变化趋势,即随着年龄的增长,人力资本存量会由少到多,直至在某一年龄达到峰值后,再逐步下降[95]。除了要素替代效应外,来自创新激励的积极促进也对农业绿色全要素生产率有着重要的意义,老龄化带来的劳动力短缺,可从技术效率上的生产方式变迁和技术进步上的科技创新中下功夫以提高农业绿色全要素生产率。

3.3.2 农业劳动力老龄化对区域农作物种植结构的影响效应

1. 实证模型设定及指标选取

参照 3.2.1 节"1.农作物种植结构变化驱动因子模型构建"部分多元线性回归模型的设定,此部分建立以下计量分析模型:

$$N_{it} = \alpha_0 + \alpha_1 \mathrm{LA}_{it} + \alpha_2 X_{it} + \varepsilon_{it} \tag{3-5}$$

式中,N_{it} 为因变量,表示某省种植某种作物的比例。核心自变量 LA_{it} 为农业劳动力老龄化。X_{it} 为控制变量组,包括人均耕地面积(A_{it})、农业劳动力(L_{it})、非农经济比例(NA_{it})、作物机械化水平(M_{it})、农业补贴(S_{it})、物质投入水平(MI_{it})、自然灾害率(D_{it})。

2. 数据来源与说明

选取 2000~2019 年的省际面板数据,数据来自各省统计年鉴、《中国人口和就业统计年鉴》、《全国农产品成本收益资料汇编》、《中国农业机械工业年鉴》和《中国农村统计年鉴》。极少数缺失数据采用邻近省份及相邻年份的数据替代、全国平均水平替代、插值等方法补齐。变量描述性统计结果见表 3-17。各变量定义如下:

表 3-17　全国尺度上变量设定与描述性统计

类型	变量名称	符号	变量定义	极小值	极大值	均值	标准差
解释变量							
核心解释变量	农业劳动力老龄化（%）	LA	老年抚养比	0.06	0.39	014	0.05
土地禀赋	人均耕地面积（公顷/人）	A	耕地面积/总人口	0.002	3.92	0.18	0.59
劳动力禀赋	农业劳动力（万人）	L	第一产业从业人员	36.3	3564	939.13	707.52
宏观环境	非农经济比例（%）	NA	（第二产业产值+第三产业产值）/GDP	0.64	0.99	0.88	0.06
技术进步	作物机械化水平（万千瓦）	M	农业机械总动力	94	13 353	2 731.17	2 765.04
国家政策	农业补贴（亿元）	S	财政支农总金额	1.25	538.72	124.16	117.60
物质投入	物质投入水平	MI	农业生产资料价格指数	91.97	247.47	152.65	40.33
自然风险	自然灾害率（%）	D	上一年成灾面积/上一年农作物播种面积	0	0.62	0.13	0.10

　　选取农村老年抚养比表示农业劳动力老龄化。选取人均耕地面积表示土地禀赋特征。选取第一产业从业人员表示劳动力禀赋特征。选取非农经济比例反映宏观环境，用第二产业产值与第三产业产值之和占 GDP 比重表示。用作物机械化水平反映技术进步，使用农业机械总动力表示。农业补贴用财政支农总金额表示，并依据农业生产资料价格指数按 2000 年不变价格折算。选取农业生产资料价格指数表示农业物质投入水平，反映农业生产中物质资料投入价格变动情况，并以 2000 年为 100 构造不变价格的全国和分省农业生产资料价格指数。自然灾害率反映气候稳定性，由上一年成灾面积占上一年农作物播种面积的比例所得。通过阅读文献，依据数据的可获得性和科学性原则，选取变量。

　　3. 回归结果与分析

　　农村劳动力老龄化导致全国棉花及水稻播种面积不断缩小，粮食作物、玉米及油料作物播种面积呈增加趋势，对蔬菜及小麦的播种面积无显著影响（表 3-18）。随着农业现代化的发展，农业生产条件不断改善，农业机械逐渐替代劳动，在一定程度上减轻了粮食生产对劳动力的依赖。农业劳动力老龄化在一定程度上有利于土地流转和农业生产机械化发展，农业劳动力老龄化促进了玉米、油料作物等便于机械化操作的作物播种面积的增加。农业劳动力老龄化对棉花及水稻种植比例具有负向影响，这可能是由于棉花和水稻均为耗工费时、劳动投工多的作物，更多的老年农户做决策时考虑到自身体力及可利用资源的情况，更倾向少种植耗费体力的作物。棉花和水稻农业劳动力老龄化系数为负，且分别在 1% 和 5% 统计水平上显著，进一步说明了这一点。

表 3-18　全国农业及粮食种植结构模型回归结果

符号	农业种植结构				粮食种植结构		
	粮食作物	棉花	油料作物	蔬菜	水稻	小麦	玉米
LA	0.278***	−0.180***	0.107***	−0.088	−0.186**	−0.040	0.120*
	(0.102)	(0.047)	(0.030)	(0.054)	(0.075)	(0.070)	(0.064)
$\ln M$	−0.017	0.010*	0.011***	−0.002	0.028***	0.025***	−0.025***
	(0.012)	(0.005)	(0.004)	(0.006)	(0.009)	(0.008)	(0.008)
$\ln L$	−0.009	0.013***	0.008**	−0.004	−0.000	−0.027***	0.063***
	(0.013)	(0.005)	(0.004)	(0.007)	(0.010)	(0.009)	(0.008)
$\ln S$	0.029***	−0.005	−0.005**	−0.007	−0.008	−0.015***	0.01 2***
	(0.008)	(0.004)	(0.002)	(0.004)	(0.006)	(0.005)	(0.005)
$\ln A$	−0.066***	0.030***	0.009*	0.042***	−0.040***	−0.029***	−0.019*
	(0.016)	(0.006)	(0.005)	(0.009)	(0.012)	(0.011)	(0.010)
NA	−0.782***	−0.009	0.187***	0.382***	0.114	−0.035	−0.542***
	(0.112)	(0.078)	(0.033)	(0.060)	(0.082)	(0.078)	(0.071)
$\ln MI$	0.071	−0.096***	−0.026**	0.014	0.103***	−0.054*	0.031
	(0.043)	(0.031)	(0.013)	(0.023)	(0.032)	(0.030)	(0.027)
D	−0.051*	−0.002	−0.007	0.033**	0.048**	0.051**	−0.078***
	(0.030)	(0.015)	(0.009)	(0.016)	(0.023)	(0.020)	(0.019)
cons	0.878***	0.462***	−0.036	−0.078	−0.555***	0.470**	0.162
	(0.268)	(0.153)	(0.079)	(0.143)	(0.198)	(0.191)	(0.169)
N	620	340	620	620	600	600	620
R^2	0.204	0.421	0.331	0.384	0.103	0.264	0.620

*$p<0.1$, **$p<0.05$, ***$p<0.01$

注：①括号内为稳健标准误；②考虑有些省份未种植或者不适合种植某种作物的情况，剔除了各省未种植及其种植面积占该省农作物总播种面积（或粮食作物播种面积）的比重小于 0.1% 的样本。具体为：棉花剔除内蒙古、辽宁、吉林、黑龙江、福建、广东、广西、重庆、贵州、云南、西藏、青海、宁夏等 13 个省份，剩下 18 个研究省份；水稻剔除青海、小麦剔除海南，剩下 30 个研究省份

　　农业劳动力老龄化对 3 种粮食作物播种面积的影响呈现出显著差异。水稻的劳动力老龄化系数为负，通过 5% 显著性水平检验，这说明随着农业劳动力老龄化率上升，水稻种植比例不断下降。玉米的劳动力老龄化系数为正，通过 10% 显著性水平检验，这说明随着农业劳动力老龄化率上升，玉米种植比例在增加。小麦的劳动力老龄化结果不显著。导致这种现象的原因在于水稻耗费工时且容易受自然灾害影响减产，老年农户在时间、精力有限的情况下会选择减少水稻的种植，而增加玉米的种植，因为玉米具有产量高、抗逆性强、适应性广、易于管理等特点。且相对水稻而言，玉米的综合机械化率更高，小麦、玉米、水稻三大粮食作物耕种收综合机械化率分别超过 97%、90% 和 85%。劳动力老龄化对小麦播种面

积影响不显著的原因是：小麦在三种粮食作物中的综合机械化率最高，对劳动力需求相对较小，因而对劳动力数量、年龄结构变化不敏感。

3.3.3 农业劳动力老龄化对农业绿色全要素生产率的影响效应

1. 实证模型设定及指标选取

鉴于农业绿色全要素生产率数据类型属于截断数据，本书采用 Tobit 模型进行回归，其基本公式如下：

$$Y = \begin{cases} Y_{it}^{*} = \alpha + \beta_1 L_{it} + \beta_2 X_{z,it} + \mu_i + \gamma_t + \varepsilon_{it}, & Y_{it}^{*} > 0 \\ 0, & Y_{it}^{*} \leqslant 0 \end{cases} \quad (3\text{-}6)$$

式中，Y_{it}^{*} 为被解释变量，表示 t 年 i 区域的农业绿色全要素生产率；L_{it} 为核心解释变量，表示 t 年 i 区域的农业劳动力老龄化水平；$X_{z,it}$ 为控制变量，代表影响农业绿色全要素生产率的其他因素，分别表示农村劳动力平均受教育年限、受灾率、粮价波动、对外开放度、城镇化率、非农经济比例等 6 个控制变量；α 表示方程的常数项；β 表示各变量对应的系数；μ_i 表示各省难以观测的省区效应；γ_t 表示时间趋势的固定效应；ε_{it} 表示随机扰动项。本书对方程 3-6 采用逐步回归，运用 Stata 15.0 软件得到回归结果。

在考察农业劳动力老龄化对粮食绿色全要素生产率变动的影响时，本书的关键变量为农业劳动力老龄化程度，控制变量为农村劳动力平均受教育年限、受灾率、粮食商品零售价格指数、对外开放度、城镇化率、非农经济比例等。具体指标选取情况如下。

（1）农业绿色全要素生产率指数。基于投入要素、期望产出和非期望产出得到农业绿色全要素生产率，进一步将计算得到的 GML 指数定义为农业绿色全要素生产率指数。

（2）农业劳动力老龄化程度。本书采用农村 65 岁及以上人口占劳动力人口总数的比重来反映农业劳动力老龄化程度。

（3）农村劳动力平均受教育年限。借鉴郭海红等[97]、王淑红和杨志海[93]的变量选取，选取平均受教育年限来代表农村劳动力的特征和赋能，计算公式为 Edu = Prim × 6 + Midd × 9 + High × 12 + Coll × 16，其中 Prim、Midd、High、Coll 分别表示小学、初中、高中、大专及以上学历人数占农村 6 岁以上劳动力人数比重，得出各个省份 2000~2019 年的平均受教育年限数据，受教育年限越长，接受新知识和新技术的能力越强，对农业绿色全要素生产率提高越快。

（4）受灾率。由于农业自始至终都会受到自然风险的威胁，因此干旱、洪水、高温、霜冻等都可对农业生产造成严重影响。本书以农作物受灾面积占农作物总播种面积的比重（单位：%）来衡量农业受灾情况。

（5）粮价波动。粮食产品价格的高低影响着农户对农业要素的投入，也影响着农户对绿色生产方式和技术的选择。

（6）对外开放度。对外开放程度的变动既会对国内商品价格造成影响，又会对国内外资金、劳动力等要素的流动和集聚产生重要影响，因此不能忽视其对东道国农业全要素生产率增长的影响。具体地，本章采用进出口贸易总额占 GDP 的比重（单位：%）来衡量对外开放程度。

（7）城镇化率。用各地区城镇总人口数和各地区总人口数的比值来代表当地的城镇化水平，城镇化水平是农业发展的外部环境，城镇化水平越高的地区，农业绿色全要素生产率越高。

（8）非农经济比例。产业结构会直接影响农业在国民经济中的地位及其所能获得的资源数量，因此对农业生产具有重要影响。本书以第二产业产值和第三产业产值之和占 GDP 的比重（单位：%）来反映地区产业结构状况。各变量的描述性统计指标详见表 3-19。

表 3-19　变量描述性统计

变量名称	符号	变量定义	极大值	极小值	均值	标准差
农业劳动力老龄化	LA	65 岁及以上人口/15~64 岁人口	0.395	0.063	0.144	0.049
平均受教育年限	Edu	见变量详细说明	11.083	4.911	7.484	0.749
受灾率	Dis	农作物受灾面积/农作物总播种面积	0.931	0.000	0.235	0.161
粮价波动	Pric	粮食商品零售价格指数	272.836	15.145	169.056	58.636
对外开放度	Open	进出口贸易总额/GDP	0.230	0.002	0.045	0.053
城镇化率	City	城镇人口数/总人口	0.896	0.196	0.512	0.152
非农经济比例	Nona	（第二产业产值+第三产业产值）/GDP	0.997	0.636	0.880	0.065

2. 数据来源与说明

本书中所用数据来源于《中国统计年鉴》、《中国农村统计年鉴》、《中国人口和就业统计年鉴》、《中国水利统计年鉴》、《中国农业统计资料》和《新中国六十年统计资料汇编》，部分缺失数据根据 2000~2019 年 30 个省级行政区（除港澳台、西藏）统计年鉴进行补充。其中，主要的经济变量数据以 2000 年为基期，按照物价指数进行调整。

3. 回归结果与分析

从表 3-20 中可以看出, 农业劳动力老龄化对农业绿色全要素生产率的变动有显著的正向影响。在单独对农业劳动力老龄化进行回归时, 老龄化程度每提高 1%, 农业绿色全要素生产率会提高 0.439%; 当逐步引入农户特征、外部环境等控制变量后, 仍表现出正向影响。这意味着, 随着农业劳动力老龄化的加深, 农业绿色全要素生产率提高, 这印证了农业绿色生产的要素替代效应, 要素替代的作用要强于人力资本弱化效应。这个结果与王淑红和杨志海[93]、赵昕东和李林[94]等的研究一致。从其他因素对农业绿色全要素生产率变动的影响来看, 在相对应的控制变量中, 粮食商品零售价格指数、城镇化率对农业绿色全要素生产率的提升存在正向的作用, 结果显著, 粮食商品零售价格指数提高有利于提高农户生产积极性, 城镇化水平的提高可以促进农业基础设施的完善, 优化农业生产销售的外部环境[98]进而对农业绿色全要素生产率起到促进作用。农业受灾率和非农经济比例的系数均在 1%的水平下显著为负, 这表明农业受灾率越高, 二、三产业越发达, 越不利于农业绿色全要素生产率增长, 这与现实情况是符合的。农业劳动力平均受教育年限对农业绿色全要素生产率的变动存在显著的负向影响, 这意味着农业劳动力受教育水平的提高, 在一定程度上不利于粮食绿色全要素生产率的提高, 受教育水平提高, 使得农户可能有更多的兼业行为, 农业劳动力的粮食生产积极性下降, 对农业进行粗放式经营, 从而降低了农业绿色全要素生产率。

表 3-20　农业劳动力老龄化对全国农业绿色全要素生产率的回归结果

解释变量	被解释变量: TFP			
	模型 1	模型 2	模型 3	模型 4
LA	0.439*** (0.163)	0.369** (0.166)	0.306* (0.159)	0.282* (0.151)
lnEdu		−0.194** (0.095)	−0.187** (0.090)	−0.189** (0.085)
Dis			−0.119*** (0.029)	−0.0999*** (0.027)
lnPric			0.107*** (0.018)	0.101*** (0.017)
Open				−0.127 (0.198)
City				0.683*** (0.129)
Nona				−1.778*** (0.166)

续表

解释变量	被解释变量：TFP			
	模型 1	模型 2	模型 3	模型 4
_cons				1.794***
				（0.224）
sigma_u	0.129***	0.132***	0.113***	0.104***
	（0.017）	（0.017）	（0.015）	（0.014）
sigma_e	0.082***	0.082***	0.079***	0.072***
	（0.002）	（0.002）	（0.002）	（0.002）
N	600	600	600	600

*$p < 0.1$, **$p < 0.05$, ***$p < 0.01$

注：括号内为稳健标准误

第4章　农业支持政策与农作物种植结构变化

改革开放以来，党和政府相继出台一系列促进农业发展的政策。我国农业取得的辉煌成就离不开国家农业政策的大力支持，尤其是直接关系到提高农业生产者收益的价格政策的支持。中华人民共和国成立以来，依据国家实施农业政策目标和政策导向的不同，农业政策变迁的过程可以划分为三个阶段。

第一阶段是 1949~1977 年。1949~1952 年，我国实行粮食自由购销政策；1953年开始，我国粮食统购统销模式制度化。在本阶段前期，我国农业政策主要围绕土地改革、农业合作化等主题，农业政策导向是寻求土地所有制转变，探索社会主义改革。第二阶段是 1978~2003 年。1978~1984 年，我国实行粮食流通体制改革，粮食流通由计划调节向计划、市场调节相结合转变；1985 年，我国开始改革粮食统购统销制度，农产品流通逐步实现市场化，1994 年粮食统购政策宣告结束，粮食流通体制改革进一步深化。本阶段的农业政策主要围绕农业市场化、农产品流通体制改革、农业对外开放等主题，农业政策导向是解决农产品供给和农民收入问题。第三阶段是 2004 年至今。2004 年国家出台了农业支持政策，全面放开粮食购销市场和购销价格。本阶段的农业政策主要围绕社会主义新农村建设、城乡统筹发展、农业基础设施完善、乡村治理体系和治理能力现代化等主题，农业政策导向是转变农业的生产方式和新时期的"三农"战略思想引领新时代的农业繁荣发展。

农业支持政策作为重要的指挥棒，对我国粮食生产发展、增加农民收入和保障国家粮食安全有积极作用。在各种农业支持政策在各发展阶段不断适时推出的背景下，我国农业种植结构也发生了巨大的变化。因此，本章以粮食价格支持政策作为农业政策的表征，从理论和实证两个视角来阐述我国粮食价格支持政策对粮食作物种植结构变化的影响。

4.1 农作物种植结构变化的政策因素

4.1.1 农作物种植结构调整的政府规划

改革开放以来，国家对种植业发展进行了大致四轮种植结构调整。第一轮种植结构调整发生在 20 世纪 80 年代中期。直接诱因是粮食连续丰收，市场上供过于求，从而出现"卖粮难"问题，此轮种植结构调整的重点是"压粮扩经"，即减少粮食作物播种面积，增加经济作物播种面积。第一轮农业种植结构调整成效显著，粮食作物播种面积逐渐下降，经济作物播种面积缓慢上升，粮食作物种植比例由 1978 年的 80.30%降至 1990 年的 76.50%，经济作物种植比例由 1978 年的 11.20%增至 1990 年的 17.90%[99]。第二轮种植结构调整发生在 20 世纪 90 年代初期。直接诱因是与绝大多数农产品价格低迷及"卖粮难"现象相反，极少数优质农产品价格坚挺，销售市场广阔，此轮农业种植调整的重点是发展高产、高质、高效的"三高"农业，即多生产品质较高的农产品。第二轮种植结构调整期间，全国各个地区积极发展"三高"农业，争相引进优质农产品品种。据 1996 年广东省粗略估计，各项农产品选用优质种子和种苗的比例普遍提高，稻谷高达 90%，经济作物高达 71%，其中，高质量水果播种面积占水果总播种面积的 70%[100]。第三轮种植结构调整发生在 20 世纪 90 年代末。直接诱因是粮食生产过剩，农产品质量不高，农产品价格下跌严重，"卖粮难"问题再次出现，同时农民收入增长进入停滞状态。基于此，国家开始了第三轮结构调整，大幅度调减粮食作物播种面积，尤其是大幅调减了水稻、小麦、玉米三大主粮的播种面积。1998~2003 年，粮食作物播种面积从 11 378.7 万公顷降至 9 941.0 万公顷，减少了 1 437.7 万公顷，降幅达 12.6%,国家此轮对粮食作物播种面积的调减行为是 1949 年以后减幅最大、影响最深的一次。第四轮种植结构调整就是当前正在进行的种植结构调整。此轮种植业调整的目标是"两保、三稳、两协调"，即保口粮、保谷物；稳定棉花、食用植物油、食糖自给水平；蔬菜生产与需求协调发展、饲草生产与畜牧养殖协调发展。此轮种植业结构调整的重点是稳定稻谷和小麦播种面积，同时优化品质结构；调减非优势区玉米播种面积；发展市场需求的大豆、杂粮杂豆、马铃薯、优质饲草等产品。2015~2020 年，玉米播种面积减少 370.4 万公顷，大豆播种面积增加 305.5 万公顷，蔬菜播种面积增加 187.2 万公顷。

在我国的四轮种植结构调整过程中，一系列关于农作物种植结构调整与布局的政府规划文件应运而生。1999 年，农业部提出《种植业调整规划》，这是我国第一个关于种植业规划的文件。文件的主要内容是在稳定粮食播种总面积的前提下，大力提高单产，提高复种指数；在粮食作物中，增加小麦和大豆等短缺产品的生产；大力发展优质大米、加工专用小麦；提高优质蛋白玉米比重，全面优化品种结构，改良品质结构。在经济作物中，稳定油料作物面积，大力发展双低油菜；重点发展西部的糖料生产；蔬菜、水果等的生产重点在于优化品种结构，提高质量和效益。2003 年，农业部发布《优势农产品区域布局规划（2003—2007年）》，该规划的主要精神是充分发挥国内农产品的比较优势，推进优势农产品区域布局，提高农产品的国际竞争力。该规划确定了专用小麦、专用玉米、高油大豆、棉花、"双低"油菜、"双高"甘蔗、柑橘和苹果 8 种种植业优势农产品，优先规划优势区域，重点予以扶持建设，提高这些优势农产品的国际竞争力，实现抵御进口冲击、扩大出口的目标。该规划实施 5 年来，优势农产品区域化生产格局初步形成、优势区域综合生产能力稳步提升、优势农产品产业化水平明显提高、优势农产品竞争力不断增强、优势区域农民收入快速增长。该规划取得了显著成效，但同时也存在一些问题。农业部在总结该轮规划问题和经验的基础上，于 2008年发布了《全国优势农产品区域布局规划（2008—2015 年）》，实施新一轮的农产品布局规划。该规划确定了水稻、小麦、玉米、大豆、棉花、油菜、甘蔗、苹果、柑橘和马铃薯 10 种种植业优势农产品。2011 年，农业部发布了《全国种植业发展第十二个五年规划（2011—2015 年）》，该规划的发展目标是努力实现"一个确保、三个力争"，即确保粮食基本自给，力争食用植物油自给率稳定在 40%，力争棉糖基本满足国内消费需求，力争蔬菜稳定供应。2016 年，农业部发布了《全国种植业结构调整规划（2016—2020 年）》，该规划调整的主要作物为粮食、棉花、油料、糖料、蔬菜及饲草作物；调整目标主要是"两保、三稳、两协调"，即保口粮、保谷物，稳定棉花、食用植物油、食糖自给水平，蔬菜生产与需求协调发展、饲草生产与畜牧养殖协调发展；调整任务主要是构建粮经饲协调发展的作物结构、构建适应市场需求的品种结构、构建生产生态协调的区域结构和构建用地养地结合的耕作制度。2021 年，农业农村部发布《"十四五"全国种植业发展规划》，该规划的发展目标是保供能力得到新提高、质量效益实现新提升和绿色发展迈出新步伐。该规划在"十三五"种植业结构调整基础上，聚焦七大主要产业和六大区域，进一步优化产业结构和区域布局，促进种植业高质量发展。

4.1.2　种植业相关的市场调控政策

1. 农产品价格支持政策

农产品价格支持政策是政府为了稳定农产品价格和保护农业生产者利益以促

进农业生产所采取的一系列市场干预政策。总体来看，我国农产品价格支持政策
分为三种：一是提高粮食统购价格；二是最低收购价保护；三是目标价格补贴。
1979 年起，国家决定从当年夏粮上市起，粮食统购价格提高 20%，超购加价幅度
由原来按统购价加 30% 提高到按新统购价加 50%。全国 6 种粮食（小麦、稻谷、
谷子、玉米、高粱、大豆）统购价格平均每 50 千克由 10.64 元提高到 12.68 元，
提价度达 19.17%，结束了自 1966 年调价以后粮食统购价格 12 年未动的局面[101]。
1990 年夏粮上市后，市场粮价疲软问题引起政府关注，《国务院关于建立国家专
项粮食储备制度的决定》颁布，要求各地在以县为单位完成定购任务后敞开收购
议价粮。政策的主要内容就是要求实行保护价收购。2004 年开始取消实行了十余
年的粮食保护价收购，实行粮食最低收购价政策。党的十八大以来，党中央、国
务院把农产品价格形成机制改革和收储制度改革作为其中一项重大举措，按照市
场定价、价补分离、主体多元的原则，分品种施策、渐进式推进改革。取消对棉
花和大豆的临时收储，启动棉花和大豆目标价格改革试点，探索实行"市场化收
购+目标价格补贴"。2014 年取消新疆棉花、东北地区大豆临时收储后，国家为避
免市场价格下行对农民收入带来冲击，同步启动了目标价格补贴试点，当市场价
格低于预先确定的目标价格水平时，由中央财政向试点地区生产者提供差价补贴。
回顾过往的农产品价格支持政策变化历程，我们可以看出，农产品价格支持政策
朝着越来越尊重市场规律的方向转变，而不是直接干预农产品价格市场。

2. 农业保险政策

农业保险政策一般是指政策性农业保险。政策性农业保险是以保险公司市场
化经营为依托，政府通过保费补贴等政策扶持，对种植业、养殖业因遭受自然灾
害和意外事故造成的经济损失提供的直接物化成本保险。1949 年以来，我国政策
性农业保险大体经历了四个发展阶段：1949~1992 年为起步发展阶段、1993~2003
年为大力发展的商业化阶段、2004~2014 年为政策保险结合商业保险阶段、2015 年
至今为保险+期货阶段。第一阶段前期，农业保险政策的发展一直处于停滞状态，
1982 年国家正式恢复农业保险政策的实行，以中国人民保险公司牵头来推进农业
保险的试点和发展工作。政府以政策鼓励和财政支持的方式支持农业保险的发展，
但是由于缺乏经验和体系建立，农业保险并未大规模地实现商业应用。第二阶段，
随着我国社会主义市场经济体制的逐步确立，政府开始以商业化经营的原则主导
农业保险的发展，政策性支持逐步减弱，鼓励商业型保险公司自我发展和探索。
然而在缺乏政府支持和财政补贴的情况下，保险公司面对农业巨灾的风险承受和
评估能力不足，保险公司高保费的要求和农民的实际投保能力的冲突难以调和，
农业商业保险业务逐步萎缩并陷入困境。第三阶段，为保障我国粮食安全和广大
农民的劳动收入，政府意识到纯粹的商业型农业保险模式不可持续，需要政府的

财政支持。在吸收农业保险在我国改革探索实践的经验教训后，采取政策性扶持加市场化运作的模式。第四阶段，2015 年，《国务院办公厅关于加快转变农业发展方式的意见》提出，"支持新型农业经营主体利用期货、期权等衍生工具进行风险管理"，鼓励"探索开展产值保险、目标价格保险等试点"，从政策层面对"保险+期货"这一金融创新进行支持。此后，"保险+期货"创新模式逐渐发展起来。

4.2　粮食价格支持政策

4.2.1　粮食价格支持政策的理论与应用

价格支持政策是指国家在粮食主产区指定一个政策价格，当市场价格高于政策价格时，不执行该项政策，由市场主体进行收购，当市场价格低于政策价格时，政府按照政策价格进行收购并储藏。在经济学研究框架下，通常基于均衡价格理论、预期理论对价格支持政策作用机理进行解释。

均衡价格理论认为，价格支持政策通过调节粮食市场供需发挥其政策作用。贾娟琪等[102]分析了主粮价格支持政策对市场价格影响的作用机理，认为粮食价格由粮食市场供需共同决定并受到生产成本直接影响，粮食价格支持政策通过影响粮食供需间接影响粮食价格，随着三大主粮政策支持价格连年提高，政策性粮价的影响日益突出。柯炳生[103]通过供需曲线对保护价收购政策、目标价格补贴政策、脱钩补贴政策三类农业补贴政策原理与效果进行分析，认为保护价收购政策或目标价格政策在促进生产方面具有相同的作用，但均会造成"市场扭曲"。

预期理论认为，价格支持政策通过改变粮食市场预期改变农户种粮决策，进而发挥其政策作用。例如，刘克春[104]基于理性人假定，认为农户种植决策取决于农户预期收入，因此粮食生产支持政策对农户是否扩大粮食种植面积起着调节作用；并构建了包含价格支持政策的农户粮食种植决策行为模型，研究结果表明粮食生产支持政策在调节农户生产决策、提高粮食生产积极性和促进粮食播种面积增长方面具有积极影响。张爽[105]认为最低收购价政策通过干预粮农的价格预期和收入预期对粮食供给产生积极影响，并基于幼稚性预期模型和适应性预期模型建立粮食最低收购价政策下的农户粮食供给行为理论与实证模型，研究结果表明最低收购价格是影响主产区农户粮食供给的主要因素之一。钱加荣和赵芝俊[106]提出最低收购价政策和临时收储政策通过市场干预和预期干预两种机制作用于粮食市场价格，其中，市场干预是指通过改变供求状况来影响市场价格；预期干预是指通过提前公布政策价格，调节买卖双方市场预期进而影响市场价格。

也有部分学者结合蛛网模型理论分析最低收购价政策运行机理，如童馨乐等[107]基于蛛网模型理论分析认为，我国小农生产经营方式下，粮食种植与否与种植面积完全由农户自行决定，最低收购价通过改变农户预期收益影响其种粮行为。文章还指出，最低收购价格制定陷入"两难局面"，若定价太低，影响农户种粮积极性；若定价太高，造成政策品种与其他粮食品种之间不合理比价，将进一步加剧粮食种植结构不合理。胡迪等[108]基于发散型蛛网理论模型提出大豆目标价格政策下农户首先根据上期政策执行情况形成预期参照价格，与本期目标价格相比形成最终预期价格，基于此构建大豆目标价格政策下农户种植决策行为模型，研究结果发现，大豆目标价格支持政策未能提高农户种植积极性，主要原因是未能兼顾大豆和玉米的比较收益。

上述研究表明理论界对于粮食价格支持政策理论基础达成以下两点共识：一是价格支持政策作用机理的理论基础主要包括均衡价格理论、农户供给行为理论和价格预期理论，其中价格预期包括幼稚性预期和适应性预期；二是价格支持政策通过调整市场供求、形成市场预期实现对粮食市场价格与粮食生产的影响。4.3 节结合价格支持政策作用机理分析价格支持政策对粮食作物播种面积变化的影响。

4.2.2　粮食价格支持政策产生与发展

改革开放以后，我国粮价管理体制经过六次变革，而价格支持政策产生与发展正是我国粮食领域市场化改革不断探索的产物。本书分四个阶段梳理我国历年粮价管理体制变革，可以发现每一阶段的政策变革都是在特定时代背景下发生的，与我国粮食供求情况、农民收入水平、国家财政负担密切相关。此处按照时间顺序，遵循"背景—目的—措施—效果—下一阶段背景"的逻辑，就改革开放以来我国粮价管理体制四阶段演变逻辑与效果进行阐述（表 4-1）。

表 4-1　1978 年以来我国粮价管理体制演变

阶段	政策背景	政策目的	具体措施	政策效果
1978~1984 年原有粮食购销体制微调	粮食供给不足、农民收入水平较低	促进粮食生产、提高农民收入	提高粮食统购超购价格、缩小统购范围，放开粮食集贸市场	刺激粮食生产积极性，农民收入大幅提高
1985~1997 年"价格双轨制"推行与反复	1985~1993 年粮食过剩引发"卖粮难"与国家财政负担较重	引入市场机制、缓解供求矛盾、减轻财政负担	取消粮食购销统购，实行"价格双轨制""保量放价"，探索保护价政策	有效缓解"卖粮难"，减轻财政负担
	1994~1997 年粮食减产、粮价暴涨引发"买粮难"与通货膨胀	降低粮食价格、平稳粮食市场	恢复粮食收购"价格双轨制"，弱化粮食市场价格调控机制	粮食价格很快得到控制和稳定，维护市场稳定

续表

阶段	政策背景	政策目的	具体措施	政策效果
1998~2003 年粮价市场化改革探索	粮食过剩再次引发"卖粮难"与国有粮食企业沉重财政负担	缓解粮食过剩、减轻国有粮食企业财政负担	"三项政策一项改革",并逐步缩小保护价政策范围	缓解粮食供求矛盾,全面实现粮价放开
2004 年至今不断完善粮食市场调控	粮食产量连年下滑,农民收入增长迟缓	保障粮食生产、保护农民收益	最低收购价政策、临时收储政策、目标价格政策、生产者补贴等多元价格支持手段	实现粮食产量十二连增,农民收入快速提高,完善粮价调控体系

第一阶段:1978~1984 年原有粮食购销体制微调。1949 年以来,我国粮食价格在计划经济体制下长时间保持低位运行,粮农生产积极性不高,粮食供需矛盾日渐明显。1978 年,在改革开放的大背景下,为激励粮农生产积极性、提高农民收入,政府决定将粮食统购价提高 20%,并实行超购加价政策,逐年缩小粮食统购品种,逐步开放粮食集贸市场。截至 1984 年,我国农村居民人均纯收入达到 355 元,相比 1978 年净增加 222 元;粮食总产量达到 40 474 万吨,相比 1978 年净增加 10 254 万吨。上述对原有粮食购销体系的微调进一步刺激粮食生产积极性,为下一阶段的粮价改革奠定基础[109]。

第二阶段:1985~1997 年"价格双轨制"推行与反复。1978 年以来粮改引发"卖粮难"与财政赤字风险,为缓解粮食过剩、减轻财政负担,1985 年中央提出取消粮食统购,实行合同订购和市场化收购并行的价格双轨制政策,自此我国粮食市场行政干预与市场调节双轨并存,粮食价格支持政策开始由计划经济向市场经济过渡。但是在政策实施过程中压价和限购的政策手段造成持续数年粮食生产萎缩,随后政府加强粮食调控的行政力量,实际上粮食市场调控回到计划经济时期。1992~1993 年国家开始探索全面放开粮价,但由于当时国内粮食市场对政策依赖性较高,难以实现粮食价格机制市场化运行[110]。1993 年粮改后全国粮价暴涨,通货膨胀严重,国家加强对粮食生产和流通领域的行政干预,粮食市场调控再次回到计划经济体制。随后,1994~1997 年粮食调控主要手段重新回归"价格双轨制",此外,我国还逐步建立了粮食专项储备制度、风险基金制度、"米袋子"省长负责制等长效机制。此次粮改有效稳定了粮价,但也明显削弱了市场调节机制,随着国内外进口、粮食库存和国内供需矛盾日益凸显,"价格双轨制"政策最终在 1996 年退出历史舞台。

第三阶段:1998~2003 年粮价市场化改革探索。1995~1997 年粮食连续增产,国内粮食供给远远大于需求,"卖粮难"问题再次席卷全国;1997 年末国家粮食库存为 2 000 亿千克,远远超过合理库存量 750 亿千克,国内粮食企业面临严重仓容危机,并承受巨额亏损。为缓解粮食过剩和国家沉重的财政负担,1997 年下半年起,国家采取垄断收购方式要求各部门要按照保护价敞开收购粮食,1998 年中央提出按保护价敞开收购农民余粮、粮食收储企业实行顺价销售、农业发展银行收购资金封闭运行和加快国有粮食企业自身改革,即"三项政策一项改革"。随后几年,国家不断完善保护价收购政策,截至 2003 年全国 16 个省区市完全放开了粮食价格,中国初步建立了市场化的粮价调控新体系。

第四阶段:2004 年至今不断完善粮食市场调控。1999 年起,为调整粮食品种结构,国家不断缩小保护价政策范围,降低保护价水平,但由于粮农对粮价政策极为敏感,这一措施直接挫伤了粮农种粮积极性,粮食产量连年下滑,在 2003 年到达谷底仅有 43 069.53 万吨。为提高粮食产量、提高农民收入,2004~2008 年,我国陆续在粮食主产区启动最低收购价政策、临时收储政策和目标价格政策,粮食品种涵盖水稻、小麦、玉米、大豆。此次粮改效果显著,粮食产量从 2004 年的 46 946.95 万吨增长至 2018 年的 65 789.22 万吨,约增加 40.14%;但也带来一些问题,其中尤为突出的是玉米的结构性供求矛盾与国内外粮食价格倒挂引起粮食进口压力。为优化种植结构,国家在 2016 年、2017 年分别取消玉米和大豆价格支持政策,替换为"市场化收购加补贴"的生产者补贴制度,实现玉米、大豆脱钩补贴。此外,我国还采取粮食进出口政策、粮食直补政策等多元化的调控手段形成"市场调节为主,行政干预为辅"的粮食宏观调控体系。

梳理我国粮价体系改革可以看出,虽然粮价宏观调控出现了几次反复,但其市场化改革的大方向始终没有改变。粮食价格支持政策作为我国粮食市场化改革的重要手段,随着市场化进程不断推进,由最初保护价收购政策,发展为以最低收购价政策和临时收储政策为核心的价格支持政策体系,对于完善我国粮价调控体系,推进粮价市场化改革具有重要意义。

4.2.3　粮食价格支持政策构成与变化

我国粮食价格支持政策最早以保护价国家垄断收购形式出现,随后依次发展为水稻和小麦最低收购价政策、玉米和大豆临时收储政策、大豆目标价格政策,其中最低收购价政策和临时收储政策是我国建设现代化粮价管理体制的基本手段,至今仍在保障我国粮食安全、提高农民收入和调整种植结构方面发挥重要作用。本书将按照时间顺序梳理我国价格支持政策构成与变化(表 4-2)。

表 4-2　我国历年粮食价格支持政策构成

政策名称	政策对象	政策年限	实施区域
保护价收购政策	水稻、小麦、玉米	1997~2003 年	全国
最低收购价政策	水稻	2004 年至今	吉林、黑龙江、安徽、江西、湖北、湖南、四川;2008 年新增辽宁、江苏、河南、广西
	小麦	2006 年至今	河北、江苏、安徽、山东、河南、湖北

政策名称	政策对象	政策年限	实施区域
临时收储政策	玉米	2008~2015 年	辽宁、吉林、黑龙江、内蒙古
	大豆	2008~2013 年	辽宁、吉林、黑龙江、内蒙古
目标价格政策	大豆	2014~2015 年	辽宁、吉林、黑龙江、内蒙古

保护价收购政策。早在 1991 年，为缓解"谷贱伤农"和"卖粮难"问题，《国务院关于建立国家专项粮食储备制度的决定》提出，各地要按不低于国家保护价敞开收购农民议价粮。随后几年我国经历粮价市场化改革反复，最终 1997 年 6 月《国务院关于按保护价敞开收购议购粮的通知》发布，将小麦、玉米、稻谷等粮食作物划入保护价收购范围。具体地，政府事先按照高于丰年的市场均衡价格制定保护价，在订购粮收购任务完成后，由国有粮食企业按照保护价敞开收购农民余粮，凡是纳入保护价收购范围的粮食品种，收储企业不得拒收限收，不得压级压价。保护价收购政策极大地刺激了农民种粮售粮的积极性，粮食产量大幅提升，粮食库存快速扩大，直接导致 1998 年粮食过剩和国有粮食企业仓容不足，再加上粮食购销价格倒挂现象频出，国家财政负担日渐沉重。此外，保护价收购政策缺少对粮食优良品种的区分，一定程度上导致粮食结构性矛盾突出。1999 年起，国家开始逐步缩小保护价收购品种和区域，降低保护价水平，压缩国有粮食企业粮食收购量（表 4-3），放松粮价管控。2003 年底，全国共计 16 个省级区域完全放开市场粮价，我国粮价市场改革有序进行。

表 4-3　1997~2003 年国有粮食企业主要粮食品种收购量　单位：万吨

年份	合计	小麦	大米	玉米	大豆	其他
1997	11 535.4	4 600.2	3 510.6	2 692.2	515.2	217.3
1998	9 654.5	2 795.6	2 562.0	3 867.4	351.0	78.5
1999	12 807.7	3 863.3	3 186.1	5 425.1	246.6	86.6
2000	11 695.1	4 018.2	3 327.3	4 019.2	237.9	92.5
2001	11 784.2	4 437.9	2 798.8	4 128.2	326.8	92.5
2002	10 826.3	4 201.3	2 189.6	4 182.0	140.4	113.0
2003	9 717.1	3 682.0	2 109.8	3 702.5	120.3	102.5

资料来源：《中国粮食年鉴 2006》；1978~2002 年粮食购销数字按粮食年度统计，粮食年度是指当年 4 月 1 日至翌年 3 月 31 日；2003 年起，粮食统计年度按照日历年度

最低收购价政策。最低收购价政策是我国迄今为止执行时间最长、涉及范围最广，并且仍在继续发挥作用的价格支持政策。为扭转我国粮食产量连年下滑局

势，提高农民收入，2004 年《粮食流通管理条例》首次提出"当粮食供求关系发生重大变化时，为保障市场供应、保护种粮农民利益，必要时可由国务院根据粮食安全形势，结合财政状况，决定对短缺的重点粮食品种在粮食主产区实行最低收购价格"。随后国家相继出台针对早籼稻、中晚籼稻和粳稻的最低收购价执行预案，2006 年出台小麦最低收购价执行预案。具体地，中央政府每年在粮食作物播种期之前公布最低收购价水平并出台执行预案。当粮食上市后，在最低收购价政策执行期间，若市场价高于最低收购价，则执行预案不启动，各市场主体自由购销；若市场价低于最低收购价，由中国储备粮管理集团有限公司（简称中储粮）总公司和有关省地方储备粮管理公司（或单位）按照最低收购价格，在政策执行区域挂牌收购农民交售的粮食[111]。其中，中央规定早籼稻最低收购价政策执行区域为湖南、湖北、江西、安徽四省，2008 年新增广西；中晚籼稻和粳稻最低收购价执行区域为吉林、黑龙江、安徽、江西、湖北、湖南、四川七省，2008 年新增辽宁、江苏、河南、广西；小麦最低收购价政策执行区域为河北、江苏、安徽、山东、河南、湖北六省。政策执行过程中"最低收购价"是指承担向农民直接收购的指定收储库点的到库收购价，实际上起到"保供给稳价格"作用。政策实施以来，最低收购价一直处于稳定增长的态势，早籼稻从 2004 年的 1.40 元/千克增长至 2018 年的 2.40 元/千克，增幅为 71.43%；中晚籼稻从 2004 年的 1.44 元/千克增长至 2018 年的 2.52 元/千克，增幅为 75.00%；粳稻从 2004 年的 1.50 元/千克增长至 2018 年的 2.60 元/千克，增幅为 73.33%；小麦从 2006 年均价 1.38 元/千克增长至 2018 年 2.30 元/千克，增幅为 63.12%；2016 年开始我国开始下调最低收购价（表 4-4）。最低收购价政策实施之后，我国粮食产量由负增长转为正增长，实现"粮食产量十二连增"，与此同时，稻谷和小麦播种面积也逐年增加，截至 2018 年，我国稻谷播种面积增长至 3 018.95 万公顷，小麦播种面积增长至 2 426.62 万公顷，分别比实施政策前增长 6.38% 和 2.77%。农村居民家庭人均纯收入由 2004 年 3 027 元增加至 2018 年 14 617 元，增长约 4 倍。整体看，最低收购价政策实施效果良好，但仍然存在一些问题。首先，最低收购价政策"保产量""保收益"两个目标存在矛盾性，政策运行成本较大；其次，现行最低收购价政策只区分等级差价，缺少粮食品种区分，不利于种植结构优化[112]；最后，WTO 规则下，最低收购价政策受到黄箱政策空间调整约束，政策效果也受到一定影响[113]。

表 4-4　2004~2020 年稻谷、小麦最低收购价格　　　单位：元/千克

年份	早籼稻	中晚籼稻	粳稻	白小麦	红、混合麦
2004	1.40	1.44	1.50	—	—
2005	1.40	1.44	1.50	—	—
2006	1.40	1.44	1.50	1.44	1.38

续表

年份	早籼稻	中晚籼稻	粳稻	白小麦	红、混合麦
2007	1.40	1.44	1.50	1.44	1.38
2008	1.44	1.58	1.64	1.54	1.44
2009	1.80	1.84	1.90	1.74	1.66
2010	1.86	1.94	2.10	1.80	1.72
2011	2.04	2.14	2.56	1.80	1.72
2012	2.40	2.50	2.80	2.04	
2013	2.64	2.70	3.00	2.24	
2014	2.70	2.76	3.10	2.36	
2015	2.70	2.76	3.10	2.36	
2016	2.66	2.76	3.10	2.36	
2017	2.60	2.72	3.00	2.36	
2018	2.40	2.52	2.60	2.30	
2019	2.40	2.52	2.60	2.24	
2020	2.42	2.54	2.60	2.24	

注：2012 年以后小麦最低收购价不再区分白小麦、红麦和混合麦，采取统一小麦最低收购价格
资料来源：由国家粮食和物资储备局历年政策公布信息整理所得

临时收储政策。2008 年在全球金融危机的冲击下国际粮价大幅下降，进口粮食涌入市场，再加上国内粮食大丰收，国内粮食价格尤其是未纳入最低保护价政策的玉米、大豆价格下行压力巨大。为防止出现"卖粮难"问题，保障农民收益，稳定粮食市场，2008 年起国家在辽宁、吉林、黑龙江三省和内蒙古自治区实施针对玉米和大豆的临时收储政策。在临时收储政策下，国家根据当年玉米、大豆供求情况，决定本年实行一次或者多次临时收储的价格和数量，由中储粮总公司及其直属企业和委托收储库点按照临时收储价格敞开收购，并按照顺价销售原则在市场上随机销售[114]。2008 年 10 月至 2009 年 2 月，国家先后下达 4 批临时收储计划，共计收购玉米 4 000 万吨，大豆 725 万吨。2009 年起国家不再限定收购数量，仅公布临时收储价格敞开收购。其中，大豆在政策实施地区采取同一临时收购价格，玉米在四个政策实施省（自治区）根据等级差别区别定价（表 4-5）。政策执行期间，内蒙古、辽宁一等品玉米临储价格最高时达到 2.26 元/千克，比 2008年临储价高出 48.7%；吉林二等品玉米临储价格最高时达 2.24 元/千克，比 2008年临储价高出 49.33%；黑龙江三等品玉米临储价格最高时达到 2.22 元/千克，比 2008 年临储价高出 50.00%；大豆临储价格从 2008 年的 3.70 元/千克，上升至 2013

年的 4.60 元/千克,上涨幅度为 24.32%。在临时收储政策实施期间,我国玉米产量和播种面积迅速提高,却并未改变大豆产量和播种面积连年下滑的局面[115]。具体地,我国玉米产量净增加 9 287.27 万吨,约增长 53.96%,玉米播种面积净增长 1 398.77 万公顷,约增长 45.15%;大豆产量净减少 334.16 万吨,约减少 27.02%,大豆播种面积净减少 239.8 万公顷,约减少 35.12%。

表 4-5　2008~2015 年玉米、大豆临时收储价格　　　单位:元/千克

年份	玉米				大豆
	内蒙古	辽宁	吉林	黑龙江	内蒙古、辽宁、吉林、黑龙江
2008	1.52	1.52	1.50	1.48	3.70
2009	1.52	1.52	1.50	1.48	3.74
2010	1.82	1.82	1.80	1.78	3.80
2011	2.00	2.00	1.98	1.96	4.00
2012	2.14	2.14	2.12	2.10	4.60
2013	2.26	2.26	2.24	2.22	4.60
2014	2.26	2.26	2.24	2.22	—
2015	2.00	2.00	2.00	2.00	—

注:2014 年国家取消东北三省及内蒙古地区大豆临时收储政策,由大豆目标价格政策替代
资料来源:由国家粮食和物资储备局历年政策公布信息整理所得

　　目标价格政策。1996 年政府全面解除大豆的关税配额之后,大豆进口量迅速攀升,2003 年大豆进口份额突破 60%,此后,大豆进口量一直居高不下。与此同时,国产大豆发展迟缓,2001~2008 年国内大豆产量一直徘徊在 1 500 万吨左右,而大豆进口量却由 2001 年的 1 394 万吨增长至 2008 年的 3 744 万吨。2008 年临时收储政策实施之后,大豆价格逐年递增,但大豆每亩净利润持续下滑,且国内外价格倒挂严重,进口大豆进一步挤压国产大豆生存空间,大豆产量连续 5 年下滑。为稳定国内大豆生产,保障豆农收益,2014 年中央一号文件提出启动东北三省及内蒙古地区大豆目标价格政策试点。目标价格政策下,大豆价格由市场决定,并与国家事先制定的目标价格比较,若市场价格低于目标价格,政府可按照大豆产量、播种面积或者销售量对豆农直接发放补贴,反之,则不启动补贴。根据国家发展和改革委员会(简称国家发展改革委)下发的《东北、内蒙古大豆市场价格监测方案》,要求大豆市场价格由国家发展改革委会同农业部和粮食局等部门共同监测,按省核定,一省一价,采价期定于每年 10 月 1 日起至翌年的 3 月 31 日,基本覆盖了整个大豆销售季;大豆目标价格公布在大豆播种之前,且 2014~2016 年连续三年均保持 4 800 元/吨。政策实际执行过程中,各试点省(区)均按照采

价期全省平均市场价格和平均亩产确定补贴标准（表4-6）。大豆目标价格政策在降低库存、缓解临时收储政策造成的市场扭曲，探索大豆价格形成机制，合理引导国内大豆生产方面取得了一定的效果，但政策实施过程中依然存在不少问题。其一，制定合理目标价格在操作上存在困难，如何制定合理目标价格既保障豆农种粮收益又兼顾下游产业健康发展是目标价格政策顺利实施的关键。目标价格低于豆农预期是2015年大豆大幅减产的主要原因。其二，政策执行过程中道德风险难以规避，补贴成本过高，降低政策效率[116]。2016年国家取消大豆目标价格政策，并在接下来两年之内分别取消针对玉米和大豆的价格支持政策，推行玉米和大豆生产者补贴制度，逐渐退出通过直接对玉米、大豆价格干预进行补贴的模式。

表4-6   2014~2016年大豆目标价格补贴标准　　　　　单位：元/亩

年份	黑龙江	吉林	辽宁	内蒙古
2014	60.50	54.03	24.29	36.56
2015	130.87	139.72	150.00	32.62
2016	118.58	—	136.69	45.30

资料来源：各省财务厅官方网站关于大豆目标价格资金发放通知

4.3　价格支持政策对农作物种植结构变化的影响

4.3.1　价格支持政策对粮食播种面积变化影响的理论分析

粮食作物播种面积变化是无数个农户根据粮食市场价格和自身生产要素禀赋做出微观种粮决策（种植何种作物及种植面积大小）的累积结果。在思考价格支持政策对粮食作物播种面积变化影响时，首先需要思考的问题是农户如何进行种粮决策？农产品供给理论认为农户种粮决策是基于充分利用以往所获得的全部信息形成的，在这个过程中农户对市场价格、种粮收益形成一定预期，在收益最大化的目标下做出种粮决策。粮食价格支持政策对农户种粮决策的影响分为两阶段。在第一阶段，价格支持政策提前释放市场价格信号，成为农户价格预期的重要参考，直接影响农户播种行为，即预期效应；在第二阶段，价格支持政策实施通过提高价格方式提高农户种粮收入，增强农户综合生产能力，出于收益最大化目标，农户将更加倾向投资收益率较高的农作物，即收入效应。基于此，本书认为价格支持政策对粮食作物播种面积变化的影响主要通过预期效应和收入效应实现（图4-1）。

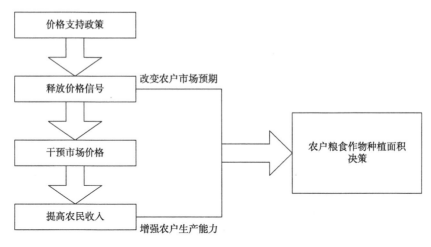

图 4-1　价格支持政策对农户作物播种面积决策影响的逻辑

价格支持政策为农户形成市场预期提供了重要参考信息。我国自 2004 年启动价格支持政策以来，每年都会提前公布政策价格（水稻、小麦最低收购价通常于每年播种期前公布，玉米、大豆临时收储价则于每年新粮上市前公布）及相关信息，使农户对价格支持政策的品种、范围、支持水平、执行时间等有基本的了解与认识。粮食市场交易主体根据提前公布的政策支持价格进行调整，当粮食市场价格低于政策价格时，粮农会参考政策支持价格，减少粮食市场供给，直到粮食市场价格回到政策支持水平之上；当粮食市场价格高于政策价格时，粮食收购方会参考政策公布价格进行压价，有效平抑粮价上涨，维护粮食价格稳定。粮食价格政策通过影响买卖双方市场预期，调整粮食市场供求，减少粮价波动。虽然某些年份价格支持政策预案并未启动执行，如最低收购价政策执行期间市场价格一直高于最低收购价时不启动收购预案，但政策产生的预期效应同样可以影响农户生产行为。此外，提前公布的政策价格相当于未来粮食市场的价格信号，使农户未来的种粮收益更加具有确定性，极大降低市场风险，在追求收益最大化目标的指引下，农户为规避风险会更加倾向种植价格支持政策品种。尤其是我国目前针对农户生产风险保障机制尚不完善，农户本身具有较强风险规避意识促使价格支持政策释放的市场信号对其种植决策产生的导向作用更加明显。

价格支持政策影响粮食作物播种面积变化的第二条路径是收入效应。价格支持政策实施以来，坚决实施"价补合一""政府托底"，农民收入快速提升。随着收入不断提高，农民粮食生产能力持续增强，并对其种粮决策产生影响：一是相较于未纳入粮食价格支持政策的粮食作物品种，农民更加倾向种植价格支持政策涵盖的粮食作物品种；二是相较于经济效益较低的粮食作物，收入的增长也可能促进农民种植生产成本更高但收益可观的经济作物，进而导致粮食作物种植面积减少。

4.3.2　价格支持政策对粮食作物播种面积变化影响实证研究

本节按照双重差分（Differences-in-Differences，DID）的思想，将样本省份数据按照是否实施价格支持政策划分为两组，实施价格支持政策的省份作为处理组，未实施价格支持政策的省份作为控制组。分作物计算处理组在政策实施前后对应粮食作物播种面积变化量，以及控制组在政策实施前后同一指标变化量，上述两个变化量的差值（即"倍差值"）反映了价格支持政策对处理组的净影响。首先，采用经典双重差分模型，分别评估价格支持政策对水稻、小麦、玉米、大豆四种粮食作物播种面积变动平均政策效果，并基于实证结果分析价格支持政策对上述四种粮食作物播种面积变化的影响是否存在差异；接着，借助多期双重差分模型分析价格支持政策对不同粮食作物播种面积变化动态影响，并进一步探究价格支持政策对不同粮食作物播种面积变化动态影响的差异。

1. 模型、变量与数据

1）模型设定与变量说明

双重差分法作为估计处理效应的经典方法，早在 20 世纪 70 年代就被引入经济学研究当中，随后被广泛应用于政策效果评估。其原理是基于一个反事实的框架评估政策净效应，首先将政策冲击视为一个自然实验，按照是否受到政策冲击将整体样本数据分为两组，受到政策冲击为处理组，未受到政策冲击为控制组。双重差分法认为处理组样本在政策前后的平均变化包括政策净效应与随时间变化的时间效应两部分，因此将控制组作为处理组反事实参照系，认为控制组在政策前后的变化是纯粹的时间效应，综合两组样本差分，即处理组前后变化减去控制组前后变化，可以得到对政策处理效应更可靠的估计（图 4-2）。

通常认为，经典双重差分法的反事实逻辑成立的前提是处理组和控制组在没有政策干扰的情况下其时间效应，或者说趋势应该趋于一致，也叫作"平行趋势"（parallel trend）假定或者"共同趋势"（common trends）假定。图 4-2 说明双重差分法的基本原理，基于政策研究内容选择恰当的经济指标，根据政策实施时间前后进行第一次差分，得到两组变化量，再对两组变化量进行第二次差分，通过两次差分有效消除不随时间变化的个体异质性与个体自身时间效应，最终得到政策净效应。具体地，按照是否受到政策冲击设置个体 i 分组虚拟变量 $G_i \in \{0,1\}$，其中 $G_i = 0$ 表示控制组，$G_i = 1$ 表示处理组，根据政策冲击时间前后设置个体 i 时

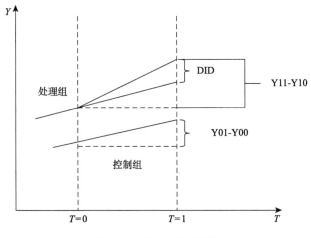

图 4-2　双重差分法原理

间虚拟变量 $T_i \in \{0,1\}$，其中 $T_i = 0$ 表示政策前，$T_i = 1$ 表示政策后，且分组和政策的时间是随机的。Y_i 表示样本个体 i 的可观测结果，那么政策净效应（双重差分估计量）可以表示为

$$\text{DID} = \left\{ E\left[Y_i \middle| G_i = 1, T_i = 1\right] - E\left[Y_i \middle| G_i = 1, T_i = 0\right]\right\} - \left\{E\left[Y_i \middle| G_i = 0, T_i = 1\right] - E\left[Y_i \middle| G_i = 0, T_i = 0\right]\right\} \quad (4\text{-}1)$$

我国价格支持政策采取试点省份实施，可以看作一个自然实验，评估价格支持政策效果可以按照估计处理效应方法处理，本书选择经典 DID 模型与多期 DID 模型进行处理，分别评估价格支持政策对我国主要粮食作物播种面积变化平均影响效果与动态影响效果，以 1998~2017 年作为样本时间范围，选取实施玉米、大豆、小麦、水稻相关价格支持政策的省份及其对照省份作为样本，将实施价格支持政策的省份作为处理组，其他未实施政策的省份作为控制组。设置分组虚拟变量 Treat 和时间虚拟变量 T。Treat $= 1$ 代表处理组，Treat $= 0$ 代表控制组；$T = 1$ 代表政策实施之后，$T = 0$ 代表政策实施之前。经典 DID 模型设定如下：

$$Y_{it} = \beta_0 + \beta_1 \times \text{Treat} \times T + \sum \beta_x \times \text{control} + r_i + \varepsilon_{it} \quad (4\text{-}2)$$

式（4-2）中，因变量 Y_{it} 代表 i 省在第 t 年时某一种粮食作物的播种面积。交叉项 Treat$\times T$ 为核心变量，代表政策实施的净效应。其中，Treat 为分组虚拟变量，用来刻画处理组和控制组本身的差异，若样本省属于处理组则赋值为 1，反之为 0。T 为时间虚拟变量，用来刻画政策实施前后样本省自身的时间效应，自政策实施年之后（含政策实施年）赋值为 1，反之为 0。交叉项 Treat$\times T$ 的系数估计值 β_1 为双重差分估计量，代表了粮食价格支持政策对粮食播种面积变化的净影响。control 为一组影响粮食作物播种面积变化的其他控制变量（表 4-7）。为评估价格支持政策持续性对主要粮食作物播种面积变化产生的动态影响，本书借鉴周迪和王明哲[117]的做法，采用多期 DID 模型进行估计，用变量 $\sum \beta_k T_k \times \text{Treat}$ 替换模型中的交叉项得到以下模型：

$$Y_{it} = \beta_0 + \sum \beta_k T_k \times \text{Treat} + \sum \beta_x \times \text{control} + r_i + \varepsilon_{it} \qquad （4-3）$$

式（4-3）中，T_k 为某省自启动价格支持政策以来第 k 年（$k = 0,1,2,3\cdots$）的虚拟变量。例如，吉林省于 2004 年启动水稻最低收购价政策，则其启动后第 k 年，T_k 赋值为 1，反之为 0。β_k 度量了启动价格支持政策后第 k 年价格支持政策影响粮食作物播种面积的政策效应。

表 4-7　变量选取与说明

符号	变量说明	核算方法	备注
Y	播种面积	各省对应粮食作物播种面积（万公顷）	当期变量
$\text{Treat} \times T$	政策净效应	当且仅当样本省属处理组、政策实施以后，$\text{Treat} \times T$ 为 1；反之为 0	
peryield	单产	各省对应粮食作物单位面积产量（千克/公顷）	滞后一期
cost	每亩生产成本	各省对应粮食作物每亩生产成本（元）	滞后一期
exprice	价格预期	每 50 千克主产品平均出售价格（元）	滞后一期
agrinco	农业收入占比	各省农村居民家庭人均经营收入占人均纯收入比重（%）	滞后一期
agrilab	农业劳动人口	各省第一产业从业人口（万人）	当期变量
agwater	农业用水	各省有效灌溉面积占粮食作物总播种面积比重（%）	当期变量
naturisk	自然风险	各省上一年成灾面积占粮食作物总播种面积比重（%）	当期变量
industr	产业结构	各省第二、三产业增加值占 GDP 比重（%）	当期变量

本书结合前人研究[118~121]，选定种粮收益因素（①—④）、社会因素（⑤—⑧）两类控制变量。具体如下：①单产，粮食上一年单产对农户当年种植决策产生影响，本书控制粮食单产可以有效控制通过影响单产进而影响农户种植决策的其他因素，如气温、降水等天气因素；②每亩生产成本，粮食上一年生产成本变化会直接影响当年粮农种植决策，控制生产成本变量可以有效控制那些通过影响生产成本进而对当年粮食种植产生影响的因素，如化肥、农药价格等；③价格预期，上一年粮食出售价格是农户当年对粮食市场价格预期的重要依据之一，为农户当年种植行为提供重大参考，本书用滞后一期每 50 千克主产品平均出售价格代表价格预期；④农业收入占比，各省农村居民家庭人均经营收入占人均纯收入比重反映农户家庭总收入对农业生产的依赖程度，高度依赖农业生产经营收入可能会对平均收益较低的粮食作物播种面积产生负面影响；⑤农业劳动人口，农业劳动力越多，对农业生产、粮食种植的贡献越大，本书用各省第一产业从业人口代表

农业劳动人口；⑥农业用水，水资源问题已经逐渐成为我国农业生产的主要约束之一，本书用各省有效灌溉面积占粮食作物总播种面积比重衡量农业用水；⑦自然风险，我国国土面积广袤，但同时自然灾害频发、"北旱南涝"现象常年存在，对我国粮食生产产生不利影响，本书用各省上一年成灾面积占粮食作物总播种面积比重代表自然风险；⑧产业结构，随着我国工业化和城镇化率不断发展提高，土地占用加快，农业用地被挤占，粮食种植面积增长迟缓。与此同时，产业结构升级促进农产品加工业发展，对粮食生产起到促进作用，产业结构对粮食作物播种面积变化影响方向无法确定，本书用各省份第二、三产业增加值占 GDP 的比重代表产业结构。为减弱估计模型数据的异方差性，本书对虚拟变量、比重变量之外所有实际变量取对数，具体变量描述性分析如表 4-8 所示。

表 4-8　变量描述性统计

变量		水稻	小麦	玉米	大豆
$\ln\_Y$	均值	4.301	4.682	4.755	3.649
	标准差	1.252	0.920	0.829	0.976
$Treat \times T$	均值	0.333	0.229	0.100	0.190
	标准差	0.472	0.421	0.301	0.394
L.ln_peryield	均值	8.778	8.205	8.543	7.407
	标准差	0.177	0.312	0.228	0.335
L. ln _cost	均值	6.209	5.923	5.918	5.468
	标准差	0.227	0.261	0.344	0.288
L. ln _exprice	均值	4.383	4.297	4.093	5.044
	标准差	0.105	0.095	0.164	0.165
L.agrinco	均值	57.782	60.376	59.374	59.012
	标准差	14.470	14.233	13.915	13.507
ln _agrilab	均值	6.922	6.959	6.936	6.966
	标准差	0.748	0.754	0.700	0.589
agriwater	均值	54.481	60.633	56.244	48.180
	标准差	21.325	41.426	38.030	12.734
naturisk	均值	20.217	21.678	21.495	21.015
	标准差	13.885	14.385	14.453	15.029
industr	均值	85.060	85.651	85.173	86.632
	标准差	6.725	5.348	5.677	5.236

注：L.表示该变量是滞后一期变量，ln 表示该变量取对数

2）数据说明

本书基于上述理论模型，研究价格支持政策对水稻、小麦、玉米、大豆四种粮食作物播种面积变化影响，由于缺乏具体作物不同品种的生产和价格数据，对水稻的研究没有细分到早籼稻、中晚籼稻和粳稻（若某一省份仅种植一种水稻，则该省份水稻数据以该种水稻数据为准；若同一省份同时种植两种或者三种水稻，则该省份水稻数据以其面积加权平均数为准）。

考虑到价格支持政策作物品种差异与我国粮食生产区域差异，本书对每一种粮食作物选取不同区域个体进行分析（表4-9），样本省份的选取主要从相关粮食作物播种面积、现有文献惯例及数据可得性三个方面进行考虑，最终整理了我国1997~2017年26个省份（其中港澳台地区、西藏自治区、北京、天津、上海、重庆除外）的面板数据，其中水稻、小麦、玉米、大豆样本量分别为：462、315、361、200，共计1338个样本量。

表4-9 水稻、小麦、玉米、大豆样本省份选择

作物	政策实施省（处理组）	非政策实施省（控制组）	个数	面积占比
水稻	吉林、黑龙江、安徽、江西、湖北、湖南、四川、辽宁、江苏、河南、广西	河北、内蒙古、浙江、福建、山东、广东、海南、贵州、云南、陕西、宁夏	22	96.8%
小麦	河北、江苏、安徽、山东、河南、湖北	山西、内蒙古、黑龙江、四川、云南、陕西、甘肃、宁夏、新疆	15	95%
玉米	内蒙古、辽宁、吉林、黑龙江	河北、山西、江苏、安徽、山东、河南、湖北、广西、四川、贵州、云南、陕西、甘肃、宁夏、新疆	19	96.4%
大豆	内蒙古、辽宁、吉林、黑龙江	河北、山西、安徽、山东、河南、陕西	10	78.5%

注：面积占比是指1997~2017历年样本省份对应粮食作物播种面积总和占当年全国对应粮食作物播种面积总和比重的平均值

各省对应粮食作物播种面积、产量、单产、成灾面积、有效灌溉面积、地区生产总值、第二、三产业增加值、第一产业从业人员数等数据来源于国家统计局；我国历年水稻、小麦最低收购价，玉米、大豆临时收储价来源于国家粮食和物资储备局历年政策公布信息；国有粮食企业主要粮食品种收购量（万吨）来源于《中国粮食年鉴》；分地区主要作物生产者价格指数、第一产业从业人员数（万人）、农村居民家庭人均纯收入、农村居民家庭人均经营纯收入来源于《中国农村统计年鉴》；每亩生产成本（元）、每亩现金收益（元）、每50千克出售价（元）等数据来源于1985~2015年《全国农产品成本收益资料汇编》。

2. 价格支持政策对主要粮食作物播种面积变化影响结果分析

1）价格支持政策对粮食作物播种面积变化影响平均效应

本书构建经典DID模型估计价格支持政策对水稻、小麦、玉米、大豆播种面

积变化的影响净效应。模型通过 F 检验和 Hausman 检验接受固定效应模型，估计结果如表 4-10 所示。

表 4-10　价格支持政策对我国主要粮食作物播种面积变化平均政策效应

变量	水稻		小麦		玉米		大豆	
	（1）	（2）	（3）	（4）	（5）	（6）	（7）	（8）
Treat × T	0.353***	0.251***	0.482***	0.385***	0.208*	0.274***	0.199	−0.197
L.ln_peryield		−0.152		0.132*		0.188		−0.362
L. ln_cost		0.032		−0.046		0.189***		−0.495**
L. ln_exprice		0.176		0.796*		0.267***		0.152
L.agrinco		−0.006		−0.008*		−0.016***		0.001
ln _agrilab		0.128		0.139		0.182		1.013
agriwater		−0.006***		−0.013***		−0.001		0.000
naturisk		0.000		−0.000		−0.001		0.003
Industr		−0.017		0.038		−0.010		0.004
Constant	4.391***	5.925***	4.996***	−1.919	4.499***	1.595	3.864***	0.789
Observations	462	440	315	300	399	380	210	200
R-squared	0.306	0.495	0.426	0.642	0.797	0.795	0.446	0.453

*$p < 0.1$, **$p < 0.05$, ***$p < 0.01$

其中，列（1）、（3）、（5）、（7）没有加入控制变量，列（2）、（4）、（6）、（8）加入上文所述控制变量，可以看出无论是否加入控制变量，水稻、小麦的政策变量的作用都在 1%水平下显著（玉米政策作用在未加入控制变量时在 10%水平下显著），大豆政策作用均不显著。具体地，在未控制其他变量时，处理组水稻、小麦、玉米播种面积分别高于控制组 35.3%、48.2%、20.8%，而在控制其他影响粮食作物播种面积的变量因素后，处理组水稻、小麦、玉米播种面积分别高于控制组 25.1%、38.5%、27.4%，说明价格支持政策确实对于我国水稻、小麦、玉米播种面积增长起到促进作用，且加入控制变量后，价格支持政策对粮食作物播种面积增加促进作用按大小依次为：小麦>玉米>水稻。

从控制变量的回归结果来看，单产仅对小麦播种面积增加有促进作用，对其他粮食作物播种面积影响不大；生产成本提高减少大豆播种面积，却促进玉米播种面积增加，与常识不符，这可能是由于玉米价格提高带来的收益抵消了生产成本提高对粮食作物播种面积变化的负面影响；价格预期显著促进了小麦、玉米播种面积增加，对其他粮食作物播种面积变化影响并不大；农业收入占比对小麦、玉米播种面积产生负面影响，可能是由于农户对农业收入的依赖性越高，越倾向减少粮食作物播种面积，增加收益较高的经济作物播种面积；农业用水对水稻、小麦播种面积约束较大，对玉米、大豆播种面积影响有限。

2）价格支持政策对粮食作物播种面积变化影响时间动态效应

为进一步探究价格支持政策启动对上述三种粮食作物播种面积增加是否具有持续性的推动作用，本书通过模型二来估计价格支持政策实施对水稻、小麦、玉米作物播种面积变化的动态效应（表 4-11）。

表 4-11 价格支持政策对我国主要粮食作物播种面积变化动态政策效应

变量	水稻		小麦		玉米	
	（1）	（2）	（3）	（4）	（5）	（6）
$T0 \times Treat$	0.174**	0.101*	0.312**	0.278***	0.143**	0.097
$T1 \times Treat$	0.205***	0.170***	0.356***	0.225**	0.149**	0.077
$T2 \times Treat$	0.273***	0.212***	0.390***	0.315***	0.158**	0.116*
$T3 \times Treat$	0.293***	0.210***	0.300**	0.307***	0.178**	0.112*
$T4 \times Treat$	0.304***	0.210***	0.337***	0.349***	0.220***	0.169***
$T5 \times Treat$	0.310***	0.214***	0.367***	0.376***	0.253***	0.199***
$T6 \times Treat$	0.357***	0.272***	0.452***	0.479***	0.265***	0.219***
$T7 \times Treat$	0.375***	0.262***	0.565***	0.528***	0.283***	0.246***
$T8 \times Treat$	0.389***	0.283***	0.594***	0.568***	0.226***	0.169**
$T9 \times Treat$	0.423***	0.346***	0.703***	0.667***	0.204***	0.189***
$T10 \times Treat$	0.437***	0.369***	0.716***	0.640***		
$T11 \times Treat$	0.467***	0.393***	0.693***	0.595***		
$T12 \times Treat$	0.470***	0.387***				
$T13 \times Treat$	0.470***	0.387***				
控制变量	否	是	否	是	否	是
Constant	4.391***	6.560***	4.996***	−1.681	4.499***	1.776**
Observations	462	440	315	300	399	380
R-squared	0.354	0.539	0.470	0.678	0.799	0.850

*$p < 0.1$, **$p < 0.05$, ***$p < 0.01$

其中，列（1）、（3）、（5）是没有加入控制变量的估计结果，列（2）、（4）、（6）是加入控制变量的估计结果。估计结果显示，无论是否加入控制变量，价格支持政策对水稻、小麦、玉米播种面积增加具有持续性推动作用，且水稻、小麦政策变量均在政策实施当年产生显著作用，玉米政策变量在政策实施第二年开始显著，说明玉米临储政策可能具有两年滞后性。从列（2）、（4）、（6）系数估计结果看，三种粮食作物政策交叉变量 $T_i \times$ Treat 系数呈倒"U"形变化，即随着时间推移先逐渐增大，在 2015 年之后呈减小趋势，说明价格支持政策实施早期不仅能促进粮食作物播种面积增加，同时这种促进作用还具有持续性，即价格支持政策实施时间越长，政策作用越强；政策实施末期交叉变量 $T_i \times$ Treat 系数减小可能与农户对粮价政策预期调整有关。

从系数变化速度来看，玉米临时收储政策对玉米播种面积的影响随着时间推移迅速增强，$T_i \times$ Treat 系数仅用 6 年达到最大值；水稻、小麦最低收购政策效果逐年稳步增强，$T_i \times$ Treat 系数达到最大值分别花费 12 年、10 年。纵向看，政策实施初期，价格支持政策对水稻、小麦、玉米播种面积增加的推动作用随着时间的推移而增大；横向来看，价格支持政策对不同粮食作物播种面积增加的推动效率不同，按大小依次为：玉米>小麦>水稻。

3）稳健性检验

（1）平行趋势检验。使用双重差分估计方法的前提是处理组和控制组数据符合平行趋势假定，为进一步检验事前的平行趋势，本书借鉴 Li 等[122]的研究框架，将模型一中的政策交叉项换成价格支持政策施行前和施行后 5 年的哑变量进行检验，此时交互项反映的含义是"价格支持政策实施之前，处理组样本与控制组样本之间的差异"，若在政策实施之前参数估计不显著，则说明政策实施之前处理组与控制组之间不存在明显差别，从而满足平行趋势检验或者共同趋势检验。图 4-3 汇报了估计参数结果，纵坐标代表参数估计的大小，横坐标代表政策实施前后 5 年，其中 pre_代表政策实施之前、current 代表政策实施当年、post_代表政策实施之后。图 4-3 还给出参数 90%置信区间，可以看出，水稻、小麦、玉米三种粮食作物估计系数 90%置信区间在政策实施之前均包含零值，在政策实施之后逐渐偏离零值，即估计变量在政策实施之前基本都不显著，而政策实施当年的系数逐渐开始显著，并通过 10%水平的显著性检验，说明水稻、小麦、玉米数据符合平行趋势假设，三种粮食 DID 模型估计结果较为稳健。大豆数据未通过平行趋势假定。

（2）其他政策干扰检验。在考虑价格支持政策对我国主要粮食作物播种面积变化影响的过程中，不可避免地会受到其他农业政策影响的干扰，从而使价格支持政策效果被高估或者低估，本书参考石大千等[123]的做法引入其他政策变量来尽可能避免这一问题。2004 年以来我国逐步扩大农业税免征范围，加大对粮食主产区减免农业税的力度，农业税收政策改革极大减轻了农民负担，解放了农村生产力，对农业生产的促进作用不可忽视，可能导致价格支持政策效应被高估。因此

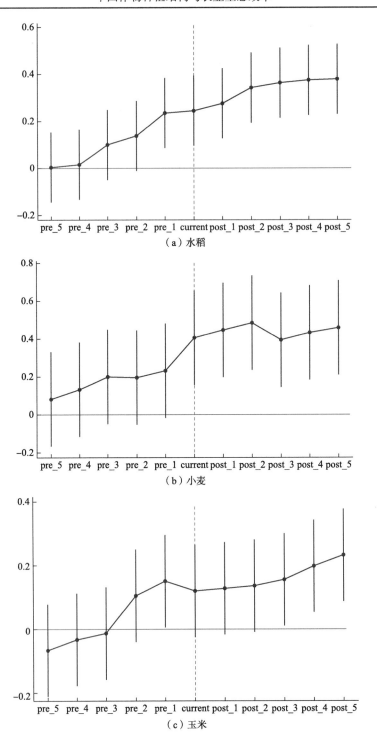

（a）水稻

（b）小麦

（c）玉米

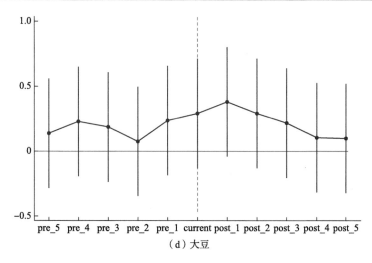

（d）大豆

图 4-3 水稻、小麦、玉米、大豆数据平行趋势检验图

本书在基准模型中引入 2004 年虚拟变量代表农业税收政策，若加入 2004 年农业税收政策虚拟变量后价格支持政策的政策效果不显著，则表明价格支持政策对主要粮食作物播种面积增加的促进作用这一结论是不准确的；若加入 2004 年农业税收政策虚拟变量后价格支持政策的政策效果显著但系数降低，则政策效果估计结果存在被高估的现象，但这并不影响本书的结论，反而表明本书估计结果的相对稳健性。表 4-12 说明本书关于农业税收政策干扰检验，结果表明，水稻、小麦、玉米模型加入农业税收政策虚拟变量之后，其价格支持政策效果依然十分显著，且系数符号与基准回归结果一致，但大豆政策系数依然不显著，这可能与大豆样本不满足平行性假定有关。上述分析表明价格支持政策确实对水稻、小麦、玉米播种面积增加具有促进作用，结论具有相对稳健性。

表 4-12　税收政策对价格支持政策效果干扰检验

变量	水稻		小麦		玉米		大豆	
	（1）	（2）	（3）	（4）	（5）	（6）	（7）	（8）
$T \times \text{Treat}$	0.353***	0.244***	0.482***	0.342***	0.208*	0.272***	0.199	-0.188
税收政策	-0.305***	-0.105*	-0.371***	-0.265***	0.576***	0.031	-0.688**	-0.197
常数项	4.391***	5.118***	4.996***	-3.884	4.499***	1.731	3.864***	1.625
控制变量	否	是	否	是	否	是	否	是
R^2	0.306	0.459	0.426	0.569	0.797	0.796	0.446	0.472

*$p < 0.1$，**$p < 0.05$，***$p < 0.01$

4.3.3　价格支持政策对主要粮食作物播种面积变化影响差异原因分析

1. 平均影响差异的原因分析

基于4.2.1节价格支持政策对不同粮食作物播种面积变化平均影响实证分析结果，可以得到两个结论，一是价格支持政策对我国水稻、小麦、玉米播种面积增长有推动作用；二是价格支持政策促进不同粮食作物播种面积增加的平均效果具有差异性。回归系数显示，处理组水稻、小麦、玉米播种面积分别高于控制组25.1%、38.5%、27.4%，表面上看价格支持政策对主要粮食作物播种面积增加的平均效应从大到小依次为：小麦>玉米>水稻。现实情况是，玉米临时收储政策实施期间（2008~2015年），我国玉米播种面积累计增量远远大于同时期水稻、小麦播种面积累计增量（表4-13）。

表 4-13　2008~2015 年我国主要粮食作物播种面积增量 单位：万公顷

作物	全国	政策实施省份	非政策实施省份
水稻	143.38	212.52	−69.13
小麦	88.11	153.35	−65.24
玉米	1 398.77	726.780	671.08

本书认为，玉米实证结果与现实情况的偏差可能是由于政策外溢效应引起的，即玉米临时政策不仅促进政策实施地区玉米播种面积增加，也会对非政策实施地区玉米播种面积增加起到促进作用，那么基于 DID 方法得到的玉米临时收储政策估计值可能被低估。为了探究价格支持政策效果是否在处理组邻近地区存在溢出效应，本书借鉴张国建等[124]的做法，在模型一的基础上引入虚拟变量 near，令实施价格支持政策省份周边省份都为 1，反之为 0，定义 nearDID=near×time，构建计量模型三：

$$Y_{it} = \lambda_0 + \lambda_1 \times \text{nearDID} + \sum \lambda_x \times \text{control} + r_i + \varepsilon_{it} \qquad （4-4）$$

式（4-4）中，处理组为实行价格支持政策省份的周边省份，控制组为原先的控制组剔除了实行价格支持政策省份周边省份之后的省份[①]。模型三中，若 λ_1 显著为正，则说明价格支持政策存在对周边邻近地区的正向溢出效应，若 λ_1 显著为负，则说明政策存在周边邻近地区负向溢出效应，估计结果见表 4-14。λ_1 估计参

---

① 模型三处理组按选取相应作物价格支持政策相邻省份原则选取，其中水稻选取河北、内蒙古、浙江、福建、山东；小麦选取山西、陕西；玉米选取河北、甘肃、山西；大豆选取河北、山西、陕西。

数说明，玉米临时收储政策存在强烈的政策外溢效应，即玉米临时收储政策启动不仅使政策实施省份玉米播种面积明显提高，并且具有正向溢出效应，带动周边邻近省份玉米播种面积大幅提升；水稻最低收购价政策则存在负向溢出效应，不利于政策实施省份周边省份水稻播种面积增加；小麦最低收购价政策存在正向溢出效应，但从显著性水平看，系数并不大；大豆价格支持政策不存在明显政策溢出效应。很显然，不同粮食作物价格支持政策外溢效应是导致价格支持政策对我国主要粮食作物播种面积增加平均效果产生差异的原因之一。

表 4-14　不同粮食作物价格支持政策外溢效应

变量	水稻		小麦		玉米		大豆	
	（1）	（2）	（3）	（4）	（5）	（6）	（7）	（8）
nearDID	-0.268^{**}	-0.178^{**}	0.096	0.196^{**}	0.471^{***}	0.064	-0.265	-0.099
常数项	3.733^{***}	5.458^{***}	4.607^{***}	-8.418	4.510^{***}	0.265	3.697^{***}	1.109
控制变量	否	是	否	是	否	是	否	是
观测值	231	220	189	180	315	300	126	120
R^2	0.580	0.772	0.475	0.749	0.212	0.839	0.584	0.793

$**p < 0.05$，$***p < 0.01$

关于造成价格支持政策对我国主要粮食作物播种面积增加平均效果差异的原因，除了考虑政策外溢，还需要考虑以下两个方面：一是粮食作物自身生长特性与地域性限制价格支持政策发挥，如水稻生产对灌溉条件要求较高，水资源是限制价格支持政策促进水稻播种面积扩大的重要因素；二是粮食作物之间比价关系转变，粮食作物之间不合理比价关系会影响农户种植决策，从而使价格支持政策效果受到影响。

表 4-10 同时说明价格支持政策对大豆播种面积影响不显著，后续稳健性检验也说明大豆临时收储政策效果不佳，大豆临时收储政策和玉米临时收储政策同时在东北三省启动，但两者播种面积变化却截然相反，这一结果与大豆 1996 年取消关税配额密切相关，2014 以来年我国大豆对外依存度在 85% 以上，形成进口大豆主宰我国大豆市场的严峻局面，在大豆市场几乎完全对外开放的背景下，国内大豆临时收储政策实施效果不明显，对大豆播种面积调整作用有限。

2. 动态影响差异的原因分析

价格支持政策对我国水稻、小麦、玉米播种面积动态影响差异主要体现在政策时滞效应和政策效率两个方面。主要粮食作物的政策时滞效应差异，反映在玉米临时收储政策在政策实施当年和第一年对玉米播种面积均没有显著影响，在政策实施第二年开始发挥作用，具有两年时滞性；水稻、小麦最低收购价政策自启动当年开始发挥作用不具备时滞性。这一结果可能与政策公布时间安排有关系。

粮食价格支持政策实际执行时间并非全年，因地区间粮食的收获时间不同，各地政策执行时间也不尽相同（表4-15）。一般地，水稻、小麦最低收购价由国家发展改革委于每年2月予以公布，但政策实际执行时间是在几个月之后的粮食收获期，具体政策执行时间视地区粮食收获时间而定。其中南方早籼稻地区政策的执行时间为当年7月中旬至9月底；南方及华北地区中晚稻政策执行时间为当年9月中旬至翌年1月底，东北地区中晚稻成熟期较晚，最低收购价政策执行时间一般晚于南方水稻产区一个月左右，通常为当年的10月中旬至翌年的2月末；华北及长江中下游地区小麦收获时间较接近，政策执行时间统一为当年的5月下旬至9月底。最低收购价公布远早于其政策执行期，因此最低收购价政策对水稻、小麦播种面积增加的影响效应在政策启动当年便发挥作用。玉米临时收储政策通常是在当年9月玉米收获之后，新粮上市之际公布临时收储价，政策实际执行时间为当年11月至翌年4月末，临时收储价格公布之时农户已完成当年玉米种植决策，故而当年公布玉米临储价格不会对当年玉米种植产生影响，却会为翌年农户玉米种植决策提供参考意见，因此玉米临时收储政策对其播种面积增加的促进作用具有滞后性。由上述分析可见，政策公布方式与执行时间安排造成水稻、小麦、玉米之间政策时滞效应差别。

表4-15　我国水稻、小麦、玉米播种收获及价格支持政策执行时间

作物	政策价格公布期	播种期	收获期	政策执行期
早籼稻	每年2月份	3月初至4月	7月中下旬	7月中旬至9月底
中晚稻		4月初至6月	9月至10月	9月中旬至翌年1月底
春小麦		3月下旬至4月	8月至9月	5月下旬至9月底
冬小麦		9月至10月	翌年4月至5月	
玉米	每年9月份	4月中下旬	10月左右	11月至翌年4月底

政策效率方面，从政策动态效果回归系数来看，玉米、小麦、水稻价格支持政策作用达到最高值分别耗费6年、10年、12年，玉米临时收储政策虽然实施时间短，但却最快达到政策效果最高点，说明玉米临时收储政策对农户种植决策影响相较于水稻、小麦最低收购价政策而言更为直接。本书认为造成这种差异的主要原因同样来源于两个方面：一是玉米种植难度低，生长适应性强，其面积调整灵活性较大，玉米有强大的根系，能充分利用土壤中的水分，且对土壤要求不是十分严格，可以在多种土壤上种植，黑钙土、栗钙土和砂质壤土等都可以种植玉

米。二是作为饲料和工业用途的玉米需求量不断增长，玉米价格行情看涨，与其他作物品种之间逐渐拉开差距的比价关系，这无疑对玉米临时收储政策效率产生了积极影响。

第5章 农作物种植结构与农业生态效率

前文对我国农作物种植结构的演变进行了翔实的分析，并分别从农业劳动力和农业支持政策两个维度对农作物种植结构变化的驱动因素进行深入探究。以上研究发现，改革开放以来，在农村劳动力大量转移、劳动力价格攀升及农业政策明显变化等因素的驱动下，我国农作物种植结构确实发生了显著的变化。由此带来农业生产要素投入的变化，也会对农业面源污染和农业碳排放水平产生冲击，进而影响农业绿色生产。理论上，农作物种植结构优化的本质是农业生产要素从低效率生产部门向高效率生产部门转移，这必然会对农业效率产生影响。因此，有必要从绿色生产的响应层面出发，探讨农业绿色生产对农作物种植结构变化的响应。本章从逻辑上阐述作物种植结构变化带来的农业生产要素的变化从而带来农业生态效率的变化，并分析农业发展与绿色发展之间的关系。最后梳理农业生态效率的测算方法，探析农作物种植结构专业化与农业生态效率之间的关系。

5.1 农作物种植结构与农业生态环境

5.1.1 作物种植结构变化与农业生态效率

要素禀赋理论认为劳动、土地、资本等基本生产要素，对生产的贡献会因社会经济背景、社会发展阶段不同而有所差别。农作物种植结构调整会导致要素在不同作物间出现经济学上资源自发向高效资源利用方式流转的配置，即资源利用从生产效率低的地方流向生产效率高的地方，达到要素配置的帕累托最优经济状态。农作物种植结构变迁过程中，不可避免地会通过资源消耗、环境影响和经济产出等途径影响农业生态效率；农作物种植结构合理化的过程，是通过调整不合理的作物种植结构，实现农业内部资源的合理配置并有效利用的过程，主要经由农作物间结构协调、功能集聚的过程影响农业生态效率。农作物结构协调过程中，农作物间形成互补关系，产生规模效应和协同效应：规模效应可缩减各作物单位产品的生产成本并提高资源利用率；协同效应促使各作物在生产过程中共享同种资源而形成整体效应，从而降低资源消耗总量。此外，农作物结构协调将作物结构从相对不合理的状态向较合理的状态调整，改善作物结构扭曲，使得资源要素得到有效利用，最终提高农业经济产出。功能集聚的过程中，作物间通过相互联系彼此之间形成较高的聚合质量，促进了对生产资源的充分利用，减少对资源的闲置和结构性浪费，最终减轻对环境的影响，减少农业面源污染和农业碳排放强度，从而有利于农业生态效率的提高。

农作物种植结构变化是一个载体，其实质是化肥、农药等农业生产要素投入的变化。由于不同作物对资源的需求不同，因此农作物种植结构演变必然导致整个系统对土地、劳动力、化肥、农药等资源的消耗不同。此外，不同作物对农业生产要素的利用率也不同，不同作物生产过程中的碳排放系数也差异较大。由此作物种植结构的变化带来农业面源污染和农业碳排放的变化，这必然会对农业生态效率产生影响。

5.1.2　农业增长与农业污染

农业发展与农业污染之间关系的研究是学术界长期关注的课题[125]。经典的 EKC（Environmental Kuznets Curve）假说认为收入水平与环境污染之间存在倒 "U" 形关系，即在经济发展水平较低时，收入水平上升会引致污染增加，当收入持续增长并突破临界值后，环境污染水平开始下降[126, 127]。很多学者检验了其在中国农业生产中的适用性[128~135]。例如，潘丹[136]、王宝义和张卫国[133]等研究发现随着农业增加值和农村居民人均收入的持续增长，农业生态效率呈现先下降后上升的趋势，收入与农业生态效率之间存在 "U" 形曲线关系。

5.1.3　我国农业绿色发展面临的机遇

我国农业已经逐渐从传统农业向绿色农业发展转变，农业绿色发展已初具雏形，为农业绿色发展带来机遇。第一，国家越来越重视农业绿色发展，不断优化政策环境。国家顶层设计促进农业绿色发展基本建立。2021 年出台了《"十四五"全国农业绿色发展规划》，更多的资源向农业农村倾斜，支持推进农业绿色发展。第二，绿色农产品的市场空间大。由于居民的生活质量得到了很大的提升，思想观念也开始转变，逐渐追求绿色安全的农产品，因此优质的绿色农产品的消费需求也大幅度地上升，为农业绿色发展提供了助力。第三，科学技术的提升。科技被广泛地应用到农业的生产中，而且我国科技不断进步，生物技术和信息技术的发展更是迅速，这有利于农业科技的发展，使它成为推进农业绿色发展的动力。第四，农业生产经营主体思想得到了转变。现阶段，我国农业主体的综合素质得到了很大的提高，思维方式得到了转变，其中有不少新型的经营主体广泛地应用绿色生产科技，绿色品种、装备、技术等已经渐渐渗入广大农民的农业生产中，为推进农业绿色发展创造了有利条件。

5.1.4　农业绿色发展面临的挑战

1. 中国主要农业生产要素的使用现状

图 5-1 展示了 20 世纪 90 年代以来中国农用化肥、农药和农用塑料薄膜使用量变化趋势。具体来看，1991~2015 年三者呈现快速上升趋势。其中农用化肥施用量由 1991 年的 2 805.1 万吨增长至 2015 年的 6 022.6 万吨，增长幅度为 114.70%，复合年均增长率为 3.23%；农药施用量由 1991 年的 76.53 万吨增长至 2015 年的 178.30 万吨，增长幅度为 132.98%，年均增长率为 3.59%；农用塑料薄膜使用量由 1991 年的 64.21 万吨上升为 2015 年的 260.36 万吨，增长了 3.05 倍，年均增长率为 6.01%。

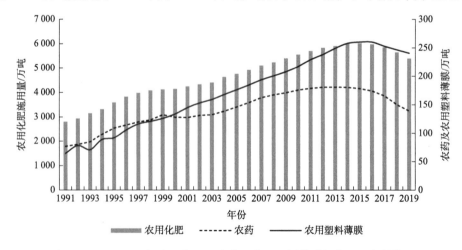

图 5-1　1991~2019 年农用化肥、农药、农用塑料薄膜的使用量变化情况

2015 年为转折点，2015~2019 年，呈现下降趋势。其中农用化肥施用量从 2015 年的 6 022.60 万吨下降至 2019 年的 5 403.59 万吨，下降幅度为 10.28%，年均降幅为 2.67%；农药施用量从 2015 年的 178.30 万吨下降至 2019 年的 139.17 万吨，

下降幅度为 21.95%，年均降幅为 6.01%；农用塑料薄膜使用量从 2015 年的 260.36 万吨下降至 2019 年的 240.77 万吨，下降幅度为 7.52%，年均降幅为 1.94%。

2. 农业生产带来的面源污染

1）农业面源污染的测算

农业面源污染是指在农业生产过程中，由于不合理和过度使用农药化肥、农膜及排放畜禽粪污等导致的污染。农业面源污染作为影响范围最广[137]的污染类型，已经成为危害我国农业生态环境安全的重要因素[138]。已有学者研究发现农业面源污染中的化学需氧量、总氮、总磷分别占我国相应污染物总量的 43.7%、57.2% 和 67.3%[139]。本书研究的农业面源污染主要表现在化肥、农药、农膜等农业化学制品过度使用和残留污染等方面。因此，本书采用氮肥流失量、磷肥流失量、农药无效使用量和农膜残留量来表征农业面源污染水平，即非期望产出指标之一。其中残留系数主要参考相关文献[140~143]、《第一次全国污染普查：肥料流失、农药流失、地膜残留系数手册》和《第二次全国污染普查：肥料流失、农药流失、地膜残留系数手册》。具体系数如表 5-1 所示。

表 5-1　农业面源污染排放量

面源污染类型	污染量
氮	（复合肥中氮肥含量+氮肥折纯量）×流失系数
磷	（复合肥中磷肥含量+磷肥折纯量）×43.66%×流失系数
农药	农药的使用量×无效系数
农膜	农膜的使用量×残留系数

2）农业面源污染时间变化趋势

图 5-2 呈现了全国及各区域农业面源污染总量和农业面源污染排放强度时间变化趋势曲线。从整体上来看，全国与东部、中部和西部地区时间变化趋势基本一致。农业面源污染总量和面源污染排放强度二者时间演变态势基本相同，均呈现先上升后下降的阶段性特征。1991~2015 年为第一阶段，该时期农业面源污染水平处于上升阶段，全国农业面源污染总量从 1991 年的 2.26 万吨增长至 2015 年的 3.55 万吨，增长幅度为 57.08%，年均增长率为 1.9%；2015~2018 年为第二阶段，该时期农业面源污染水平呈现快速下降的趋势，排放量从 2015 年的 3.55 万吨降至 2018 年的 3.34 万吨，降幅达 5.92%，年均降幅为 2.01%。这种非线性关系产生的主要原因是：90 年代以来中国农业快速发展，农业生产中造成的农业面源污染源水平较高，尤其是 2004 年以后，受国家农业税收的减免、农业补贴政策的推动，农业进入高速发展阶段，伴随着大量农业面源污染源的显著提高；2015 年以

来，我国化肥和农药两减政策的出台，以及一系列关于农用化肥减量文件的出台，化肥农药减量化效果明显，农业发展进入转型升级阶段。

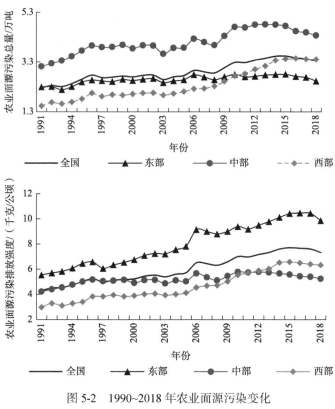

图 5-2　1990~2018 年农业面源污染变化
资料来源：作者整理计算所得

从区域农业面源污染排放水平来看，中部地区均值水平最高为 4.09 万吨，东部地区次之为 2.59 万吨，西部地区均值水平最低为 2.37 万吨。从阶段特征看，1991~2014 年，各个区域农业面源污染水平呈现波动上升态势。东部地区由 1991 年的 2.29 万吨增长为 2014 年的 2.79 万吨，增长幅度为 21.83%，年均增长率为 0.86%；中部地区在此期间增长了 54.34%，由 1991 年的 3.11 万吨增至 2014 年的 4.80 万吨，年均增长率为 1.9%；西部地区在这一期间增长了 1.18 倍，年均增长率达 3.45%，由 1991 年的 1.54 万吨上升为 2014 年的 3.36 万吨。2015~2018 年，各区域农业面源污染水平呈现快速下降趋势。东部地区由 2015 年的 2.80 万吨降为 2018 年的 2.53 万吨，降幅为 9.64%，年均下降幅度为 3.32%；中部地区由 2015 年的 4.74 万吨降至 2018 年的 4.37 万吨，降幅为 7.81%，年均下降幅度达 2.67%；西部地区由 2015 年的 3.42 万吨下降为 2018 年的 3.41 万吨，降幅为 0.29%，年均下降幅度为 0.12%。

区域农业面源污染排放强度方面，东部地区均值水平最高为 7.80 千克/公顷，中部地区次之为 5.19 千克/公顷，西部地区最低为 4.64 千克/公顷。从阶段特征看，1991~2014 年，各个区域农业面源污染排放强度呈现波动上升态势。东部地区由 1991 年的 5.54 千克/公顷增长至 2014 年的 10.11 千克/公顷，增长幅度为 82.49%，年均增长率为 2.65%；中部地区由 1991 年的 4.21 千克/公顷上升至 2014 年的 5.66 千克/公顷，增长幅度为 34.44%，年均增长率为 1.35%；西部地区由 1991 年的 2.98 千克/公顷上升至 2014 年的 6.52 千克/公顷，约增长了 1.19 倍，年均增长率为 3.46%。2015~2018 年，各区域农业面源污染排放强度呈现快速下降趋势。东部地区由 2015 年的 10.41 千克/公顷降至 2018 年的 9.84 千克/公顷，降幅为 5.48%，年均下降幅度为 1.86%；中部地区由 2015 年的 5.57 千克/公顷降至 2018 年的 5.24 千克/公顷，降幅为 5.92%，年均下降幅度达 2.02%；西部地区由 2015 年的 6.58 千克/公顷降至 2018 年的 6.33 千克/公顷，降幅为 3.80%，年均下降幅度为 1.28%。1991~2011 年中部地区农业面源污染排放强度高于西部地区，2011 年后西部地区农业面源污染排放强度反超中部地区，并呈现较快增长趋势，直至 2015 年后出现下降趋势。

3. 农业生产带来的碳排放

1）农业碳排放的测算

农业是碳排放的重要来源，我国农业生产活动中的温室气体排放占我国温室气体排放总量的 17%[144]。本书采用农业化肥、农药、农膜、农用柴油、农业灌溉、农业播耕碳排放总和（万吨）表征农业碳排放水平。本书主要参考李波等[145]的农业碳排放系数来测算碳排放水平。

2）农业碳排放时间变化趋势

图 5-3 呈现了全国农业碳排放量和强度的时间变化趋势曲线。从整体上来看，全国农业碳排放量和强度时间演变特征均表现出先上升后下降的趋势。全国农业碳排放量在 1993~2015 年增幅达 80.92%，年均增长率为 2.73%，由 1993 年的 92.40 万吨增至 2015 年的 167.17 万吨；随后降至 2018 年的 157.89 万吨，降幅为 5.55%，年均下降 1.89%。与农业面源污染排放量变化趋势相同，随着时间的变化，农业碳排放水平呈现非线性变化，阶段性特征明显。1993~2015 年为第一阶段，该时期内农业碳排放水平呈现波动增长趋势；2016~2018 年为第二阶段，该时期内农业碳排放水平呈现快速下降趋势。同样，全国农业碳排放强度变化呈现先上升后下降的态势，农业碳排放强度由 1993 年的 183.55 千克/公顷增长至 2015 年的 343.26 千克/公顷，增长幅度为 87.01%，年均增长率为 2.89%；随后下降至 2018 年的 322.29 千克/公顷，降幅为 6.11%，年均下降 2.08%。

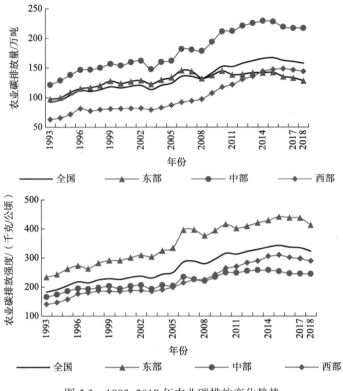

图 5-3 1993~2018 年农业碳排放变化趋势

资料来源：作者整理计算所得

从区域农业碳排放量来看，中部地区均值水平最高，为 178.94 万吨，东部地区次之，为 129.32 万吨，西部地区均值水平最低，为 101.77 万吨。与全国农业碳排放量演变趋势一致，表现出先上升后下降的特征，东部地区的农业碳排放量率先出现下降趋势。具体来看，东部地区由 1993 年的 97.73 万吨增至 2015 年的 142.52 万吨，增长幅度为 45.83%，年均增长率为 1.73%；中部地区由 1993 年的 121.74 万吨增至 2015 年的 228.03 万吨，增长幅度为 87.31%，年均增长率为 2.89%；西部地区由 1993 年的 63.08 万吨增至 2015 年的 147.57 万吨，约增长了 1.34 倍，年均增长率为 3.94%。2015~2018 年，各区域农业碳排放量呈现出快速下降趋势。东部地区从 2015 年开始下降，至 2018 年下降为 128.30 万吨，降幅为 9.98%，年均下降幅度为 3.44%；中部地区降至 2018 年的 217.33 万吨，降幅为 4.69%，年均下降幅度为 1.59%；西部地区降为 2018 年的 144.25 万吨，降幅为 2.25%，年均下降幅度为 0.76%。1993~2013 年东部地区农业碳排放量高于西部地区，2013 年后西部地区反超东部地区，并呈现较快增长趋势，直至 2015 年后出现平稳下降趋势。

区域农业碳排放强度方面，东部地区均值水平最高，为 349.57 千克/公顷，西部地区次之，为 224.21 千克/公顷，中部地区最低，为 219.12 千克/公顷。从阶段特征看，1993~2015 年，各个区域农业碳排放强度呈现波动上升态势。东部地区由 1993 年的 234.70 千克/公顷增至 2015 年的 441.89 千克/公顷，增长幅度为 88.28%，年均增长率为 2.92%；中部地区由 1993 年的 166.31 千克/公顷增至 2015 年的 253.82 千克/公顷，增长幅度为 52.62%，年均增长率为 1.94%；西部地区由 1993 年的 141.07 千克/公顷增至 2015 年的 309.69 千克/公顷，约增长了 1.20 倍，年均增长率为 3.64%。2015~2018 年，各区域农业碳排放强度呈现快速下降趋势。东部地区降至 2018 年的 412.49 千克/公顷，降幅为 6.65%，年均下降幅度为 2.27%；中部地区降为 2018 年的 244.06 千克/公顷，降幅为 3.85%，年均下降幅度为 1.30%；西部地区下降至 2018 年的 288.98 千克/公顷，降幅为 6.69%，年均下降幅度为 2.28%。

5.2　几种常见的农业生态效率评估方法

5.2.1　随机前沿法

随机前沿法（stochastic frontier analysis，SFA）既能明晰输入对输出的影响，又可考虑随机因素对产出的影响，能真实反映内外部环境对成本效率的影响。SFA 的成本效率评价结果离散度较小，可作统计检验。在模型设定中 SFA 将复合误差项分解为随机误差项和技术无效率项，进而估计出效率无效中影响因素的作用方向和大小，同时还能很好地克服极端值的干扰，降低效率估计偏误程度。

随机前沿方法虽然在测算效率值中具有优势，但其产出指标数量受限，且估计结果受模型设置形式影响大。SFA 需要确定合适的函数形式，目前常见的生产函数有柯布道格拉斯函数（C-D 函数）和超越对数生产函数（Trans-Log 函数）两种，并对统计数据的要求较为严格。在设定 SFA 生产函数形式中，容易带来由主观引致的估计偏误。

5.2.2　生命周期法

生命周期评价（life cycle assessment，LCA）是一种新兴的环境管理工具，它旨在对产品从"摇篮到坟墓"整个生命周期过程中的物质、能源消耗、污染排放和环境影响进行量化分析，以寻求改善环境影响的机会[146]。农业 LCA 理论与方法研究随着农业系统面临的资源与环境双重压力应运而生[147]。国外关于农业LCA 的研究起步较早，建立了相应的评价体系并发展迅速[146, 148]。我国关于农业LCA 的研究起步较晚，研究文献 2007 年以来才逐渐增多。

农业系统生命周期评价方法。国际环境毒理学和化学学会（Society of Environmental Toxicology and Chemistry，SETAC）及国际标准化组织（International Organization for Standardization，ISO）将 LCA 定义为，对一个产品系统的生命周期中输入、输出及潜在环境影响的汇编和评价[149]。我国学者将农业 LCA 定义为：伴随农业生产活动而引起的所有物质和能量的投入、产出与可计量的环境负荷之间的关系，以评价农业生产活动的资源消耗、能源消耗和对环境的总和影响。农业 LCA 包括四个步骤：目标定义与范围界定、清单分析、影响评价和结果解释。

5.2.3　包含非期望产出的 SBM-DEA 模型

数据包络分析（data envelopment analysis，DEA）方法是一个通过数学规划模型得出效率的非参数方法，其不需要对生产函数的形式进行假定，并且能够在研究多投入多产出系统上发挥其独特的优势。在各种关于效率的测算中得到较为广泛的运用和认可。中国科学院科技战略咨询研究院、中国科学院文献情报中心与 Clarivate Analytics 公司发布的《2016 研究前沿》指出，数据包络分析方法已成为环境绩效评价模型中最流行的方法之一。这一测算方法趋于完善和成熟，为本书的研究提供了坚实的基础。本书拟运用 DEA-SBM-Undesirable 模型来测算农业生态效率。

$$\text{Min AEE} = \frac{\frac{1}{m}\sum_{i=1}^{m}\left(\overline{x}\big/x_{ik}\right)}{\frac{1}{r_1+r_2}\left(\sum_{s=1}^{r_1}\overline{y^d}\big/y_{sk}^d + \sum_{q=1}^{r_2}\overline{y^u}\big/y_{qk}^u\right)} \quad (5\text{-}1)$$

$$\text{s.t.}\begin{cases} \overline{x}\geqslant\sum_{j=1,\neq k}^{n}x_{ij}\lambda_j; \overline{y^d}\leqslant\sum_{j=1,\neq k}^{n}y_{sj}^d\lambda_j; \overline{y^d}\geqslant\sum_{j=1,\neq k}^{n}y_{qj}^d\lambda_j; \\ \overline{x}\geqslant x_k; \overline{y^d}\leqslant y_k^d; \overline{y^u}\geqslant y_k^u; \\ \lambda_j\geqslant 0, i=1,2,\cdots,m; j=1,2,\cdots,n, j\neq 0; \\ s=1,2,\cdots,r_1; q=1,2,\cdots,r_2; \end{cases}$$

式（5-1）中，农业生态效率即要测算的各地区农业生态效率值，其取值范围为 0~1；n 表示决策单元（DMU）的数量，m，r_1，r_2 分别代表要素投入、期望产出和非期望产出变量个数；x,y^d,y^u 分别表示投入、期望产出和非期望产出，即劳动力、土地、化肥、农药、农业机械等农业生产资料的投入、种植业产值和农业污染。

5.3　农作物种植结构专业化与农业生态效率

5.3.1　农业生态效率时空变化特征

中国农业生态效率时空变化特征基本情况如图 5-4 和图 5-5 所示。图 5-4 是按照年份计算全国和各区域农业生态效率均值，总体来看，农业生态效率呈现较大幅度波动上升趋势。2015 年以来农业生态效率快速增长，说明我国农业生产逐渐向绿色和可持续方向转型升级。具体可分为两个阶段：1993~2003 年呈现波动下降与停滞，2004~2018 年呈现波动上升趋势。30 个省份 1993~2018 年农业生态效率均值为 0.561，其中 1993 年的均值为 0.543，2003 年降至 0.479，继而呈现缓慢上升趋势，至 2018 年达到 0.824。

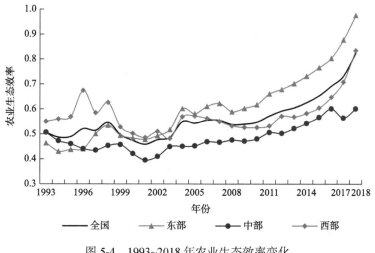

图 5-4　1993~2018 年农业生态效率变化
资料来源：作者整理计算所得

从区域发展水平来看，东部地区农业生态效率水平均值最高，为 0.60，西部地区次之，为 0.58，中部地区均值为 0.48。与全国农业生态效率变化趋势基本一致，各区域农业生态效率呈现波动上升趋势。具体来看，1993~2003 年呈现波动下降与停滞特征，东部地区由 1993 年的 0.46 增至 2003 年的 0.52，增长幅度为 13.04%，

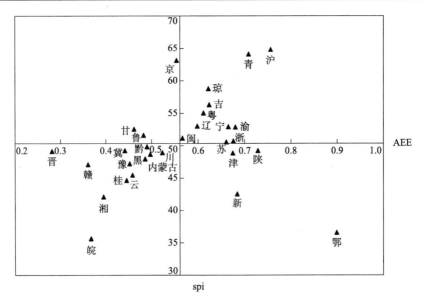

图 5-5　农作物种植横向专业化与农业生态效率分类

AEE 表示农业生态效率，spi 表示专业化指数

年均增长率为 1.23%；中部地区由 1993 年的 0.51 降至 2003 年的 0.45，下降幅度为 11.76%，年均降幅为 1.24%；西部地区由 1993 年的 0.55 增至 2003 年的 0.48，下降幅度为 12.73%，年均降幅为 1.35%。2004~2018 年，各区域农业生态效率呈现快速上升趋势。东部地区由 2004 年的 0.60 增至 2018 年的 0.98，增长幅度为 63.33%，年均增长率为 3.57%；中部地区由 2004 年的 0.45 增至 2018 年的 0.60，增长幅度为 33.33%，年均增长率为 2.08%；西部地区由 2004 年的 0.57 增至 2018 年的 0.83，增长幅度为 45.61%，年均增长率为 2.72%。2015 年后除中部地区农业生态效率增长较缓慢外，东部和西部地区农业生态效率增长速度明显提升，年均增长率分别达到 8.41% 和 11.37%。

从区域农业生态效率的分布来看（表 5-2），1993 和 2018 年两个时间段省域农业生态效率指数平均值呈现明显的空间集聚和空间差异性。1993 年省域农业生态效率高值区域主要集中于天津、内蒙古、新疆及东北地区，这些地区农业生态效率平均值约为 0.87；2018 年农业生态效率高值区域主要集中分布在南方沿海地区，农业生态效率平均值为 1；1993 年省域农业生态效率低值区主要在华北地区、陕西及长江中游等地区，农业生态效率平均值为 0.28；2018 年农业生态效率低值区域略有缩减，主要分布在内蒙古、山西及长江中游地区，平均值约为 0.54。

表 5-2　农业生态效率高值与低值排名

	排名	1	2	3	4	5	6	7	8	均值
高值区 （由高 到低）	1993	津（1）	蒙（1）	吉（1）	鄂（1）	云（0.80）	辽（0.78）	新（0.77）	黑（0.61）	0.87
	2018	京（1）	津（1）	沪（1）	苏（1）	浙（1）	闽（1）	粤（1）	琼（1）	1
低值区 （由低 到高）	1993	晋（0.21）	冀（0.27）	鲁（0.28）	陕（0.28）	琼（0.30）	皖（0.30）	豫（0.30）	赣（0.31）	0.28
	2018	晋（0.45）	蒙（0.48）	甘（0.54）	鄂（0.54）	云（0.56）	湘（0.57）	赣（0.60）	皖（0.61）	0.54

表 5-3 呈现了各梯队省份在东中西部三大区域的分布状况。整体来看，东部地区在农业生态效率水平上显然优于其他区域，西部地区整体上高于中部地区。

表 5-3　农业生态效率在三大区域的分布情况

地区	高效率组		中效率组		低效率组	
	第一梯队 （>0.8）	第二梯队 （0.7~0.8）	第三梯队 （0.6~0.7）	第四梯队 （0.5~0.6）	第五梯队 （0.4~0.5）	第六梯队 （<0.4）
东部		上海	天津、浙江、广东、海南、江苏	北京、福建、辽宁	河北、山东	
中部	湖北		吉林		河南、黑龙江	山西、江西、安徽、湖南
西部		陕西、青海	重庆、宁夏、新疆	四川	内蒙古、广西、云南、甘肃、贵州	

注：东部中部西部地区的划分有不同的标准，本书采用国家统计局 11∶8∶11 的分类法

5.3.2　农作物种植结构专业化与农业生态效率关系

按照农业生态效率的高低（H-L）和农作物种植专业化水平的高低（H-L）对30 个省区市进行综合分类，分类结果如图 5-5 所示。图 5-5 呈现了农业生产效率与农作物种植横向专业化水平的综合分类：第一象限（H-H）代表高横向专业化、高农业生态效率，包括上海、青海、海南、吉林、辽宁、广东、重庆、宁夏；第二象限（H-L）代表高横向专业化、低农业生态效率，包括北京、甘肃、山东；第三象限（L-L）代表低横向专业化水平、低农业生态效率，包括内蒙古、黑龙江、河北、山西、湖南、江西、河南、安徽、四川、广西、贵州、云南；第四象限（L-H）代表低横向专业化水平、高农业生态效率，包括天津、江苏、浙江、湖北、陕西、新疆。

图 5-6 呈现了农作物种植纵向专业化水平与农业生态效率的综合分类：第一象限（H-H）代表高纵向专业化、高农业生态效率，包括吉林、上海、江苏、广东、浙江、新疆；第二象限（H-L）代表高纵向专业化、低农业生态效率，包括

内蒙古、黑龙江、安徽、甘肃；第三象限（L-L）代表低纵向专业化水平、低农业生态效率，包括山西、河北、江西、湖南、山东、河南、广西、四川、贵州、云南；第四象限（L-H）代表低纵向专业化水平、高农业生态效率，包括辽宁、福建、湖北、陕西、海南、重庆、青海。

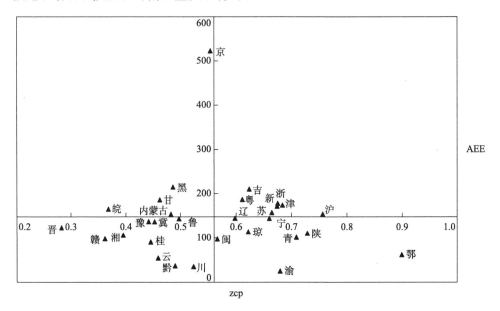

图 5-6　农作物种植纵向专业化与农业生态效率分类

AEE 表示农业生态效率，zcp 表示作物种植纵向专业化

第6章 农作物种植专业化对农业资源环境的影响评价

在第 5 章研究基础上，本章进一步从农作物种植结构的具体演化趋势——作物种植专业化视角切入，首先辨析作物种植区域专业化和全国多样化之间的关系，然后通过测度农作物种植横向专业化和纵向专业化水平，分析农作物种植专业化的时空变化特征。在此基础上，本章从理论和实证两个方面分析作物种植横向专业化和纵向专业化对农业合意产出、农业资源环境及农业生态效率的影响。

6.1 农作物种植专业化与多样性的辩证关系

6.1.1 区域专业化

作物种植横向专业化和多样化是辩证统一的关系。各地区因地制宜发展特色优势作物，宜稻则稻、宜麦则麦、宜豆则豆、宜油则油、宜茶则茶、宜果则果。同时，即使是同一种作物，如水稻，不同区域优势品种也有较大差异，如东北是粳稻的优势产区、长江中下游地区是中稻的优势产区、华南是双季稻的优势产区。各区域在合理充分利用当地水土资源和气候等条件下，明确区域优势作物，同时要进一步探寻区域优势作物品种，做到"一村一品""一镇一品"。相邻区域优势作物品种相同或相似，则可以进行联合生产，连片种植，充分发挥规模效应，将优势品种做大做强，建立品牌效应，促进农民节本增效、增产增收。

各区域合理进行作物布局可以避免种植业产业雷同建设，减少同一品种、同一类型农产品恶性竞争带来的农产品滞销、优质不优价、增产不增收等问题。

6.1.2　全国总体多样性

从各个区域来看，各区域根据当地的资源禀赋条件，遵循作物生长习性，合理布局优势作物，形成专业化种植格局。另外，从全国总体来看，由于中国南北纬度跨度广，东西经度跨度大，地形复杂多样，气候类型多样，年降水量变化差异大，土壤的类型、酸碱性等特性差异共同塑造了各个区域不同的优势作物品种。各区域优势作物不同，当各个地区按照各自的优势作物进行农业生产时，从全国来看，则形成了科学合理的农业多样化生产布局。

6.2　农作物种植专业化评价

6.2.1　农作物种植专业化指数

作物种植横向专业化的目标是形成与市场需求相适应，与资源禀赋相匹配的现代农业生产结构和区域布局，作物种植纵向专业化则实现了迂回利用新要素与新技术。二者均为农业专业化生产方式的重要组成部分。当区域作物种植横向专业化程度比较高时，作物种植品种连片为机械化作业提供方便，促进作物种植纵向专业化水平的提升；同时作物种植纵向专业化水平的深化也可反向刺激横向专业化水平的提升，二者能够形成良性的循环机制，互促互进。

1. 作物种植横向专业化指标

作物种植横向专业化具体是指农业专业的地区专业化、生产单位专业化。地区专业化是指某一地区专门生产某一种或某几种农产品。某地区土壤、气候等自然条件适宜种植某种作物，就充分利用其自然条件，以获得比较高的经济效益；生产单位专业化是指某个生产单位专门生产某种作物。

1）spi（specialization planting index，专业化指数）

本书选择专业化指数 spi 作为作物种植专业化水平的重要衡量指标。

$$\mathrm{spi} = \left(1 + \frac{\sum_i P_i \times \ln P_i}{\ln n}\right) \times 100 \tag{6-1}$$

式（6-1）中，P_i 为作物 i 在该区作物总播种面积中所占比例；n 为所考察主要农作物种类数目，根据样本区域实际情况和数据可得性，本书选择研究区域种植面积较大的水稻（早稻、中稻和一季晚稻与双季晚稻）、小麦（冬小麦和春小麦）、玉米、谷子、高粱、大豆等粮食作物，油料、棉花、麻类、糖料、烟叶等经济作物共计 14 类作物，因此 $n=14$。spi 表示某一年度的专业化水平。如果所有作物的占比均相等（作物种植是分散的），那么可以推出 spi=0，反之，如果仅种植一种作物（全部集中于一个区域），即 $P_i=1$，那么，spi=100；其他情况下，指数在 0~100 变化。该指数可以较好地表示不同地区不同时点的专业化差异。

2）赫尔芬达尔-赫希曼指数（Herfindahl-Hirschman Index）

$$hhi = \sum_{i=1}^{n} P_i^2 \tag{6-2}$$

式（6-2）中 P_i 含义同上文。

3）gi 指数

本书借鉴赫尔芬达尔-赫希曼集中度指数（gi 指数）的计算方法，计算公式为

$$gi = \left(\sum_{i=1}^{n} P_i^2 \right) \times 100 \tag{6-3}$$

式（6-3）中 P_i 含义同上文。

2. 作物种植纵向专业化指标

一般来说，纵向专业化程度是指农户卷入社会化分工的程度。有研究以是否将作物生产环节外包和亩均外包服务费用作为作物种植纵向专业化的表征[150]，本书选取单位面积机械作业费来表征。因为单位面积外包服务费用不仅能反映农户是否参与纵向分工，而且在一定程度上能够反映其参与分工的程度。单位面积机械作业费用水平越高，反映农户农业生产中机械化程度越高及农户卷入社会化服务程度越深。相比劳动力，农业机械化服务能够更好地分享服务规模经济与分工经济。同时机械生产的标准化、精确化与定量化，能够较好地保障施肥量的均匀，减少施用损耗，从而提高化肥的利用效率，实现化肥减量。

6.2.2 作物种植专业化发展水平的区域差异

1. 作物种植横向专业化时间变化趋势

本书研究的农作物主要包括水稻（早稻、中稻和一季晚稻与双季晚稻）、小麦（冬小麦和春小麦）、玉米、谷子、高粱、大豆等粮食作物，油料、棉花、麻类、糖料、烟叶等经济作物。由图 6-1 可知全国作物种植横向专业化指数有以下几个变化特征：第一，全国作物种植横向专业程度总体水平较低。1980~2018 年全国平均作物种植横向专业化指数为 48.11，表明作物种植横向专业化程度处于较低的水

平。整体上来看，全国作物种植横向专业化水平呈现小幅波动增长趋势，由 1980
年的 44.37 上升为 2018 年的 54.82，增长幅度为 23.55%，年均增长率为 0.56%。
第二，区域作物种植横向专业化发展水平方面，1980~2018 年东、中、西部地区作
物种植横向专业化水平均呈现波动上升趋势，其中东部地区均值水平最高，为
50.95，西部地区居中，为 48.95，中部地区均值水平最低，为 43.19。具体来看，
东部地区由 1980 年的 43.65 上升到 2018 年的 59.92，增长幅度为 37.27%，年均
增长率为 0.84%；中部地区由 1980 年的 40.54 上升到 2018 年的 49.89，增长幅度为
23.06%，年均增长率为 0.55%；西部地区由 1980 年的 48.17 上升到 2018 年的 53.32，
增长幅度为 10.69%，年均增长率为 0.27%。1980~1989 年，西部地区作物种植横
向专业化水平呈现下降趋势，而东部和中部地区呈现波动上升趋势，西部地区作
物种植横向专业化水平高于东部和中部地区；1990 年后东部地区作物种植横向专
业化水平反超西部地区，并呈现快速增长趋势；西部地区紧随其后，呈现波动上
升态势，中部地区呈现平稳增长趋势。

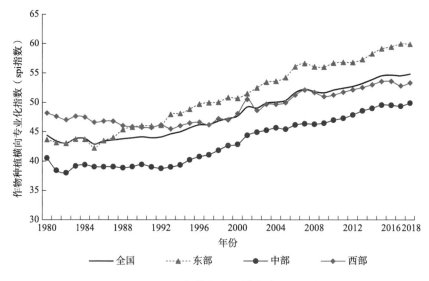

图 6-1　1980~2018 年作物种植横向专业化指数变化

资料来源：作者整理计算所得

2. 作物种植纵向专业化时间变化趋势

本书以水稻（早籼稻、中籼稻、晚籼稻和粳稻）、小麦、玉米、大豆等粮食作
物和花生、油菜籽等油料作物和棉花、麻类、糖料、烟叶等经济作物平均每万公
顷机械作业费用来表征全国作物种植纵向专业化水平。同时为消除物价因素的影
响，本书将单位面积机械作业费调整为 1980 年不变价格数据。

由图 6-2 可知，全国 13 种作物单位机械作业费用曲线与东部、中部和西部地

区随时间变化趋势基本一致。从整体上来看，全国作物种植纵向专业化水平呈现快速上升趋势，由 1980 年的 17.79 万元/万公顷，上升至 2018 年的 278.68 万元/万公顷，增长了 14.66 倍，年均增长率为 7.51%。随着时间的变化，作物种植纵向专业化水平呈现明显的阶段性特征。1980~2003 年为第一阶段，该时期作物种植纵向专业化水平处于波动上升阶段，由 1980 年的 17.79 万元/万公顷上升至 2003 年的 96.25 万元/万公顷，年均增长率为 7.62%；2004~2018 年为第二阶段，该时期作物种植纵向专业化水平呈现高速增长趋势，由 2004 年的 100.65 万元/万公顷增至 2018 年的 278.68 万元/万公顷，年均增长率为 7.55%。这种非线性关系产生的主要原因是：2004 年以前，中国农业机械投入总体水平较低，农业机械化水平不高；2004 年以后，受国家农机购置补贴政策的拉动，农业机械行业进入高速发展的黄金时期，农业机械化程度显著提高。

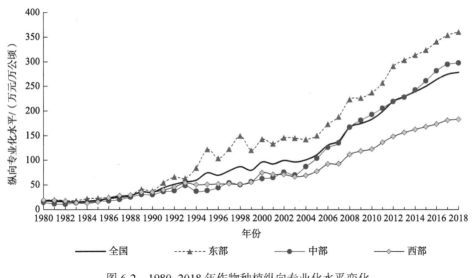

图 6-2　1980~2018 年作物种植纵向专业化水平变化

资料来源：1981~2019 年《全国农产品成本收益资料汇编》

区域发展水平方面，作物种植纵向专业化程度最高的为东部地区，中部地区其次，而西部地区最低。具体来看，东部地区由 1980 年的 19.06 万元/万公顷上升到 2018 年的 360.36 万元/万公顷，增长了 17.91 倍，年均增长率为 8.04%；中部地区在 1980~2018 年增长了 19.42 倍，由 14.58 万元/万公顷上升到 297.72 万元/万公顷，年均增长率为 8.26%；西部地区在此期间增长了 8.59 倍，由 1980 年的 19.09 万元/万公顷上升到 2018 年的 183.13 万元/万公顷，年均增长率为 6.13%。1980~1991 年，三个地区作物种植纵向专业化均处于较低的水平，且呈现缓慢增长的趋势；1992 年开始，东部地区作物种植纵向专业化水平呈现波动快速上升态势，而且始终保持首位；1992~2002 年西部地区作物种植纵向专业化水平略高于中部地区，2003 年后中部地区作物种植纵向专业化水平反超西部地区，并呈现快速增长趋势，一直稳居第二位；西部地区呈现稳定增长趋势。

6.2.3 作物种植专业化发展的时空变化特征

1. 作物种植横向专业化空间分布特征

中国地域广阔，区域气候、地形差异明显，作物种类丰富。本书研究的农作物主要包括水稻（早稻、中稻和一季晚稻与双季晚稻）、小麦（冬小麦和春小麦）、玉米、谷子、高粱、大豆、薯类等粮食作物，油料、棉花、麻类、糖料、烟叶、蔬菜、药材、瓜类等经济作物，以及青饲料等其他作物。由表 6-1 可知全国作物种植横向专业化指数有以下两个时空变化特征：第一，全国大部分省份作物种植横向专业化水平在 1980~2018 年呈现持续上升趋势。第二，从作物种植横向专业化的分布来看，1980 和 2018 年两个时间段省域作物种植横向专业化指数呈现明显的空间集聚和空间差异性。1980 年省域作物种植横向专业化指数高值区域主要集中在青海、甘肃、宁夏及北京等地，这些地区作物种植横向专业化指数平均值约为 51.37；2018 年作物种植横向专业化指数高值区域主要集中分布在南方沿海地区，尤其是上海、北京、青海及海南等地，作物种植横向专业化指数平均值约为 65.47。1980 年省域作物种植横向专业化指数低值区主要在长江中游地区的安徽和湖北、东北地区的黑龙江和辽宁及河北等地，作物种植横向专业化指数平均值 37.57；2018 年作物种植横向专业化指数低值区域略有缩减，主要集中于长江中游地区和云南、广西等地，平均值约为 45.16。

表 6-1　1980 和 2018 年全国各省作物横向专业化指数排名

排名	1	2	3	4	5	6	7	8	均值
高值区（由高到低） 1980 年	青（62.14）	甘（52.02）	宁（51.11）	京（50.06）	赣（49.93）	粤（49.69）	云（48.22）	川（47.76）	51.37
2018 年	沪（75.01）	京（68.15）	青（66.89）	琼（66.31）	辽（65.45）	吉（64.39）	宁（59.31）	渝（58.25）	65.47
低值区（由低到高） 1980 年	皖（34.08）	鄂（35.43）	黑（36.65）	辽（37.91）	新（38.15）	晋（39.34）	冀（39.37）	津（39.64）	37.57
2018 年	皖（40.59）	鄂（41.81）	湘（42.45）	赣（45.34）	云（46.32）	桂（47.14）	新（48.79）	川（48.87）	45.16

2. 作物种植纵向专业化空间分布特征

表 6-2 呈现了各省 1980~2018 年作物种植纵向专业化指数的时空变化特征：第一，大部分省份作物种植纵向专业化水平呈现持续上升趋势。第二，从作物种植纵向专业化的空间集聚特征来看，1980 和 2018 年两个时间段省域作物种植纵

向专业化指数呈现明显的空间集聚和空间差异性。1980 年省域作物种植纵向专业化指数高值区域主要集中于新疆、北京及东北地区等地，这些地区作物种植纵向专业化指数平均值约为 0.24；2018 年作物种植纵向专业化指数高值区域主要集中分布于北京、广东及东北地区，作物种植纵向专业化指数平均值约为 3.07。1980年省域作物种植纵向专业化指数低值区主要在长江中游地区的湖南和江西及贵州和四川等地，作物种植纵向专业化平均值为 0.04；2018 年作物种植纵向专业化指数低值区域略有缩减，主要集中于重庆、四川、云南、贵州等地区，平均值约为 0.89。

表 6-2　1980 和 2018 年全国各省作物纵向专业化指数排名

排名		1	2	3	4	5	6	7	8	均值
高值区（由高到低）	1980 年	新（0.58）	京（0.29）	吉（0.22）	黑（0.21）	沪（0.20）	辽（0.17）	津（0.14）	青（0.12）	0.24
	2018 年	京（6.95）	吉（3.58）	粤（2.55）	皖（2.44）	辽（2.37）	黑（2.33）	鲁（2.17）	甘（2.13）	3.07
低值区（由低到高）	1980 年	贵（0.01）	湘（0.02）	赣（0.03）	川（0.03）	皖（0.04）	粤（0.06）	内蒙古（0.06）	鄂（0.06）	0.04
	2018 年	渝（0.28）	川（0.65）	云（0.83）	贵（0.87）	鄂（0.96）	青（1.06）	桂（1.20）	闽（1.30）	0.89

6.3　农作物种植专业化对农业生态环境的影响评价

6.3.1　作物种植专业化对农业生态效率影响的理论分析

1. 作物种植横向专业化对农业生态效率的影响

作物种植专业化主要通过规模效应和学习效应来影响农业生产，具体包括对农业产量或农业产值及农业面源污染和农业碳排放的影响。作物种植专业化有利于实现规模经济，而规模经济的本质在于专业化与分工。首先，作物种植专业化水平越高，可能对农业机械设备和人力资本专业性要求越高。具体表现为，当生产设施与农户经营管理等专业化水平相匹配时，实物资产与人力资本得以充分利用，从而使农业生产效率得到提高。其次，在要素市场逐渐开放完善的条件下，农业分工不仅停留在农户家庭内部的自然分工上，社会化分工与生产性服务外包同样能够内生出服务规模经济[151]。农业生产分工（横向分工与纵向分工）水平的高低是农业经济增长的决定力量[152]。分工产生的报酬递增来源于每个个体专业化程度加深而带来的生产率提高，即专业化经济。专业化规模越大，越有助于通过生产性服务外包而进行精准化的化肥农药减施，从而有利于农业面源污染减排；

作物种植专业化规模越大，农业生产活动中的副产品，如秸秆等无害处理（秸秆还田、秸秆资源化利用等）成本更低，从而减少秸秆焚烧可能性，有利于减少农业碳排放。

作物种植专业化有利于产生学习效应。作物专业化种植时间越悠久，农户可以积累种植某种作物的生产、管理经验和技能越丰富与娴熟，从而可能有利于农业生产效率的提高；专业化生产程度越高，农户越容易根据农作物生长习性进行精准的要素投入与科学的田间管理，从而有利于控制化肥、农药等农业生产要素的投入量。同时科学的田间管理，有利于提高农作物对生产要素的利用率。上述生产活动同时减少了农业面源污染的主要来源，从而有利于农业面源污染的减排。

2. 作物种植纵向专业化对农业生态效率的影响

纵向专业化表达为农户卷入社会化分工的程度[151]，即农户参与社会化服务的程度。发展农业社会化服务有利于优化粮食生产规模，改进粮食生产方式，为实现农业生产绿色化转型提供可能[153]，农户参与农业社会化服务的程度越高，对农业技术效率的促进作用越强[154]。

农业生产性社会化服务的深化是促进小农户与农业现代化发展有效对接的关键，并由此将小农经营卷入分工经济。农户参与社会化服务程度越高，为其支付的成本就越高，因此其生产的智能化、标准化和精确化程度越高，化肥、农药等生产要素施用的损耗就越低，利用效率就越高，从而有利于农业面源污染的减少和农业碳排放的减排。在当前我国小农为主的农业生产经营现状下，由于小农的分散性且其异质性高，农户参与服务外包可能不足以降低农业生产成本。与小农户和大规模农户相比，中等规模农户的农地产出率更能从农业社会化服务中得到改善[155]。

6.3.2　作物种植专业化对农业生态效率影响的实证研究

1. 模型设定

根据上述作物种植专业化对农业生态效率及其重要构成部分农业产值、农业面源污染和农业碳排放的影响的分析，我们构建了基本方程，其中作物种植专业化与农业生态效率、农业产值和农业面源污染之间均是线性的关系。在农业碳排放的模型中，我们引入了作物种植专业化的二次项，以更准确地捕捉作物种植专业化与农业碳排放之间的关系。

1）作物种植专业化对农业生态效率的模型设定

$$aee_{it} = \alpha_0 + \alpha_1 spi_{it} + \alpha_2 zcp_{it} + X_{it}\beta + a_i + \lambda_t + \varepsilon_{it} \qquad (6\text{-}4)$$

式中，$i=1, 2, \cdots, n$；$t=1, 2, \cdots, T$。aee_{it} 代表农业生态效率。spi_{it} 代表作物种植横向专业化水平，zcp_{it} 代表作物种植纵向专业化水平；X_{it} 代表影响农业生态效率的控制变量，本书选取农业劳动力、农业机械总动力、农用化肥施用量和自然灾害率及有效灌溉率和农业政策等变量作为控制变量；a_i 代表在地区层面决定农业生态效率的固定因素；λ_t 表示时间固定效应。α_0、α_1、α_2、β 为变量系数，ε_{it} 为随机扰动项。为确保残差项同方差，且服从正态分布，对前述构建的模型中部分变量进行对数化处理。

2）作物种植专业化对农业产值的模型设定

$$\ln ay_{it} = \alpha_0 + \alpha_1 spi_{it} + \alpha_2 zcp_{it} + X_{it}\beta + a_i + \lambda_t + \varepsilon_{it} \qquad (6\text{-}5)$$

式中，$i=1, 2, \cdots, n$；$t=1, 2, \cdots, T$。ay_{it} 代表种植业总产值。其他变量与式（6-4）中含义相同。

3）作物种植专业化对农业环境产出的模型设定

$$\ln npp_{it} = \alpha_0 + \alpha_1 spi_{it} + \alpha_2 zcp_{it} + X_{it}\beta + a_i + \lambda_t + \varepsilon_{it} \qquad (6\text{-}6)$$

$$\ln ce_{it} = \alpha_0 + \alpha_1 spi_{it} + \alpha_2 spi^2_{it} + \alpha_3 zcp_{it} + \alpha_4 zcp^2_{it} + X_{it}\beta + \lambda_t + a_i + \varepsilon_{it} \qquad (6\text{-}7)$$

式中，$i=1, 2, \cdots, n$；$t=1, 2, \cdots, T$。npp_{it}、ce_{it} 分别代表农业面源污染和农业碳排放。其他变量与式（6-4）中含义相同。

2. 变量选择和数据说明

1）控制变量

具体来说，控制变量包括以下因素：第一，农业劳动力。用第一产业劳动力数量与种植业总产值占农林牧渔业总产值的比重的乘积表征。

第二，农业机械投入。以农业机械总动力与农业总产值占农林牧渔业总产值的比重的乘积表征。一方面，农业生产中机械投入可以作为劳动力的替代要素，促进农业产量的增长、农业产值的提升。另一方面，农业机械在使用中消耗大量的柴油或汽油等化石能源，必然带来农业碳排放量的增加。因此农业机械投入会对农业产值和农业碳排放有显著的正向影响。总的来看农业机械投入对农业生态效率的总效应还取决于其对农业产值与碳排放的力量对比。在当前的农业发展水平下，农业机械投入对产值增长的幅度要高于其带来的碳排放量的增幅，所以我们预计农业机械投入对农业生态效率呈现显著的正向效应。

农业机械总动力一定程度上表征了地区农业机械化水平的高低，与作物种植纵向专业化水平存在一定的相关性。一般来说，农业机械总动力越高的地区，其作物种植纵向专业化水平越高。但考虑到我国农业机械大规模跨区服务的农业生产实际情况，很多地区的农业机械可能并不为本地区农业生产服务，如 2019 年黑龙江省农业机械化水平位居全国首位，但其农业机械总动力却低于山东、河南、河北等地，因此降低了农业机械总动力与该区域作物种植纵向专业化水平的相关性。基于以上考虑，本书直接将种植业的机械动力投入作为控制变量放入模型中。

第三，农用化肥施用量。用化肥折纯量与农业总产值占农林牧渔业总产值的比重的乘积表征种植业的化肥投入。当农用化肥施用水平较低时，增施化肥往往能带来农业产量的增加，从而增加农业产值。化肥是农业面源污染和农业碳排放的主要来源之一，尤其是随着化肥施用水平的不断增加，化肥施用量超过合理施用范围后，其对产量的增产边际作用持续下降，而导致农业面源污染和农业碳排放量的增长，故对农业生态效率产生负向效应。2020 年我国化肥施用水平为 313.496 千克/公顷①。

第四，有效灌溉率。用各省份历年有效灌溉面积与农作物播种面积的比例来反映。

第五，自然灾害率。自然灾害对农业生产影响极大，本书参考已有文献的处理方法[156]，将受灾面积与成灾面积占作物总播种面积的比例按 0.1、0.3 加权来表征自然灾害率水平。自然灾害会直接影响农作物的产量和品质，对农业产值造成直接损失。同时为抵御水灾、虫灾等而增施化肥和农药，会带来农业面源污染和农业碳排放的增加。

第六，农业政策。为考察政策对农业产出的影响，本书引入政策作为虚拟变量，以验证 2004 年以来各种农业支持政策对农业产出的整体激励效果。

2）数据说明与描述性统计分析

对于本书的研究设计，需要说明的是，由于作物种植面积、农用化肥、农用柴油等数据统计时间区间不同，故选取 1980~2018 年为农业产值的样本观测区间，1991~2018 年为农业面源污染的样本期间，1993~2018 年为农业碳排放和农业生态效率的样本期间。表 6-3 呈现了上述各变量的总体描述性统计结果及具体的数据来源。

表 6-3　农业产出影响因素变量与描述性统计

变量名称	观测值	平均值	标准差	最小值	最大值	数据来源
农业生态效率	776	0.561	0.221	0.161	1.000	《中国农村统计年鉴》
农业产值	1145	140.492	139.789	4.720	935.007	《中国农村统计年鉴》
农业面源污染	834	79.705	90.215	0.363	598.839	《中国农村统计年鉴》
农业碳排放	776	132.77	103.681	4.501	543.916	《中国农村统计年鉴》

① 数据来自国家统计局，以 2020 年我国农用化肥施用折纯量与农作物总播种面积之比得到。

续表

变量名称	观测值	平均值	标准差	最小值	最大值	数据来源
横向专业化	1145	48.202	8.004	27.793	75.008	《中国农村统计年鉴》
纵向专业化	1145	10.916	13.549	0.014	104.255	《全国农产品成本收益资料汇编》
农业劳动力	1145	6.003	1.127	2.908	7.773	《中国农村统计年鉴》、各省的统计年鉴
农业机械投入	1145	6.450	1.069	3.659	8.885	《中国农村统计年鉴》
农用化肥	1145	3.874	1.098	0.924	6.098	《中国农村统计年鉴》
有效灌溉率	1145	0.375	0.166	0.072	1.000	《中国农村统计年鉴》
自然灾害率	1145	6.906	4.569	0	26.712	《中国农村统计年鉴》
农业政策	1145	0.393	0.489	0	1.000	—

3. 作物种植专业化对农业合意产出影响的结果分析

本小节给出围绕作物种植专业化水平和农业产值的实证结果。之后，通过替换核心自变量、替换因变量和子样本回归等一系列的稳健性检验进一步表明结果的可信性，并最终通过异质性分析考察作物种植专业化水平在粮食主产区与非主产区、不同经济发展水平地区对农业经济产出影响的差异性。

1）作物种植专业化对农业产值影响的基准回归结果

表 6-4 呈现了作物种植专业化水平对农业产值的模型估计结果。各模型首先进行 F 检验，检验结果支持选择个体效应模型，进一步采用 Hausman 检验来确定是建立固定效应还是随机效应模型。所有的回归均包含省份固定效应和时间（年份）固定效应，同时将标准误聚类在省份层面以减轻序列相关带来的问题。第（1）列回归结果表明，除了农业劳动力、有效灌溉率不显著外，农业政策在 5% 的水平上显著，其他各个解释变量均在 1% 的统计水平上显著。农业机械水平、农用化肥和农业政策对农业产值呈现正向效应，有效灌溉率和自然灾害率对其呈现负向效应。第（2）、（3）列的回归结果表明，作物种植横向专业化和纵向专业化水平均对农业产值有显著的正向影响，系数分别是 0.362 和 0.074，且在 1%的水平上显著。说明，作物种植横向专业化与纵向专业化程度每加深 1%，农业产值将分别提高 0.362%、0.074%。农户作物种植横向专业化水平越高意味着其能够以更多的时间与精力专门种植某一种作物以积累更丰富的种植经验和掌握先进的种植技术，提高农业生产效率；作物种植纵向专业化水平越高意味着农户卷入社会化服务的程度越深，能够更大程度地迂回利用先进的生产技术，充分利用机械化作业的标准化和精准化以实现农业生产效率的提高。这与杨进和刘新宇[157]研究的结论有相似之处。

表 6-4　作物种植专业化对农业产值影响的回归结果

变量	（1）	（2）	（3）	（4）	（5）
横向专业化		0.362***		0.385***	0.393***
		（0.044）		（0.043）	（0.044）
纵向专业化			0.074***	0.078***	0.075***
			（0.010）	（0.010）	（0.010）
横向专业化×纵向专业化					0.147*
					（0.082）
农业劳动力	0.043	0.028	0.079**	0.065**	0.048*
	（0.033）	（0.031）	（0.033）	（0.031）	（0.029）
农业机械	0.052***	0.078***	0.0295	0.056***	0.073***
	（0.0120）	（0.020）	（0.018）	（0.018）	（0.017）
农用化肥	0.384***	0.383***	0.389***	0.387***	0.394***
	（0.012）	（0.012）	（0.013）	（0.012）	（0.013）
有效灌溉率	−0.019	−0.117	−0.068	−0.176**	−0.190**
	（0.078）	（0.075）	（0.077）	（0.075）	（0.077）
自然灾害率	−0.007***	−0.006***	−0.006***	−0.006***	−0.006***
	（0.001）	（0.001）	（0.001）	（0.001）	（0.001）
农业政策	0.023**	0.008	0.019*	0.003	0.001
	（0.011）	（0.011）	（0.011）	（0.011）	（0.011）
时间固定效应	是	是	是	是	是
个体固定效应	是	是	是	是	是
常数项	2.126***	0.690***	2.192***	0.622***	0.313
	（0.164）	（0.243）	（0.159）	（0.241）	（0.235）
观测值	1 145	1 145	1 145	1 145	1 145
R^2	0.986	0.986	0.986	0.987	0.987

*$p<0.1$，**$p<0.05$，***$p<0.01$

注：括号内为稳健标准误

　　模型（4）中，同时加入了作物种植横向专业化和作物种植纵向专业化。模型回归结果表明，作物种植横向专业化和纵向专业化对农业产值均呈现显著的正向影响，系数均在1%的水平上显著，分别为0.385和0.078。可见，作物种植横向专业化与纵向专业化程度的加深，有利于增加农业产值。

　　模型（5）中加入了作物种植横向专业化和作物种植纵向专业化的交互项，考察两种不同维度的作物专业化水平对农业产值的积极影响。回归结果显示，作物种植横向专业化和纵向专业化的交互项系数显著为正，为0.147。这表明，作物种植横向专业化程度加深，能够增强纵向专业化对农业产值的增效作用。作物种植横向专业化水平越高意味着其在农业生产中发挥了更多的"桥梁"作用，不仅能够使原有难以达到农业生产性服务门槛的农户卷入社会化分工，而且有助于大型农业机械化的作业，能够有效降低边际生产成本。

2）作物种植专业化对农业产值影响的稳健性检验

为了保证回归结果的可靠性，本书做了以下三类稳健性检验。

（1）作物种植横向专业化的度量。在基准回归中，本文使用 spi 指数测算作物种植横向专业化水平，表 6-5 列（1）、列（2）使用赫尔芬达尔-赫希曼指数 hhi 表征作物种植横向专业化水平进行稳健性检验。结果显示，对于农业产值，作物种植横向专业化及作物种植横向专业化与纵向专业化的交互项系数均为正，且在 1% 水平上高度显著。

表 6-5　作物种植专业化对农业产值影响稳健性检验

回归策略 变量	替换自变量 hhi		替换因变量（单位面积产值）			平衡面板		
	（1）	（2）	（3）	（4）	（5）	（6）	（7）	（8）
横向专业化	0.243*** （0.083）	0.540*** （0.126）	0.002** （0.001）		0.036 （0.036）	0.370*** （0.043）		0.391*** （0.044）
纵向专业化		0.060*** （0.011）		0.020*** （0.004）	0.014*** （0.003）		0.0596*** （0.010）	0.061*** （0.010）
横向专业化×纵 向专业化		0.115*** （0.044）			0.746*** （0.061）			0.116* （0.070）
控制变量	控制	控制	控制	控制	控制	控制	控制	控制
时间固定效应	是	是	是	是	是	是	是	是
个体固定效应	是	是	是	是	是	是	是	是
常数项	2.112*** （0.166）	0.881*** （0.181）	0.291*** （0.057）	0.298*** （0.059）	−0.156 （0.127）	0.801*** （0.220）	2.084*** （0.148）	0.471** （0.229）
观测值	1 145	1 145	1 145	1 145	1 145	1 145	1 145	1 145
R^2	0.986	0.982	0.874	0.875	0.921	0.987	0.987	0.987

$*p<0.1$，$**p<0.05$，$***p<0.01$

注：括号内为稳健标准误

（2）替换因变量。在表 6-5 中列（3）~列（5）采用单位面积农业产值作为农业总产值的替换指标，依次检验作物种植横向专业化、作物种植纵向专业化及作物种植横向专业化与纵向专业化交互项对单位面积农业产值的影响。模型（3）~模型（5）回归结果显示，作物种植横向专业化、纵向专业化及二者交互项分别在 5%、1% 和 1% 的显著水平上正向影响单位面积农业产值。

（3）平衡面板数据。表 6-5 列（6）~列（8）报告了剔除了重庆和海南后，得到的平衡面板数据的回归结果。模型（6）~模型（8）中，作物种植横向专业化、作物种植纵向专业化、二者的交互项的系数与显著程度均与表 6-4 的结果基本一致。

3）异质性分析

粮食主产区内,由于一揽子粮食支持政策,粮食作物种植专业化水平更高,对农业产值的增效作用可能越强。接下来实证分析粮食主产区与非主产区作物种植专业化对农业产值的增效作用。首先,将所有的省份按照粮食主产区与否分为两组,并对这两组分别进行回归分析。表 6-6 列（1）和列（2）报告了分样本回归的结果,对比两类样本可以发现,粮食主产区省份中作物种植专业化水平对农业产值的增效作用更强。

表 6-6 作物种植专业化对农业产值影响的异质性分析

分类标准 变量	主产区与非主产区		不同经济发展水平		
	主产区	非主产区	东部	中部	西部
横向专业化	0.412*** （0.067）	−0.201** （0.098）	−0.188* （0.102）	0.207** （0.087）	0.484*** （0.078）
纵向专业化	0.031** （0.015）	0.112*** （0.014）	0.050*** （0.021）	0.055** （0.026）	0.068*** （0.014）
横向专业化×纵向专业化	0.262*** （0.043）	0.107 （0.090）	0.044 （0.083）	0.296*** （0.045）	0.032 （0.042）
控制变量	控制	控制	控制	控制	控制
时间固定效应	是	是	是	是	是
个体固定效应	是	是	是	是	是
常数项	1.972*** （0.270）	2.993*** （0.449）	1.674*** （0.494）	1.840*** （0.449）	0.971*** （0.342）
观测值	507	638	421	312	412
R^2	0.981	0.986	0.991	0.977	0.993

$*p < 0.1$, $**p < 0.05$, $***p < 0.01$

注：括号内为稳健标准误

接下来,进一步探析不同经济发展水平地区作物种植专业化对农业产值的增效作用。按照所有省份所在地理位置及经济发展水平将所有样本分为东、中、西三组,并对这三组分别进行回归分析。表 6-6 第 3~5 列报告了分样本回归的结果,对比这三类样本可以发现,中部地区省份作物种植专业化水平对农业产值的增效作用更强。

以上异质性分析结果表明,作物种植专业化水平对农业产值的影响效应因不同区域而有显著差异：在粮食主产区、中部地区省份效应较强。

4. 作物种植专业化对农业资源与环境影响的回归分析

本小节给出作物种植专业化水平对农业面源污染和农业碳排放的实证结果。之后,通过替换核心自变量、替换因变量和子样本回归等一系列的稳健性检验进一步表明结果的可信性,并最终通过异质性分析考察作物种植专业化水平在粮食主产区与非主产区、不同经济发展水平地区对农业面源污染和农业碳排放影响的差异性。

1)作物种植专业化对农业面源污染影响的回归结果分析

(1)基准回归结果。

表 6-7 报告了作物种植专业化水平对农业面源污染影响的模型估计结果。列(1)主要考察了各控制变量对农业面源污染的影响。回归结果表明,自然灾害率会增加农业面源污染排放,农业政策会减少农业面源污染的排放,符合基本事实,虽然二者均不显著。其他各个解释变量均在 1%的统计水平上显著。农业劳动力、农业机械化水平和农用化肥对农业面源污染呈现正向效应;有效灌溉率对其呈现负向效应。列(2)、列(3)分别考察了作物种植横向专业化和纵向专业化水平对农业面源污染的影响。回归结果显示,作物种植横向专业化和纵向专业化水平的系数均在 1%的水平上显著为负,说明作物种植专业化水平对农业面源污染有显著的减排效应。作物种植横向专业化与纵向专业化程度每加深 1%,农业面源污染将分别减少 0.184%、0.062%。究其原因,农户作物种植横向专业化水平越高意味着其在农业生产中越能充分利用已积累的经验和种植技术,更具针对性地进行施肥施药,抑制非效率行为,提升化肥农药利用效率,改善农业面源污染;作物种植纵向专业化水平越高意味着农户能够更充分地享受分工经济效应,利用机械化生产的专业化、精准化和智能化,减少施肥损耗,降低农业面源污染。

表 6-7　作物种植专业化对农业面源污染影响的回归结果

变量	(1)	(2)	(3)	(4)	(5)
横向专业化		−0.184*** (0.048)		−0.234*** (0.049)	−0.286*** (0.056)
纵向专业化			−0.062*** (0.010)	−0.067*** (0.011)	−0.050*** (0.013)
横向专业化×纵向专业化					−0.314*** (0.033)
农业劳动力	0.215*** (0.017)	0.222*** (0.018)	0.202*** (0.019)	0.210*** (0.020)	0.519*** (0.021)
农业机械水平	0.052*** (0.013)	0.043*** (0.014)	0.084*** (0.013)	0.076*** (0.013)	
农用化肥	0.277*** (0.014)	0.285*** (0.015)	0.257*** (0.017)	0.266*** (0.017)	
有效灌溉率	−0.190*** (0.050)	−0.167*** (0.047)	−0.172*** (0.050)	−0.141*** (0.046)	
自然灾害	0.001 (0.001)	0.001 (0.001)	0.001 (0.001)	0.001 (0.001)	0.001 (0.001)

续表

变量	（1）	（2）	（3）	（4）	（5）
农业政策	-0.001 （0.007）	0.002 （0.007）	0.0004 （0.008）	0.005 （0.008）	-0.461** （0.222）
时间固定效应	是	是	是	是	是
个体固定效应	是	是	是	是	是
常数项	-1.420*** （0.080）	-0.694*** （0.199）	-1.294*** （0.096）	-0.363* （0.212）	-1.420*** （0.080）
观测值	834	834	834	834	834
R^2	0.984	0.984	0.984	0.985	0.980

$*p<0.1$，$**p<0.05$，$***p<0.01$
注：括号内为稳健标准误

列（4）中，同时考察作物横向种植专业化和纵向专业化水平对农业面源污染的减排作用。模型回归结果表明，作物种植横向专业化和纵向专业化对农业面源污染的影响均在 1% 水平上显著为负，系数分别为-0.234 和-0.067。可见，作物种植横向专业化与纵向专业化程度的加深，有利于农业面源污染的减排。

列（5）主要考察作物种植横向专业化和作物种植纵向专业化的交互项是否有利于增强农业面源污染的减排效应。回归结果显示，作物种植横向专业化和纵向专业化的交互项系数在 1%的水平上显著为负，且作物种植横向专业化和纵向专业化的系数仍然保持显著为负。这表明，作物种植横向专业化程度加深，能够增强纵向专业化对农业面源污染的减排作用。

（2）稳健性检验。

为了检验结果的稳健性即作物种植专业化是否有利于农业面源污染减排，下面分组进行稳健性检验。第一，表6-8列（1）和列（2）分别使用 hhi 替换作物种植横向专业化 spi；第二，表6-8列（3）~列（5）分别呈现使用单位面积面源污染替换农业面源污染总量的回归结果；第三，由于重庆建市较晚，数据区间较短，表6-8列（6）~列（8）呈现剔除了重庆市的回归结果。在进行一系列检验之后，我们发现结果依然稳健。

表6-8　作物种植专业化对农业面源污染影响的稳健性检验

分类标准变量	替换自变量 hhi		替换因变量（单位面积面源污染）			平衡面板		
	（1）	（2）	（3）	（4）	（5）	（6）	（7）	（8）
横向专业化	-0.647*** （0.062）	-0.524*** （0.107）	-0.234*** （0.082）		-4.158*** （0.801）	-0.202*** （0.053）		-0.241*** （0.059）
纵向专业化		-0.078*** （0.012）		-0.043*** （0.009）	-0.001 （0.001）		-0.070*** （0.015）	-0.061*** （0.016）

续表

分类标准	替换自变量 hhi		替换因变量（单位面积面源污染）			平衡面板		
变量	（1）	（2）	（3）	（4）	（5）	（6）	（7）	（8）
横向专业化× 纵向专业化		−0.08*** （0.029）			−1.463** （0.639）			−0.281*** （0.039）
控制变量	控制	控制	控制	控制	控制	控制	控制	控制
时间固定效应	是	是	是	是	是	是	是	是
个体固定效应	是	是	是	是	是	是	是	是
常数项	−1.377*** （0.070）	−1.647*** （0.112）	−1.006*** （0.332）	−1.708*** （0.107）	9.918*** （2.951）	−0.683*** （0.222）	−1.255*** （0.115）	−0.286 （0.248）
观测值	834	834	834	834	834	784	784	784
R^2	0.985	0.983	0.974	0.974	0.940	0.984	0.984	0.980

$**p < 0.05$，$***p < 0.01$

注：括号内为稳健标准误

（3）异质性分析。

接下来实证分析粮食主产区与非主产区的作物种植专业化对农业面源污染减排作用的影响。首先，将所有省份按照粮食主产区与否分为两组，并对这两组分别进行回归分析。其次，进一步探讨不同经济发展水平地区作物种植专业化对农业面源污染的减排作用。按照省份所在地理位置及经济发展水平将所有的样本分为东部地区、中部地区和西部地区三组，并对这三组分别进行回归分析。表 6-9 列（1）和列（2）报告了主产区与否的回归结果，表 6-9 列（3）～列（5）报告了不同经济发展水平样本的回归结果，分别通过对比两类样本回归结果和这三类样本回归结果，可以发现，与作物种植专业化对农业产值影响的异质性结果相同，粮食主产区和中部省份作物种植横向专业化和纵向专业化的交互项显著为负，即粮食主产区和中部省份作物种植专业化水平对农业面源污染的减排效果更强。

表 6-9　作物种植专业化对农业面源污染影响的异质性分析

分类标准	主产与非主产区		不同经济发展水平		
变量	（1）主产区	（2）非主产区	（3）东部	（4）中部	（5）西部
横向专业化	−0.211*** （0.077）	−0.040 （0.077）	−0.002* （0.001）	−0.264*** （0.042）	−0.130 （0.114）
纵向专业化	−0.053*** （0.018）	−0.054*** （0.011）	−0.002*** （0.001）	−0.039*** （0.008）	−0.032** （0.016）
横向专业化×纵向专业化	−0.066** （0.030）	0.266*** （0.046）	0.345*** （0.054）	−0.179*** （0.022）	0.157*** （0.049）

分类标准	主产与非主产区		不同经济发展水平		
变量	（1）主产区	（2）非主产区	（3）东部	（4）中部	（5）西部
控制变量	控制	控制	控制	控制	控制
时间固定效应	是	是	是	是	是
个体固定效应	是	是	是	是	是
常数项	-1.227^{***}	-1.581^{***}	-1.449^{***}	-1.394^{***}	-3.159^{***}
	（0.387）	（0.337）	（0.128）	（0.198）	（0.434）
观测值	336	470	308	224	302
R^2	0.988	0.981	0.991	0.998	0.973

$*p < 0.1$，$**p < 0.05$，$***p < 0.01$

注：括号内为稳健标准误

2）作物种植专业化对农业碳排放影响的回归结果分析

（1）基准回归结果。

表 6-10 报告了作物种植专业化水平对农业碳排放影响的模型估计结果。由列（1）和列（3）结果可知，作物种植横向专业化和作物种植纵向专业化对农业碳排放量的影响均不显著。进一步考虑作物种植专业化与农业碳排放之间可能存在非线性关系，本书在列（1）和列（3）的基础上，分别引入作物种植横向专业化的平方项和作物种植纵向专业化的平方项，回归结果如表 6-10 列（2）和列（4）所示。

表 6-10　作物种植专业化对农业碳排放影响的回归结果

变量	（1）	（2）	（3）	（4）
横向专业化	-0.016	-9.033^{***}		
	（0.038）	（1.360）		
横向专业化平方项		1.150^{***}		
		（0.173）		
纵向专业化			0.0002	-0.018^{*}
			（0.000）	（0.009）
纵向专业化平方项				0.008^{***}
				（0.002）
农业劳动	0.046^{***}	0.092^{***}	0.044^{***}	0.042^{**}
	（0.017）	（0.034）	（0.017）	（0.017）
农业机械	0.120^{***}	0.230^{***}	0.121^{***}	0.117^{***}
	（0.008）	（0.019）	（0.008）	（0.009）
农用化肥	0.775^{***}	0.783^{***}	0.775^{***}	0.765^{***}
	（0.017）	（0.018）	（0.017）	（0.017）

续表

变量	（1）	（2）	（3）	（4）
有效灌溉率	0.222*** （0.043）	0.259*** （0.040）	0.218*** （0.042）	0.001** （0.001）
自然灾害	0.001* （0.001）	0.002*** （0.001）	0.001* （0.001）	0.009 （0.006）
农业政策	0.009 （0.006）	0.009 （0.009）	0.009 （0.006）	0.042** （0.017）
时间固定效应	是	是	是	是
个体固定效应	是	是	是	是
常数项	0.068 （0.166）	18.730*** （2.623）	−0.003 （0.074）	0.141** （0.055）
观测值	776	776	776	776
R^2	0.996	0.980	0.996	0.996

*$p < 0.1$，**$p < 0.05$，***$p < 0.01$

注：括号内为稳健标准误

由列（2）可知，对于农业碳排放量，作物种植横向专业化平方项系数显著为正，一次项系数显著为负，因此作物种植横向专业化对农业碳排放的影响呈现"U"形曲线。随着作物种植横向专业化水平的提高，其对农业碳排放的削减效应在第一阶段表现为强化的趋势，当作物种植横向专业化水平达到临界点 50.774[①]时，此时削减效应达到最大；而当作物种植横向专业水平从左至右越过临界点后，削减效应在第二阶段表现为弱化的趋势。上述分析说明，通过扩大作物种植横向专业化水平以增强作物种植横向专业化对农业面源污染的减排效应存在一个临界水平。

由列（4）可知，对于农业碳排放量，作物种植纵向专业化平方项系数显著为正，一次项系数显著为负，因此作物种植纵向专业化对农业碳排放的影响呈现"U"形曲线。随着作物种植纵向专业化水平的提高，作物种植纵向专业化对农业碳排放的减排作用在第一阶段表现为强化的趋势，当作物种植纵向专业化水平达到临界点 3.080[②]时，农业碳排放削减效应达到最大；而当作物种植纵向专业化从左至右越过临界点后，减排效应在第二阶段表现为弱化的趋势。上述分析说明，通过提高作物种植纵向专业化水平以增强作物种植纵向专业化对农业碳排放的减排效应存在一个临界值，即当作物种植纵向专业化水平越过临界值后，对农业碳排放减排作用减弱。

---

① 临界点以横向专业化计算二次项函数的对称轴，计算公式为：$\exp\{-（-9.033）\div[2\times1.150]\}$=50.774。

② 计算公式为：$\exp\{-（-0.018）\div[2\times0.008]\}$=3.080。

同样作为非期望产出的农业面源污染和农业碳排放，作物种植专业化对二者的影响并不一致，作物种植专业化水平对农业面源污染有显著的负向影响，呈线性关系；作物种植专业化对农业碳排放的影响呈现"U"形曲线。主要原因是二者的污染源来源不同：农业面源污染的主要来源是农用化肥和农药等农用化学品，而农用柴油和汽油等化石能源是种植业碳排放的主要污染源。作物种植横向专业化和纵向专业化水平的加深能够带来化肥和农药的减量化，从而促进农业面源污染的减排。另外作物种植纵向专业化程度的加深会增加化石能源的使用，因此可能带来农业碳排放的增多。

（2）稳健性检验。

为了检验结果的稳健性即作物种植横向专业化对农业碳排放的影响是否呈现"U"形关系，作物种植纵向专业化与农业碳排放之间是否呈现"U"形关系，下面分组进行稳健性检验。检验方法与上述农业面源污染检验方法相同，可以发现，在进行一系列检验之后，结果依然稳健（表6-11）。

表6-11　作物种植专业化对农业碳排放影响的稳健性检验

分类标准变量	替换自变量		替换因变量（单位面积碳排放）		平衡面板	
	（1）	（2）	（3）	（4）	（5）	（6）
横向专业化	-0.701^{***}（0.171）	-0.007^{***}（0.002）	-9.079^{***}（1.368）		-6.511^{***}（1.097）	
横向专业化平方项	0.546^{*}（0.298）	0.000^{*}（0.000）	1.155^{***}（0.174）		0.840^{***}（0.140）	
纵向专业化				-0.013^{*}（0.008）		-0.066^{***}（0.017）
纵向专业化平方项				0.003^{**}（0.001）		0.012^{***}（0.003）
控制变量	控制	控制	控制	控制	控制	控制
时间固定效应	是	是	是	是	是	是
个体固定效应	是	是	是	是	是	是
常数项	0.457^{***}（0.061）	0.457^{***}（0.061）	18.82^{***}（2.639）	1.214^{***}（0.071）	12.61^{***}（2.123）	0.165^{**}（0.074）
观测值	776	776	775	775	728	728
R^2	0.996	0.996	0.980	0.977	0.997	0.997

*$p<0.1$，**$p<0.05$，***$p<0.01$
注：括号内为稳健标准误

（3）异质性分析。

与农业面源污染相同，我们对农业碳排放按照粮食主产区与非主产区、不同经济发展水平，分别对所有的省份进行分组实证检验。表 6-12 列（1）和列（2）回归结果显示，作物种植横向专业化和纵向专业化对农业碳排放的影响在粮食主产区与非主产区之间不存在本质差异。列（3）~列（5）报告了不同经济发展水平样本的回归结果，通过对比三类样本回归结果，可以发现，作物种植横向专业化水平对农业碳排放的影响在东部中部西部地区也不存在显著的差异，但是作物种植纵向专业化水平对农业碳排放的影响在东、中、西部地区呈现出显著的差异性：在东部地区作物种植纵向专业化对农业碳排放的影响呈现倒"U"形关系，而在中部和西部地区则呈现"U"形关系。

表 6-12　作物种植专业化对农业碳排放影响的异质性分析

分类标准变量	主产与非主产区				不同经济发展水平					
	（1）主产区		（2）非主产区		（3）东部		（4）中部		（5）西部	
横向专业化	−2.343*** (0.796)		−0.041*** (0.011)		−0.044*** (0.012)		−4.111*** (0.701)		−0.063*** (0.012)	
横向专业化平方项	0.310*** (0.101)		0.0004*** (0.000)		0.0004*** (0.000)		0.538*** (0.089)		0.0007*** (0.000)	
纵向专业化		−0.269*** (0.032)		−0.072*** (0.021)		0.266*** (0.037)		−0.285*** (0.037)		−0.153*** (0.019)
纵向专业化平方项		0.044*** (0.006)		0.026*** (0.005)		−0.043*** (0.007)		0.053*** (0.007)		0.044*** (0.005)
控制变量	控制	控制	控制	控制	控制	控制	控制	控制	控制	控制
时间固定效应	是	是	是	是	是	是	是	是	是	是
个体固定效应	是	是	是	是	是	是	是	是	是	是
常数项	5.075*** (1.586)	−0.490* (0.262)	0.721*** (0.260)	−0.160 (0.099)	0.707*** (0.250)	−0.317*** (0.110)	8.458*** (1.434)	0.264 (0.442)	1.522*** (0.286)	0.516*** (0.174)
观测值	338	338	438	438	286	286	208	208	282	282
R^2	0.995	0.973	0.995	0.995	0.997	0.977	0.998	0.985	0.997	0.998

*$p < 0.1$，***$p < 0.01$

注：括号内为稳健标准误

5. 作物种植专业化对农业碳排放影响的进一步讨论

根据表 6-8 列（2）的估计结果，以及表 6-12 的模型结果中作物种植横向专业化水平一次项均显著为正，二次项均显著为正，表明作物种植横向专业化对农业碳排放的影响在全国、粮食主产区和非主产区、东中西部地区均存在先抑制、后促进的"U"形关系。但这一影响又存在差异，图 6-3 直观地反映了这一差别，这从作物种植横向专业化水平拐点出现的时机来看，粮食主产区首先出现拐点，其次是中部地区，接着是全国总样本，紧接着是西部地区和非主产区，最后是东部地区。

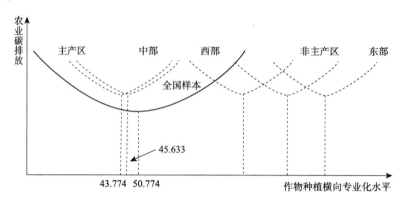

图 6-3　作物种植横向专业化与农业碳排放的 U 形关系

从作物种植横向专业化的发展水平来看（表 6-13），全国作物种植横向专业化水平尚未达到拐点，中部地区省份临近拐点值，而粮食主产区的横向专业化水平已经越过拐点。

表 6-13　作物种植专业化水平与农业碳排放发展阶段

样本	横向专业化（拐点）	纵向专业化（拐点）	横向专业化均值	纵向专业化均值
全国	50.774	3.080	48.202	10.916
粮食主产区	43.774	21.260	47.296	13.452
中部地区	45.633	14.712	45.255	13.940

根据表 6-8 列（4）及表 6-10 的主产区与非主产区、中部和西部地区模型结果中作物种植纵向专业化水平一次项均显著为正，二次项均显著为负，这表明作物种植纵向专业化对农业碳排放的影响在全国、粮食主产区和非主产区和中部西部地区均存在先抑制、后促进的"U"形关系。上述"U"形关系也存在差异，图 6-4 直观地反映这一差别，这从作物种植纵向专业化水平拐点出现的时机来看，全国总样本首先出现拐点，紧接着是粮食非主产区，随后是西部和中部地区，最后是粮食主产区。在东部地区呈现先促进、后抑制的倒"U"形关系，其农业碳排放的拐点也是最晚出现。从作物种植纵向专业化的发展水平来看，全国平均水平已越过拐点，而粮食主产区和中部地区尚未达到拐点。

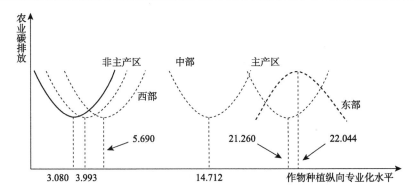

图 6-4 作物种植纵向专业化与农业碳排放的 U 形关系

6. 作物种植专业化对农业生态效率影响的结果分析

1) 作物种植专业化对农业生态效率影响的基准回归结果

表 6-14 报告了作物种植横向专业化和纵向专业化对农业生态效率影响的模型估计结果。由于因变量取值范围>0，故采取 Tobit 模型进行估计。列（1）主要检验了各直接因素对农业生态效率的影响，从结果来看，除了农业劳动力不显著外，其他各个解释变量均在 1% 的统计水平上显著。农业机械动力、农用化肥、自然灾害率对农业生态效率呈现负向效应，有效灌溉率和农业政策对其呈现正向效应。

表 6-14 作物种植专业化对农业生态效率的影响估计结果

变量	（1）	（2）	（3）	（4）	（5）	（6）	（7）
横向专业化		0.337*** （0.066）		0.219*** （0.065）	0.211*** （0.065）	0.309*** （0.067）	0.215*** （0.065）
纵向专业化			0.0005*** （0.000）	0.0004*** （0.000）	0.0003*** （0.000）	0.0004*** （0.000）	0.0004*** （0.000）
横向专业化×纵 向专业化					0.190** （0.080）		
横向专业化×农业 劳动力						0.173*** （0.037）	
横向专业化×自 然灾害率							0.078* （0.045）
农业劳动力	0.024 （0.053）	0.071 （0.052）	0.068 （0.050）	0.093* （0.050）	0.038 （0.055）	0.098** （0.050）	0.097* （0.050）
农业机械动力	−0.081*** （0.029）	−0.080*** （0.028）	−0.112*** （0.028）	−0.109*** （0.027）	−0.089*** （0.028）	−0.130*** （0.027）	−0.113*** （0.027）
农用化肥	−0.141*** （0.029）	−0.151*** （0.028）	−0.155*** （0.027）	−0.159*** （0.027）	−0.158*** （0.027）	−0.169*** （0.027）	−0.159*** （0.027）

续表

变量	（1）	（2）	（3）	（4）	（5）	（6）	（7）
有效灌溉率	0.287***	0.203***	0.130*	0.094	0.095	0.064	0.097
	（0.070）	（0.070）	（0.069）	（0.069）	（0.069）	（0.069）	（0.069）
自然灾害率	−0.004***	−0.004***	−0.002**	−0.002**	−0.002**	−0.003***	−0.003***
	（0.001）	（0.001）	（0.001）	（0.001）	（0.001）	（0.001）	（0.001）
农业政策	0.060***	0.037***	0.040***	0.027**	0.025*	0.026**	0.026**
	（0.012）	（0.013）	（0.012）	（0.013）	（0.013）	（0.013）	（0.013）
常数项	0.910***	−0.350	0.979***	0.149	0.177	−0.206	0.133
	（0.123）	（0.274）	（0.118）	（0.274）	（0.274）	（0.280）	（0.274）
观测值	776	776	776	776	776	776	776

$*p < 0.1$，$**p < 0.05$，$***p < 0.01$

注：括号内为稳健标准误

列（2）与列（3）分别检验了作物种植横向专业化和作物种植纵向专业化水平对农业生态效率的影响，从回归结果来看，二者均在 1%统计水平上显著。在作物种植横向专业化的模型中，作物种植横向专业化水平每上升 1 个单位，农业生态效率将提高 0.337 个单位；在作物种植纵向专业化的模型中，作物种植纵向专业化水平每上升 1 个单位，农业生态效率将提高 0.0005 个单位。说明无论是作物种植横向专业化还是作物种植纵向专业化水平的提高都有利于农业生态效率的提升。Liu 等[158]的研究发现作物种植结构的优化有利于农业生态效率的改善，部分佐证了本书的研究结论。与之不同的是，本书明确了作物种植结构调整的具体方向，即作物种植专业化水平的提高有效改善农业生态效率。

列（4）与列（5）中同时加入了作物种植横向专业化和作物种植纵向专业化水平以及作物种植横向专业化与作物种植纵向专业化的交互项，考察作物种植专业化水平对农业生态效率的影响。列（4）回归结果显示，二者系数仍然在 1%统计水平上显著为正。列（5）回归结果显示，作物种植横向专业化与作物种植纵向专业化的交互项系数在 5%统计水平上显著为正，而且作物种植横向专业化与作物种植纵向专业化的系数仍然保持显著为正，这表明，当作物种植横向专业化程度较高时，作物种植纵向专业化水平的提高能够进一步促进农业生态效率的提升。

列（6）中加入了作物种植横向专业化与农业劳动力的交互项，考察作物种植横向专业化是否通过劳动力要素对农业生态效率产生积极影响。回归结果显示，劳动力资源越充足，作物种植横向专业化的增加越会提高农业生态效率。这表明，在农业劳动力大量转移背景下，深化作物种植横向专业化水平有利于促进农业生态效率的提高。

列（7）中加入了作物种植横向专业化与自然灾害率的交互项，考察在自然灾害率严重的情景下，作物种植横向专业化的增加能否减缓自然灾害的负面效应，对农业生态效率有正向的影响。回归结果显示，作物种植横向专业化在自然灾害较严重时对农业生态效率有显著的调节作用，作物种植横向专业化的减少有利于农业生态效率的提高。

2）稳健性检验

上述实证在一定程度上验证了上述的理论假说。为了探讨上述实证结果的稳健性，本节基于不同方法的核心自变量、子样本回归等对作物种植横向专业化和纵向专业化对农业生态效率的影响展开了一系列稳健性检验，结果如表 6-15 所示，省略了控制变量结果，仅展示核心变量和交互项回归结果。

表 6-15　作物种植专业化对农业生态效率影响稳健性检验

变量	替换自变量		平衡面板		
	（1）	（2）	（3）	（4）	（5）
横向专业化	0.298***	0.152	0.259***		0.110**
	（0.115）	（0.155）	（0.057）		（0.054）
纵向专业化		0.019		0.0006***	0.0004***
		（0.011）		（0.000）	（0.000）
横向专业化×纵向专业化		0.139**			0.172***
		（0.057）			（0.066）
控制变量	控制	控制	控制	控制	控制
常数项	0.975***	0.877***	−0.820***	0.203**	−0.212
	（0.166）	（0.164）	（0.237）	（0.103）	（0.228）
观测值	776	776	728	728	728

$**p < 0.05$，$***p < 0.01$

注：括号内为稳健标准误

（1）作物种植横向专业化的度量。在基准回归中，我们使用了 spi 指数测算作物种植横向专业化水平，表 6-15 列（1）和列（2）使用集中度指数 hhi 作为作物种植横向专业化指标开展稳健性检验。模型回归结果显示，作物种植横向专业化及作物种植横向专业化与纵向专业化的交互项系数均为正，且至少在 5%统计水平上显著。

（2）平衡面板数据。农业化学投入品的施用强度与利用效率在不同类型作物之间，可能存在较大差异。基于此，表 6-15 列（3）~列（5）分别检验了粮食作物与经济作物专业化水平对化肥减量的影响。可以看到，结果仍然稳健。

3）异质性分析

作物种植专业化对农业生态效率的影响方向在粮食主产区和非主产区不存在本质的差异，横向专业化和纵向专业水平的深化均有利于粮食主产区和非主产区农业生态效率的提高。主产区作物种植专业化水平的提升对农业生态效率的促进作用略强于非主产区。在经济发展水平不同的地区，作物种植横向专业化和纵向专业化水平对农业生态效率的影响在东部地区和中部地区之间无本质差异，但东部地区和中部地区的作物种植专业化对农业生态效率的影响显著强于西部地区。北方地区作物种植专业化水平对农业生态效率的促进作用显著强于南方地区（表 6-16）。其主要的原因可能在于，北方地区多以平原地形为主，耕地平坦，集中连片；南方地区多以山地丘陵为主，加之河网密布，耕地狭小细碎。

表 6-16　作物种植专业化对农业生态效率影响的异质性分析

变量	主产与非主产区		经济发展水平不同的地区			南北之别	
	主产区	非主产区	东部	中部	西部	南方	北方
横向专业化	0.067^{***}	0.415^{***}	0.243^{*}	0.073^{***}	0.403^{***}	0.001	0.411^{***}
	（0.024）	（0.125）	（0.137）	（0.026）	（0.118）	（0.002）	（0.089）
纵向专业化	0.0097^{***}	0.0003^{***}	0.0002^{**}	0.009^{*}	0.028^{**}	0.003	0.023
	（0.003）	（0.000）	（0.0001）	（0.005）	（0.013）	（0.011）	（0.018）
横向专业化 × 纵向专业化	0.085^{***}	0.229^{**}	0.332^{***}	0.047^{***}	-0.246^{***}	0.010	0.422^{***}
	（0.014）	（0.116）	（0.100）	（0.015）	（0.053）	（0.052）	（0.073）
控制变量	控制	控制	控制	控制	控制	控制	控制
常数项	0.101	-0.363	1.211^{**}	-0.220^{*}	-1.412^{***}	1.750^{***}	-1.512^{***}
	（0.100）	（0.514）	（0.585）	（0.130）	（0.478）	（0.205）	（0.339）
观测值	338	438	286	208	282	386	390

$*p < 0.1$，$**p < 0.05$，$***p < 0.01$

注：括号内为稳健标准误

第7章 中国农作物种植结构优化与未来发展趋势

随着中国农业结构战略性调整的逐步深入,其核心组成部分的种植业结构调整,正在步入优化升级阶段。系统结构决定系统功能,由于种植业生产系统本身具有多功能性,其目标的多元化意味着结构的多样化。随着农业生产资源的不断消耗,未来农业的可持续性需要通过经济、社会、生态和环境诸多方面的协调发展,优化种植业结构,合理配置有限的资源,取得最佳的综合效益。实现中国农作物种植结构优化,顶层设计是关键,本章从中国现实背景出发,从优化目标和约束条件两个方面设计构建农作物种植结构优化的基本框架,从情景模拟和政策激励视角探讨农作物种植结构优化的实现路径,并预测未来中国农作物生产布局、种植模式和种植方式的发展趋势。

7.1 中国农作物种植结构优化

7.1.1 农作物种植结构优化目标与约束条件

1. 农作物种植结构优化目标

农作物种植结构优化是一种多层次、多目标的系统工程,涉及社会经济、生态农业、资源环境等多方面协调。农作物种植结构优化是指在不同区域水资源、土地、气候等自然资源条件及技术水平、市场需求等社会经济条件的约束下,通过调整区域的种植结构使其与当地的自然资源条件、社会经济条件相匹配,从而实现设定目标的最优化状态。合理的农作物种植结构优化应兼顾粮食安全、农户收益最大化、生态安全、食物安全等目标,从保障粮食安全与食物安全出发,以最大化经济效益与生态效益为方向，根据区域资源条件、气候特征等因素，因地制宜地进行种植结构调整。

1）粮食安全目标

党的十八大以来，我国坚持"确保谷物基本自给，口粮绝对安全"的粮食安全观，并在"十四五"经济社会发展指标中明确指出到 2025 年我国的粮食综合生产能力应大于 6.50 亿吨，定量的约束性指标使新时代的粮食安全目标更加精准。保障粮食安全要坚持稳字当头，在优化作物种植结构的过程中，需保证三大谷物面积稳定在 14 亿亩以上、口粮面积稳定在 8 亿亩以上，大米小麦口粮自给率达 100%。另外，棉油糖要保证合理自给水平，棉花面积稳定在 5 000 万亩、油料面积稳定在 1.90 亿亩、糖料面积稳定在 2 400 万亩[159]。新时期我国粮食需求面临着质量提升、结构升级、数量增长的新要求，粮食安全目标也由追求数量的产量导向转为提升质量的竞争力导向。综合来看，新时期我国粮食安全目标可总结为在保数量、保质量、保多样的基础上，满足品质需求、营养需求和健康需求。

2）食物安全目标

随着社会经济水平的快速发展，人们对食物的健康需求愈发强烈。在当前大食物观的背景下，粮食安全不仅局限于粮食本身的安全，还应考虑综合的食物安全。因此，在保障粮食安全的同时，应将粮油菜、肉蛋奶、水产品、瓜果等各类食物纳入体系，树立大食物观，保障食物有效供给。保障食物安全，可以从食物自给率与营养自给率两方面评价，目前中国蛋类、蔬果、水产品的自给率均已超过 100%，肉类、奶类、谷物、糖类的自给率在 90% 以上，薯类自给率为 81.59%，但是油籽的自给率只有 37.75%；从营养角度来看，我国供给消费的蛋白质和脂肪的供能比率已经达到或接近世界卫生组织建议的供能比率上限，但是碳水化合物的供能比率相对较低[160]，实现食物安全目标，要兼顾营养目标与多元化的食物消费目标。此外，保障食物安全，不仅需要保障主食产品供给安全，还需保障副食产品供给安全；不仅需要保障人的口粮安全，还需保障饲料用粮安全。在充分挖掘动物、植物、微生物、海洋、森林食物资源潜力的同时评估资源环境承载力，保障生态安全。注重国内市场的同时，还应放眼国外，构建安全稳定的食物供应链。

3）农户收益最大化目标

提高农民收入是"三农"问题的根本落脚点。党的十九大报告概括了乡村振兴的总要求，其中"生活富裕"便是乡村振兴的总要求之一。以恩格尔系数为标准，联合国将 30%~40% 定义为相对富裕标准，将 20%~30% 定义为富足标准，2021 年我国农村居民家庭的恩格尔系数为 32.7%，即将迈入富足阶段，在制定种植结构调整方案时应围绕农户增收展开。种植结构调整从宏观来看是政策指导，但方案的落实离不开农户生产经营决策这一微观基础。农户作为作物种植的主要决策者，在种植结构的调控过程中发挥着重要作用。农户作为理性的经济个体，其生产行为受经济收益最大化目标驱动。2015年，全国玉米播种面积相比2000年增长了65%，重要原因之一便是玉米的价格稳定且经济收益较高。因此，作物种植结构优化应从农户收益最大化出发，基于区域社会经济、资源禀赋、气候条件，合理配置自然及社会资源，因地制宜发展市场前景良好、经济高效的作物，使农户收入持续增长。

4）生态安全目标

近几十年来，中国的农业高速发展，粮食安全得以保障，但是由于农业资源利用方式粗放不当，碳排放强度高、地下水超采、农业投入品过量使用、农业内外源污染等问题逐渐浮现。以化肥为例，2019年我国的化肥施用量达到了54 036万吨，与1978年相比增加了5倍。除化肥过量投入使用外，我国地膜使用量也在增加。2020年我国地膜覆盖面积超过1 762.81万公顷，地膜残留长期积累造成的白色污染将直接破坏土壤结构、降低土壤质量。此外，许多地区尤其是华北和西北地区还面临着水资源过度开发问题，全国每年超采地下水量约160亿立方米，大量超采地下水形成了地下漏斗22万平方千米。农业可持续发展要求在进行种植结构调整时，既要遵循经济效益最大化原则，又要让农业生产方式向绿色化转变，使农业生态系统保持稳定。为保障农业可持续发展，防止区域生态环境遭到破坏，在进行作物种植结构优化的同时必须协调农业用水与生态用水之间的关系，减少农药化肥过量投入而导致的农业污染问题，避免出现耕地荒漠化、盐碱化、水土流失等生态问题。种植结构调整应根据区域资源禀赋差异及作物生长发育特征，适水种植，发展节水高效农业，促进生态系统良性循环。

5）水资源均衡调控目标

要实现水资源均衡调控需统筹兼顾区域及行业间的用水公平与用水效率，以实现社会稳定、经济发展与生态安全。在进行水资源均衡调控时，要在空间上保证不同省份、不同河段之间实现用水协调，在时间上要实现年际、年内的用水协调。与此同时，还要在生产、生活、生态之间实现用水协调。在进行调控时，要保证水资源实现可再生与可循环，在经济维度上水资源应实现向高效率行业流转，在社会维度上应保证弱势群体的基本用水。在进行水资源调控时，一方面，需依据经济价值高效率配置水资源，充分发挥水资源在社会、经济、生态方面的价值；另一方面，需协调农业、工业等行业及生态环境之间的用水公平问题，避免导致用水失衡。此外还需兼顾区域用水公平，使得人均水资源占有量差异最小化，减少区域间的用水矛盾，实现区域及行业之间的用水高效及公平分享。

2. 农作物种植结构优化的约束条件

最优化问题是在满足约束条件的情况下寻求决策变量的最优选择。作物种植结构优化问题需在一定的约束条件下，通过调整区域不同作物种植面积，使期望目标得到最大满足，实现综合效益最优。

1）耕地资源约束

耕地是粮食生产的重要载体，是农业永续发展的根基，在进行种植结构优化时，应严格落实"藏粮于地"战略，严守耕地数量，遏制耕地的"非粮化"与"非农化"，严守 18 亿亩耕地红线，建成 10.75 亿亩集中连片高标准农田。目前我国耕地面临中低产田比例大、耕地质量偏低、退化等问题。虽然我国的耕地面积约占世界耕地总面积的 10%，但是我国的化肥施用量占世界总量的近 1/3[161]，农业化肥投入增量加重了我国耕地酸化和板结问题。除了化肥施用过量造成耕地质量下降外，工业污染和生活垃圾排放也是造成耕地质量下降的重要原因。目前我国耕地面临的重金属污染已进入"集中多发期"。

在进行种植结构调整时，应将保障粮食安全目标放在首要位置，但是鉴于区域耕地资源的有限性与经济条件的现实压力，同时为了避免由于开垦土地而造成生态环境恶化，应设定优化后的种植面积不得大于可利用的播种面积，在可利用的土地上优化不同作物的空间布局。

2）水资源约束

从水资源环境来看，水资源短缺是粮食安全面临的重大挑战，对粮食生产形成明显的制约作用。随着工业化和城镇化的快速发展，农业用水逐渐被工业和生活用水挤占。随着中国粮食生产重心向北迁移，粮食生产逐渐向主产区集中，在 2003~2020 年中国 13 个粮食主产区占全国的粮食产量比重从 71% 上涨至 79%，目前北方粮食主产区农业水资源压力显著大于南方地区[162]，粮食生产北移趋势将进一步加重北方主产区的水资源约束。此外，未来气候变暖将直接导致土壤水分蒸散量的提高，从而进一步加剧水资源的危机程度。

在农业生产中，作物种植结构和区域水资源总量及利用效率息息相关，种植结构的合理布局制约着水资源的利用，设定用水红线对缓解水资源压力至关重要，部分学者将 2030 年的农业用水红线划定在 4.3×10^{11} 立方米左右[163]。在进行作物种植结构调整的过程中，必须充分考虑区域水资源的承载能力，实现水资源的优化配置。根据区域水资源禀赋、气候条件与作物生育期内需水特征，调整作物种植结构，合理分配并高效利用蓝水与绿水资源，同时设定可用水资源红线，以水定产，提高农业用水的利用效率。

3）其他生产投入物质约束

2020 年 9 月，习近平总书记在第七十五届联合国大会中提出"二氧化碳排放力争于 2030 年前达到峰值,努力争取 2060 年前实现碳中和"[①]。国务院在《2030 年前碳达峰行动方案》中提出,到 2025 年单位国内生产总值二氧化碳排放比 2020 年下降 18%,到 2030 年单位国内生产总值二氧化碳排放比 2005 年下降 65% 以上的减排目标。要实现"双碳"目标,减少农业生产系统中的碳排放至关重要。在农业生产中,生产要素投入对作物种植起着至关重要的作用,但农药、化肥、塑料薄膜是我国农业生产中非能源碳排放的主要来源。我国面临化肥、农药使用量大、利用率低的现象,我国化肥年使用量占世界的 32%,农药施用利用率为 35%,农膜残留率为 40%。尽管化肥投入对作物种植可以起到增产增效的作用,但过量投入会增加碳排放,因此化肥使用量应在一定限值内。各区域的劳动力禀赋、社会资本与农业机械化差异显著,农业生产的各项要素投入应考虑当地的禀赋水平。

4)气候条件约束

气候条件是影响作物生长发育的关键性因素,种植区域的气候条件应与作物的生态适应性相匹配。目前,多数学者以热量来衡量种植区域的气候条件是否与作物的生态适宜性匹配。研究表明气温与粮食单产之间大致呈倒"U"形关系,极端的区间积温将导致粮食减产,其中低于 20℃ 和高于 35℃ 的区间积温会导致小麦减产,低于 20℃ 和高于 30℃ 的区间积温导致水稻减产。此外,区域的降水和日照水平与粮食单产之间也存在倒"U"形关系,其中水稻生产的最优降水量区间为 702~712 毫米,小麦生产的最优降水量区间为 383~424 毫米,水稻的最优日照时长区间是 1 049~1 066 小时,小麦的最优日照时长区间是 2 261~2 350 小时[164]。因此,在进行种植结构调整时需考虑种植区域的热量资源、雨水及日照条件是否能满足作物生长发育需求。通常来说,水稻生长的起始温度为 10℃,水稻种植区域的气候条件需要基本满足当地有 110 天以上的日平均气温稳定地大于 10℃。其中,单季稻种植的有效积温区间应在 2 000~4 500℃·d,再生稻种植的有效积温区间应在 4 500~7 000℃·d,双季稻种植的有效积温区间应大于 4 600℃·d[165]。

5)粮食需求约束

人们对粮食的需求水平决定了作物种植的下限。在设定粮食需求约束时,需根据粮食消费需求区分口粮用粮、饲料用粮、工业用粮和种子用粮,明晰各类用粮目标,设定粮食最低需求限值。综合来看,中国后小康时代的种子用粮及工业用粮需求将基本保持稳定,口粮用粮需求将稳中有降,饲料用粮需求将有所增加。据预测,中国未来的食物用粮(包括饲料用粮)、工业用粮、种子用粮需求将于 2025 年达到 49 076.17 万吨、15 842.56 万吨、1 113.77 万吨,于 2030 年达到 48 987.84

---

① 习近平在第七十五届联合国大会一般性辩论上发表重要讲话[EB/OL]. http://www.gov.cn/xinwen/2020-09/22/content_5546168.htm, 2020-09-22.

万吨、18 365.87 万吨、1 080.76 万吨，于 2035 年达到 48 495.64 万吨、21 291.07 万吨、1 048.72 万吨[166]。

7.1.2　农作物种植结构优化的几种情景

农作物种植结构优化的目的是在保障粮食安全的基础上，调整作物种植结构，实现粮食安全、资源环境、社会经济等综合效益最优。基于不同情景构建种植结构优化模型，可以预测不同的种植模式及发展理念下种植结构的优化趋势，向政策决策者提供多元有效的政策选择，目前已有学者开展基于水资源约束情景、气候变化情景、机械化发展情景下的种植结构优化研究。

基于水资源约束情景的种植结构优化是指基于一定的技术经济条件，以作物适水种植为核心，优化作物生产布局，合理配置当地资源，以实现经济、社会和生态的综合效益最优。早期学者多以经济效益最大化为单目标，基于水资源总量约束建立作物种植结构优化模型[167]。随着经济发展过程中水资源短缺、环境污染、生态系统退化等问题凸显，种植结构的优化方向逐渐从经济效益最大化的单目标转向实现经济、生态、社会三者综合效益最优的多目标模式。黄丽丽和黄振芳基于水土资源条件构建了以化肥施用量最小、农业总产值和生态相对价值最大为目标的种植结构优化模型[168]。曹雪等以经济效益和生态效益最优为目标，构建了水资源约束下的干旱区种植结构优化模型[169]。水资源作为约束条件之一，在多目标的农业种植结构中得到了广泛应用，且多与经济效益共同作为优化目标。利用多目标优化模型调整的农业种植结构可以满足地区农业发展的经济、生态等效益。但目前的应用以降低实体水资源利用量为主，以水足迹为目标的研究相对较少。因此，开展以提高农业经济效益、降低农业生产水足迹为目标的种植结构优化模拟研究，对水资源可持续发展与粮食生产具有重要意义。

作物的生长发育强烈依赖气候环境，气候的变化将对粮食安全与农业发展产生直接影响。研究表明气候变化已对中国种植结构产生直接影响，具体体现在种植制度、作物布局、作物产量及质量上，且由气候变化带来的极端天气也会对作物的生产发育产生不利影响，增加作物的种植风险[170]。考虑到气候是影响农业生产的重要因素之一，探讨未来气候变化对作物生产的影响以及如何在响应未来气候变化的基础上进行种植结构调整具有重要的实践意义，许多学者也针对此问题展开研究。李鸣钰等模拟了升温 1.5℃ 和 2.0℃ 情景下中国各地区水稻产量的变化趋势，在升温 1.5℃ 情景下中国水稻单产平均减少 7.49%，其中大部分水稻种植区的水稻产量有下降趋势，而少数地区如黑龙江北部、吉林东部、内蒙古东北部、甘肃南部及其他分散地区有增产趋势，升温 2.0℃ 背景下水稻的减产问题更严重[171]。关于气候情景下种植结构调整方面的研究，苗俊霞以农业经济收益最大、农业生产水足迹最少为目标，进行未来气候变化情景下疏勒河流域农业种植结构的优化模拟，研究得出在 2020~2050 年 RCP（Representative Concentration Pathway，典型浓度路径）2.6、RCP4.5、RCP8.5 三种气候变化情景下疏勒河流域优化后的农业种植结构呈现以经济收益较大而需水量较小的经济作物为主，如蔬菜类、香料类、药材类作物，其中粮食作物中以小麦种植为主[172]。目前学者主要侧重研究气候变化对不同区域作物产量、种植制度、种植结构的影响，但有关气候变化情景下作物种植结构调整的研究比较缺乏。作物种植受气候因素的直接影响，脱离气候变化条件考虑种植业本身的结构调整不利于种植业可持续发展，仅考虑气候变化对单个作物产量或者面积的影响又容易忽略不同作物结构之间的内部联系，因此构建气候变化情景下作物种植结构优化模型对种植业发展具有重要意义。

　　劳动力是农业生产过程中关键的投入要素，而机械化作业在一定程度上可以起到替代劳动力的作用，弥补劳动力缺陷带来的不足。通过梳理相关文献发现，学者们在农业机械化对作物产量、生产效率、播种面积的影响等方面进行了深入分析，对探究农业机械化发展对作物生产的影响给予了重要的指导，但是较少学者开展农业机械化情景下的作物种植优化研究[31, 173, 174]。王璐等以白洋淀上游为研究区域，提出了不同农业机械化水平（现状机械化水平和未来机械化水平）下平原区和山区的种植结构调整方案，研究得出在未来机械化水平情景中平原区的经济效益和生态效益相比现状都有所提升，且大部分作物的种植面积都有所增加，在平原区的水资源充裕地区应适当增加蔬菜种植面积，减少粮食的种植面积，在水资源匮乏地区应该适当减少作物的种植面积包括水果、蔬菜的种植面积，在山区应该增加果树的种植面积，调减粮食种植面积[175]。童文杰以劳动力投入作为社会效益评价指标，并综合考虑经济效益和生态效益，构建不同节水压力下的灌区盐碱地多目标种植结构优化模型，调整农业生产资料与田间劳动力投入，提高灌区劳动力产出率和水资源利用效率，研究结论表明区域作物种植结构应向"压葵花、扩小麦、保玉米"的方向发展，此优化方案下区域水资源效益和劳动力产出效益将得到有效提高[176]。

7.1.3　不同水资源约束情景下的农作物种植结构优化案例

　　上文概括分析了现有学者们开展的基于三种不同情景的种植结构优化研究，本小节以案例研究的形式，基于不同水资源约束情景下展开农作物种植结构优化研究。中国水资源呈现南多北少的分布特征，北方地区作为中国粮食主要生产基地仅拥有全国 19% 的水资源总量。基于水资源约束调整北方种植结构，对缓解北方水资源压力、保障中国粮食安全与水资源安全至关重要。本书以水资源约束下中国北方 10 省（区）种植结构优化为例进行研究，以期为种植结构调整与布局优化提供参考。

这里从经济效益、水资源安全与粮食安全三个角度出发，设定了不同节水目标导向（节水 5%、10%、15%）的北方 10 省（区）[①]主要粮食作物种植结构的空间布局优化方案，并以 2019 年作为基期对各优化方案的北方主要粮食作物种植结构空间布局进行优化，以期实现北方地区经济效益、生态效益、水资源安全与粮食安全的最优耦合。本书仅基于蓝水资源设置变化情景，并假定贸易等其他外界因素维持基期状态不变。

1. 模型构建

1）目标函数

（1）经济收益最大化。农户作为作物种植的主要决策者，在种植结构的调控过程中发挥重要作用，其生产行为受经济收益最大化目标驱动。由于现金收益对农户生产决策行为影响显著，因此本书用现金收益来衡量农户在作物种植过程中获得的经济收益。经济收益最大化的目标函数如下：

$$f_1 = \text{Max} \sum_i^I \sum_j^J R_{ij} \times S_{ij} \tag{7-1}$$

式中，i 表示区域，j 表示作物，R_{ij} 表示作物生产的现金收益（元/公顷），S_{ij} 表示作物的播种面积（公顷）。

（2）蓝水消耗最小化。为了缓解北方地区水资源压力，减少灌溉水（蓝水）的消耗，本书设立了蓝水消耗最小化目标，具体设置如下：

$$f_2 = \text{Min} \sum_i^I \sum_j^J \text{Wb}_{ij} \times Y_{ij} \times S_{ij} \tag{7-2}$$

式中，Y_{ij} 表示作物的单产水平（千克/公顷）；Wb_{ij} 表示作物生产的单位蓝水足迹（立方米/千克）。由于作物水足迹受气候影响较大，因此用 2005~2019 年作物的平均单位蓝水足迹来衡量作物的单位蓝水足迹 Wb_{ij}。

（3）绿水消耗最大化。为了充分利用当地的降水（绿水）资源，本书设置绿水消耗最大化目标，具体设置如下：

$$f_3 = \text{Max} \sum_i^I \sum_j^J \text{Wg}_{ij} \times Y_{ij} \times S_{ij} \tag{7-3}$$

---

① 具体包括宁夏、河北、河南、山东、山西、内蒙古、陕西、甘肃、新疆、青海 10 个省（区）。

式中，Wg_{ij} 表示 2005~2019 年作物的平均单位绿水足迹（立方米/千克）。

2）情景设置

由于宁夏、河南、河北、山西、山东五个省（区）目前的主要粮食作物蓝水足迹超出该地区可利用的蓝水资源，其余省（区）的蓝水资源消耗均在可利用的范围之内。因此本书针对这 5 省（区）设置了 3 种蓝水节约情景，分别为蓝水节约5%、10%、15%目标，即这 5 省（区）在不同的节水情景中需实现节约蓝水 5%、10%、15%的目标。

3）约束条件

（1）蓝水足迹约束。本书设置了三种蓝水约束情景，即节约蓝水 5%、10%、15%的目标。蓝水足迹约束的函数设置如下，式中 Wb_i 表示受约束的蓝水资源总量，即在节水 5%情景中，宁夏、河南、河北、山西、山东五个省（区）的 Wb_i 为2019 年实际消耗蓝水资源总量的 95%，其余省（区）的为可利用的蓝水足迹，其余的节水情景同理。

$$\sum_{j}^{J} \mathrm{Wb}_{ij} \times Y_{ij} \times S_{ij} \leqslant \mathrm{Wb}_i \qquad (7\text{-}4)$$

（2）绿水足迹约束。由于研究区域中各省（区）主要粮食生产的绿水资源均在可利用的范围之内，因此本书设置各省（区）优化后所消耗的绿水足迹小于该省（区）可利用的绿水资源总量 Wg_i。

$$\sum_{j}^{J} \mathrm{Wg}_{ij} \times Y_{ij} \times S_{ij} \leqslant \mathrm{Wg}_i \qquad (7\text{-}5)$$

（3）种植面积约束。由于区域耕地资源的有限性，同时为了避免由于开垦土地而造成生态环境进一步恶化，应设定优化后的种植面积不得大于 2019 年各省（区）主要粮食作物的播种面积之和 SA_i（公顷）。

$$\sum_{j}^{J} S_{ij} \leqslant \mathrm{SA}_i \qquad (7\text{-}6)$$

（4）粮食产量约束。本书设定种植结构优化后各省（区）不同粮食作物的产量不低于近 20 年的最低产量 M_{ij}（千克）。

$$Y_{ij} \times S_{ij} \geqslant M_{ij} \qquad (7\text{-}7)$$

（5）非负约束。本书设置所有省（区）的粮食种植面积均须大于等于 0，但由于青海不种植水稻，因此本书将青海省水稻的种植面积设置为 0。

$$S_{ij} \geqslant 0 \qquad (7\text{-}8)$$

$$S_{10,1} = 0 \qquad (7\text{-}9)$$

2. 优化结果

当把经济效益、蓝水消耗、绿水消耗目标放在同等的政策地位时，为了实现水资源约束条件下经济效益的最大化，北方区域会减少玉米和小麦的种植面积，而增加高蓝水消耗的水稻的种植面积。随着目标权重逐渐向蓝水消耗最小化目标倾斜，水稻的种植面积逐渐减少。当经济效益目标、蓝水消耗目标和绿水利用目标的权重分别设置为0.2、0.4、0.4时，水稻、玉米及小麦的种植面积优化结果如下：就水稻而言，应优先调减水稻种植面积的省（区）依次为内蒙古、山东、宁夏、河北、陕西、山西、新疆、甘肃、青海，需调增水稻种植面积的省份是河南（表7-1）。就玉米而言，在节水5%和节水10%情景中，应优先调增玉米种植面积的省（区）依次为山东、内蒙古、陕西、山西、青海、甘肃，应调减玉米种植面积的省（区）为河南、河北、新疆和宁夏（表7-2）。当节水比例上升至15%时，河南省玉米面积由调减转变为调增状态，当水资源约束逐渐增强时，该省需增加低蓝水消耗的玉米种植面积以替代水稻。就小麦而言，在三种节水情景中新疆和宁夏的小麦种植面积需要调增，应优先调减小麦种植面积的省（区）依次为河南、山东、河北、内蒙古、陕西、山西、青海、甘肃（表7-3）。研究区域内各省小麦种植面积的优化结果不随节水情景的转换而变化。从作物种植的比较优势来看，小麦种植的经济效益低于水稻、节水效益低于玉米，随着节水比例增加，作物种植结构主要在水稻和玉米之间进行调整。

表 7-1　不同节水情景下水稻种植面积的优化结果　　　　单位：公顷

地区	2019 年水稻播种面积	优化后面积		
		节水 5%情景	节水 10%情景	节水 15%情景
宁夏	68 000	45 707	45 707	45 707
河北	78 000	65 874	65 874	65 874
河南	617 000	4 765 200	3 531 729	2 298 258
山东	116 000	89 563	89 563	89 563
山西	3 000	0	0	0
内蒙古	161 000	53 116	53 116	53 116
陕西	105 000	93 042	93 042	93 042
甘肃	4 000	3 365	3 365	3 365
新疆	57 000	56 236	56 236	56 236
青海	0	0	0	0
合计	1 209 000	5 172 103	3 938 632	2 705 161

表 7-2　不同节水情景下玉米种植面积的优化结果　　　　单位：公顷

地区	2019 年玉米播种面积	优化后面积		
		节水 5%情景	节水 10%情景	节水 15%情景
宁夏	300 000	106 660	106 660	106 660
河北	3 408 000	2 307 711	2 068 791	1 829 872
河南	3 801 000	1 949 704	3 183 175	4 416 646
山东	3 846 000	5 449 673	5 449 673	5 449 673
山西	1 715 000	1 781 558	1 781 558	1 781 558
内蒙古	3 776 000	4 189 189	4 189 189	4 189 189
陕西	1 177 000	1 254 832	1 254 832	1 254 832
甘肃	988 000	996 927	996 927	996 927
新疆	997 000	312 500	312 500	312 500
青海	21 000	39 116	39 116	39 116
合计	20 029 000	18 387 870	19 382 421	20 376 973

表 7-3　不同节水情景下小麦种植面积的优化结果　　　　单位：公顷

地区	2019 年小麦播种面积	优化后面积		
		节水 5%情景	节水 10%情景	节水 15%情景
宁夏	108 000	161 068	161 068	161 068
河北	2 323 000	1 615 921	1 615 921	1 615 921
河南	5 707 000	3 410 096	3 410 096	3 410 096
山东	4 002 000	2 424 765	2 424 765	2 424 765
山西	547 000	483 442	483 442	483 442
内蒙古	538 000	232 695	232 695	232 695
陕西	966 000	900 126	900 126	900 126
甘肃	740 000	731 707	731 707	73 1707
新疆	1 062 000	1 747 264	1 747 264	1 747 264
青海	102 000	83 884	83 884	83 884
合计	16 095 000	11 790 968	11 790 968	11 790 968

7.1.4　农作物种植结构优化的政策激励

随着我国粮食生产重心不断向北方缺水地区转移，"北粮南运"的粮食产销布局将进一步加大北方水资源压力。实施南北区域粮食生产平衡工程对缓解"北粮南运"和"南水北调"的矛盾格局有重要意义。应利用南方地区年积温较高、作物复种潜力高、生育期长等比较优势，充分挖掘南方种植潜力，增加南方作物种植面积，在浙江、广东、福建等南方粮食主销区和四川盆地、江汉平原等正处于城市快速发展的粮食主产区，严守耕地面积，发展长江流域油菜生产，推行绿色节本增效技术，提升粮食生产能力。同时应适当调整北方种植面积，重点压缩地下水超采区、重金属污染区、西南石漠化区、西北生态严重退化地区冬小麦等耗水作物种植面积，因地制宜在黄淮海和西南、西北地区示范推广玉米、大豆带状复合种植技术模式，拓展大豆生产空间。政府应充分发挥市场在资源配置方面的作用，根据各地的农作物种植结构的规划布局，通过规划和政策激励适当引导各类市场主体调整生产经营行为。农产品价格显著影响农户对种植作物的选择，政府需逐步建立优质优价的价格机制，充分利用市场价格信息来引导生产经营主体的农业生产行为，同时政府需继续完善小麦与稻谷的价格支持体系，稳定农户生产预期，筑牢粮食安全线。政府应完善农业补贴支持政策，增强农业补贴的指向性和精准性，将农业补贴机制与种植结构调整、绿色生态农业相结合，提高对区域优势作物种植的奖励力度，重点加大对粮食主产区、绿色生态农业、耕地地力保护、农机购置等的补贴力度，提高农业补贴效益。同时政府应尽快实施农业绿色生产、化肥农药减量支持政策，建立农产品投入负面清单管理制度，采取税收减免、财政贴息、现金奖励等举措对施用有机肥的绿色生产行为给予奖励。

实施全程机械化作业是提高农业生产效率、转变农业发展模式的重要途径，也是农业种植结构优化的重要原因。目前农业机械化水平和农机作业服务快速发展，农业机械对劳动力的替代性逐步增强，同时我国农村劳动力结构也呈现出劳动力老龄化、妇女化发展趋势，在此背景下农业机械化作为打破劳动力弱质化和高投入瓶颈的有效手段，对农业种植结构的影响愈发突出。目前我国农业机械化发展还存在区域失衡问题。政府应在考虑区域农机布局的基础上，优化农机补贴资金分配机制和补贴方式，适度加大特殊区域、投资成本高、资产专用性强的农机装备购置的补贴力度。同时应强化农业机械化技术配套体系建设，规范土地流转，引导土地集中流转和连片规模经营，实施高标准农田建设，提高土地平整度。支持丘陵山区有序开展农地"宜机化"，改善农机通行和作业条件。同时要大力发展农机社会化服务，支持多元化、经营性的涉农服务组织发展壮大，鼓励和支持农机企业、农机合作社等新型经营主体开展作物耕种收全程化农机作业服务，对部分环境好友型生产方式的农机作业服务给予适度补偿或者实行以奖代补。

7.2　中国农作物种植结构未来发展趋势

7.2.1　农作物生产布局发展趋势

1. 作物生产专业化发展

农业专业化生产已逐渐成为我国农业发展的趋势。综合考虑我国各地自然条件、政策环境、市场容量和发展基础等因素，形成专业化的农业生产格局是必然趋势。我国水稻的生产重心正"由南向北"移动，最终将构成"一中一北"的专业化生产布局。我国黑龙江、吉林两省播种面积占比由 21 世纪初的 7%左右提升至 15%。我国玉米种植主要集中在东北地区。由于耕地禀赋充裕、气候土壤条件适宜和基础设施较为完善，预计未来东北玉米生产占比将进一步增加。就棉花而言，目前传统棉花产区的棉花种植不断减少，而新疆棉花产区正逐步扩大，新疆棉花的种植面积占比已接近 80%，从区域经济发展水平、自然资源及技术条件的比较优势来看，山东、河北、新疆棉花生产比较优势显著，未来棉花生产布局将围绕区域比较优势，逐渐向光热资源丰富的棉花生产优势区域集中。从全国来看，"大而全""小而全"的农业生产布局正在被打破，各地正在确定重点产业和优势产业的发展方向上，合理规划农业生产布局，进行区域专业化分工，通过做大做强主导产业和优势农产品，推动地方农业与经济发展。作物种植横向专业化和纵向专业化有利于改善农业生态效率，未来各区域应积极推行生产社会化服务水平和农业机械化水平，以实现农业绿色可持续发展。

2. 粮经饲统筹协调发展

在资源环境约束趋紧、生态环境面临压力、生产成本持续攀升的背景下，必然要求各区域根据水资源、耕地、气候等自然环境、经济水平及社会条件，统筹协调粮食作物、经济作物和饲草作物的关系，建立科学合理的作物种植结构。玉米是我国重要的粮经饲三元作物，优化玉米种植结构对我国粮经饲协调发展至关重要。自 2015 年国家宣布调减"镰刀弯"地区的玉米种植面积，并且取消玉米临时收储政策以来，我国玉米种植结构优化已初具成效，玉米生产集中度和专业化程度得到提高，玉米生产已逐渐移向农业现代化程度高和基础建设完善的优势种植区域。一方面，通过粮经饲协调发展，可以科学高效地利用各种资源，降低环境负荷，提高农业可持续发展能力；另一方面，通过粮经饲协调发展，可以有效推进农业供给侧结构性改革，更好地满足人民的生活需求，提高人民生活质量。

3. 种养加一体化发展

种养加一体化发展是破解农业转型升级瓶颈、生态资源环境压力、农民增值增收困难等现实问题的有效举措之一，是种植业可持续发展的重要趋势。推动种养加一体化，可以实现农业生产由"资源—产品—废弃物"的线性经济，向"资源—产品—再生资源—产品"的循环经济转变，可以合理有效利用农业废弃物资源，保护生态环境，加快循环农业发展。同时发展种养加一体化农业，可以通过构建利益联结机制，实现种植养殖业到加工业各环节紧密相连，提升产业竞争力，增加农产品附加值，使各参与主体增值增收。发展种养加一体化农业，还可以通过生产有机农产品、绿色食品和地理标志农产品，塑造地方、国家、国际农业品牌，提高农产品附加值，提升农业核心竞争力。

7.2.2　生态环境约束下农作物种植模式发展趋势

1. "降耗增绿"型种植模式

近几十年来中国的农业得到了高速发展，但是由于农业资源利用方式粗放不当，农业生态环境问题凸显。在当前背景下，转变粗放发展方式，提高作物绿色生产能力是实现农业可持续发展最关键，也是最根本的出路。作物绿色化种植的实施势在必行。"降耗增绿"是未来农业绿色化生产的关键。未来作物种植应走"降耗增绿"模式，提升作物生产绿色化水平，使用绿色高效的功能性肥料、低风险农药等绿色防控品，实现"降耗增绿"，降低我国作物生产对环境的影响。另外，在作物种植时应提升农作物秸秆和废弃物利用水平，促进农业生产良性循环。同时还要聚焦绿色防控种植体系，提升作物生产高效化水平，利用气象灾害监测预警、防灾减灾技术及绿色防控关键技术，构建作物种植主要病虫草害农业防治、生物防治、物理防治一体化的绿色防控技术体系。

2. 水资源可持续型种植模式

长期以来，我国始终把发展节水农业作为促进农业绿色发展的一项重要策略，而节水型农业的发展需依托种植方式的转变，由粗放型种植模式转向节水高效种植模式。在水浇地灌区大力发展测墒科学灌溉与水肥一体化措施，提高水资源利用效率。在水田区实施灌排调控能力建设，运用控制灌溉技术，进行半湿润灌溉。在改进灌溉模式的同时，积极使用非常规水资源利用技术，包括农田土壤保水、精细地面灌溉、农田水肥精量调控及非充分灌溉调控等技术，因地制宜地推广测墒补灌、喷灌、滴灌、智能精准灌溉技术，节约灌溉成本，提高水分生产力。针对不同区域的作物种植结构、自然资源与经济社会条件，合理确定适宜的高效节水灌溉模式。除大力发展高效节水灌溉模式外，根据各区域水资源禀赋，加快适水种植布局调整也是未来节水农业发展方向之一。

3. 耕地可持续型种植模式

由于耕地资源长期的过度使用，农业资源负荷透支，实行轮作休耕制度对修复耕地地力，提升耕地产能，促进农业绿色可持续发展具有重要意义。北魏农学家贾思勰所著的《齐民要术》中就有"谷田必须岁易"的说法，指出了作物轮作的必要性。随着中国人口数量的快速增长，对粮食需求的数量也随之增加。粮食产量的增长既源于农业技术的进步，又源于复种指数的提升。推进中国耕地轮休制度的建设必须遵循因地制宜原则，根据不同区域的自然条件、社会条件及耕地性质和要求，制定具体的轮作休耕制度方案，同时完善后续休耕补贴措施，健全监管评价体系。

4. 气候智慧型种植模式

为应对气候变化风险，保障国内粮食安全，实现农业可持续发展，探索新型农业生产模式势在必行。气候智慧型农业作为全新的农业发展模式，是对绿色农业、低碳农业、有机农业等现代农业发展理念的深化、创新与超越。中国是先行推进气候智慧型农业的国家之一，黑龙江、河南、安徽多省已开展气候智慧型农业实践示范，"稻虾共作"便是中国气候智慧型农业实践的典型范例，通过实施种养复合、农田改造、低碳减排、减量提质等技术确实提升了农业综合生产能力，增强了农业适应气候变化的能力，同时减少了温室气体排放。实践经验表明气候智慧型农业既有利于持续提高农业生产力和农户收入，又可使农业适应气候变化，减缓温室气体的排放，推动绿色农业可持续发展。

7.2.3　农作物种植方式变化未来发展趋势

1. 农作物生产机械化发展趋势

农业机械化是农业现代化的重点任务，全面提升作物种植全程机械化水平对保障我国粮食安全和农产品有效供给至关重要。近年在我国大力推广支持下，我国的农业机械化发展取得了显著成效，2020 年全国农作物耕种收综合机械化率达到了 71.25%，其中设施农业机械化率达到了 40.53%。目前我国机械水平仍存在一定的提升空间，首先体现在部分作物的机械化水平有待提升。2020 年我国水稻、玉米、小麦、大豆的耕种收机械化率均在 80% 以上，但是马铃薯的耕种收机械化率为 48.07%。另外，不同生产环节机械化水平不一，2020 年全国农作物的机耕率为 85.49%，但是机播率、机收率分别为 58.98%、64.56%。此外，受机具作业地理及交通环境等因素影响，我国丘陵地区机械化水平有待提升，2019 年我国丘陵山区农作物耕种收综合机械化率低于 50%。提升不同作物生产的全程机械化水平，提高丘陵山区农业机械化水平是我国未来作物种植机械化发展的重点。目前我国机械化水平即将进入高级发展阶段，智能农机正逐步成为农机发展的新方向与新趋势。随着智能农机的研发与推广，传统农机无法解决的问题将逐步被破解，未来我国作物种植机械化应以信息技术为载体，以智能低耗为核心，聚焦实现作物生产全程机械化、智能化。我国未来农机的应用领域也将向外扩大，应分地区分作物发展不同类型的耕作机械，推进作物品种、栽培技术与机械装备成套。我国的农业机械化将由粮食机械化转向经济作物机械化，由平原机械化转向丘陵山区机械化，实现包括大平原区域的大型机械化、平原地区的中型机械化、平原水网区域的小型机械化、丘陵山区的小型机械化、设施农业的小型机械化、间套作移栽的机械化在内的高水平发展。着力提升作物生产全程机械化智能化水平，有利于推进作物机械化生产关键环节减损提质，促进作物高质高效生产。

2. 农作物生产装备化发展趋势

农业现代化发展离不开装备化，农业装备化表现在种植业上，主要是温室大棚种植。随着我国设施农业的高速发展，2018 年末全国温室占地面积 361 000 公顷，大棚占地面积 1 055 000 公顷。近年来，大棚温室等农业设施发展迅速，改变了农业生产的时空分布，满足了人民日益增长的食物多样化需求。但是目前作物种植装备技术仍存在一定的改进空间。目前苹果仍依靠焚烧树叶方式来抵抗寒流，应进一步提高农业设施化水平，因地制宜发展塑料大棚、日光温室、连栋温室等设施，改善作物种植装备，以抵御寒流、霜冻等自然灾害对作物生产的风险。设施农业是农业现代化与农业装备化的有机结合。设施农业是指利用现代化技术手段，通过改变农业生产的气候条件，从而达到人为控制农业生产效果的一种现代农业生产形式，是使传统农业打破季节性约束，走向标准化、产业化、现代化生产的有效途径。在未来的设施农业种植中，应减少化肥、农药的使用。另外，要对设施农业的建造、设施种植的环境设置、农业种植模式等环节加以把控，使之满足设施农业装备化作业的条件。同时，提升设施农业的智能化水平，对农业种植进行智能化管理，实时监测并管理农作物的生长过程，实现收获、清洗及包装的全产业链自动化生产。设施生态农业模式是未来农业发展的重要方向，加强生态农业技术研发，如立体种养技术、间套作技术、种养结合技术，有利于实现设施农业高产量、高品质、高收益、可持续发展。

3. 农作物生产智能化发展趋势

智能化是农业机械化和农业装备化的未来发展方向。农业智能化是以信息和知识为核心，通过物联网、互联网、人工智能、大数据等现代信息技术，实现信息感知、智能控制、精准投入的农业智能生产方式。我国高度重视农业生产智能化，组织开展了数字农业试点、精准农业应用等一系列项目工程。2019 年我国农业生产数字化水平达到了 23.80%，其中作物种植信息化水平为 17.50%、设施栽培信息化水平为 41%。我国应加大互联网、物联网、大数据、云计算、人工智能和 3S^① 等新兴信息技术在作物种植方面的应用，提高粮食生产智能化、精准化水平。同时，我国未来作物种植应借力数字引擎，大力发展农业数字赋能，对农业生产进行数字化改造，鼓励作物生产与大数据、物联网、空间信息、智能装备深度融合，提高农业机械数字化水平，强化农业遥感监测体系建设，构建不同区域农田土、肥、水、气等多层次本底信息数据库和作物生长动态监测与定量评价系统，实现对生产全过程的实时监控、精准管理、远程控制、灾害预警、产品追溯和智能决策。基于云平台环境制定作物生产管理方案，实现农作物重大病虫害数字化监测预警和农产品质量安全大数据智慧监测，提高作物生产的智能化和精准化水平。

---

① 3S 技术是遥感技术（remote sensing，RS）、地理信息系统（geography information systems，GIS）和全球定位系统（global positioning systems，GPS）的统称，是空间技术、传感器技术、卫星定位与导航技术和计算机技术、通信技术相结合，多学科高度集成的对空间信息进行采集、处理、管理、分析、表达、传播和应用的现代信息技术。

参 考 文 献

[1] 蔡昉. 高质量发展阶段如何保持充分的社会性流动[J]. 经济纵横, 2020, (1): 1-8, 2.

[2] Huang J, Rozelle S. Technological change: rediscovering the engine of productivity growth in China's rural economy[J]. Journal of Development Economics, 1996, 49 (2): 337-369.

[3] 丰雷, 任芷仪, 张清勇. 家庭联产承包责任制改革: 诱致性变迁还是强制性变迁[J]. 农业经济问题, 2019, (1): 32-45.

[4] 邓朝春, 辜秋琴. 我国农村土地承包经营制度的演进逻辑与改革取向[J]. 改革, 2022, (5): 143-154.

[5] 刘长全. 我国重要农产品供给安全面临的挑战与对策[J]. 经济纵横, 2021, (5): 61-73.

[6] 黄季焜. 四十年中国农业发展改革和未来政策选择[J]. 农业技术经济, 2018, (3): 4-15.

[7] 张占耕. 马克思主义农民问题的中国化——兼论上海市郊农民百年奋斗历程与新征程[J]. 中国农村经济, 2021, (11): 2-15.

[8] 杨庆媛, 陈展图, 信桂新, 等. 中国耕作制度的历史演变及当前轮作休耕制度的思考[J]. 西部论坛, 2018, 28 (2): 1-8.

[9] 韩湘玲, 刘巽浩, 高亮之, 等. 中国农作物种植制度气候区划[J]. 耕作与栽培, 1986, (Z1): 2-19.

[10] 王宏广. 中国耕作制度 70 年[M]. 北京: 中国农业出版社, 2005.

[11] 刘巽浩, 陈阜. 中国农作制[M]. 北京: 中国农业出版社, 2005.

[12] 杨晓光, 陈阜. 气候变化对中国种植制度影响研究[M]. 北京: 气象出版社, 2014.

[13] 全国种植制度气候研究南方协作组. 我国南方稻区种植制度的气候生态区划[J]. 中国农业科学, 1982, (4): 35-42.

[14] 梅方权, 吴宪章, 姚长溪, 等. 中国水稻种植区划[J]. 中国水稻科学, 1988, 2 (3): 97-110.

[15] 中国水稻研究所. 中国水稻种植区划[M]. 杭州: 浙江科学技术出版社, 1989.

[16] 龚绍先, 郭友三, 蔺三奴, 等. 北方冬小麦越冬冻害的农业气候区划[C]//中国农业气候资源和农业气候区划论文集. 北京: 气象出版社, 1986.

[17] 农业部种植业管理司. 中国玉米品质区划及产业布局[M]. 北京: 中国农业出版社, 2004.

[18] 申格, 余强毅, 周清波, 等. 耕地复种系统研究进展分析[J]. 中国农业信息, 2020, 32 (6): 1-10.

[19] 李炎子, 戴家武, 王秀清. 我国种植业空间布局是否呈区域分散化趋势[J]. 中国农业大学学报 (社会科学版), 2012, 29 (2): 118-124.

[20] 黄国勤. 建国四十五年南方耕作制度的演变与发展[J]. 中国农史，2001，（1）：68-78.

[21] 陈风波，丁士军. 农村劳动力非农化与种植模式变迁——以江汉平原稻农水稻种植为例[J]. 南方经济，2006，（9）：43-52.

[22] 蒋敏，李秀彬，辛良杰，等. 南方水稻复种指数变化对国家粮食产能的影响及其政策启示[J]. 地理学报，2019，74（1）：32-43.

[23] 杜志雄，韩磊. 供给侧生产端变化对中国粮食安全的影响研究[J]. 中国农村经济，2020，（4）：2-14.

[24] 宋洪远，江帆，张益. 新时代中国农村发展改革的成就和经验[J]. 中国农村经济，2023，459（3）：2-21.

[25] 赵敏娟，石锐，姚柳杨. 中国农业碳中和目标分析与实现路径[J]. 农业经济问题，2022，513（9）：24-34.

[26] 龚斌磊，王硕，代首寒，等. 大食物观下强化农业科技创新支撑的战略思考与研究展望[J]. 农业经济问题，2023，521（5）：74-85.

[27] 金书秦，张哲晰，胡钰，等. 中国农业绿色转型的历史逻辑、理论阐释与实践探索[J/OL]. 农业经济问题，2023：1-16.

[28] 刘泽莹，韩一军. 乡村振兴战略下粮食供给面临的困境与出路[J]. 西北农林科技大学学报（社会科学版），2020，20（2）：10-18.

[29] 王星光，孙刘伟. 农史研究的执著追求与广域探索——读张履鹏先生《中国农业历史研究》[J]. 中国农史，2018，37（6）：135-142.

[30] 黄玛兰，李晓云. 农业劳动力价格上涨对农作物种植结构变化的省际差异性影响[J]. 经济地理，2019，39（6）：172-182.

[31] 苗齐. 中国种植业区域分工研究[D]. 南京农业大学博士学位论文，2003.

[32] Haining R. Spatial Data Analysis in the Social and Environmental Sciences[M]. Cambridge：Cambridge University Press，1990.

[33] Anscombe F J. Graphs in statistical analysis[J]. The American Statistician，1973，27（1）：17-21.

[34] 杨万江，陈文佳. 中国水稻生产空间布局变迁及影响因素分析[J]. 经济地理，2011，31（12）：2086-2093.

[35] 纪龙，吴文劼. 我国蔬菜生产地理集聚的时空特征及影响因素[J]. 经济地理，2015，35（9）：141-148.

[36] 纪龙，李崇光，章胜勇. 中国蔬菜生产的空间分布及其对价格波动的影响[J]. 经济地理，2016，36（1）：148-155.

[37] 邓宗兵，封永刚，张俊亮，等. 中国种植业地理集聚的时空特征、演进趋势及效应分析[J]. 中国农业科学，2013，46（22）：4816-4828.

[38] 刘珍环，杨鹏，吴文斌，等. 近30年中国农作物种植结构时空变化分析[J]. 地理学报，2016，71（5）：840-851.

[39] 程名望，Jin Y H，盖庆恩，等. 中国农户收入不平等及其决定因素——基于微观农户数据的回归分解[J]. 经济学（季刊），2016，15（3）：1253-1274.

[40] 盖庆恩，朱喜，史清华. 劳动力转移对中国农业生产的影响[J]. 经济学（季刊），2014，13（3）：1147-1170.

[41] 李旻, 赵连阁. 农业劳动力"女性化"现象及其对农业生产的影响——基于辽宁省的实证分析[J]. 中国农村经济, 2009, (5): 61-69.

[42] 李旻, 赵连阁. 农业劳动力"老龄化"现象及其对农业生产的影响——基于辽宁省的实证分析[J]. 农业经济问题, 2009, 30 (10): 12-18, 110.

[43] 胡雪枝, 钟甫宁. 人口老龄化对种植业生产的影响——基于小麦和棉花作物分析[J]. 农业经济问题, 2013, 34 (2): 36-43, 110.

[44] 彭代彦, 吴翔. 中国农业技术效率与全要素生产率研究——基于农村劳动力结构变化的视角[J]. 经济学家, 2013, (9): 68-76.

[45] 易福金, 刘莹. 劳动力价格上升与江、浙水稻播种面积相悖变化——基于替代弹性的解释[J]. 统计与信息论坛, 2016, 31 (4): 87-92.

[46] 杨进, 钟甫宁, 陈志钢, 等. 农村劳动力价格、人口结构变化对粮食种植结构的影响[J]. 管理世界, 2016, (1): 78-87.

[47] 黄玛兰, 李晓云, 曾琳琳. 农村劳动力价格上涨与劳动力转移对作物种植结构的区域性影响差异[J]. 农业现代化研究, 2019, 40 (1): 98-108.

[48] 郑旭媛, 徐志刚. 双重约束下的农户生产投入结构调整行为研究[J]. 农业技术经济, 2017, (11): 26-37.

[49] 田旭, 张淑雯. 单位面积利润变化与我国粮食种植结构调整[J]. 华南农业大学学报 (社会科学版), 2017, 16 (6): 59-71.

[50] 黄季焜. 农业供给侧结构性改革的关键问题: 政府职能和市场作用[J]. 中国农村经济, 2018, (2): 2-14.

[51] 吴青香, 曾勇军, 程慧煌, 等. 双季稻机插技术在江西的应用现状、存在问题及推广对策[J]. 中国稻米, 2017, 23 (4): 157-159, 164.

[52] 叶乐安. 上海市郊种植业绩效评估与生产经营决策[D]. 华东师范大学博士学位论文, 2007.

[53] 柯福艳, 徐红玳, 毛小报. 土地适度规模经营与农户经营行为特征研究——基于浙江蔬菜产业调查[J]. 农业现代化研究, 2015, 36 (3): 374-379.

[54] 王水连, 辛贤. 中国甘蔗种植机械与劳动力的替代弹性及其对农民收入的影响[J]. 农业技术经济, 2017, (12): 32-46.

[55] 孔飞扬, 江立庚, 文娟, 等. 直播水稻产量、产量构成因子和干物质积累的变化特点及其相互关系[J]. 华中农业大学学报, 2018, 37 (5): 11-17.

[56] 潘德怀, 杨忠热, 黄永林, 等. 不同种植方式对玉米产量的影响[J]. 农技服务, 2007, (7): 18, 22.

[57] 吕美晔, 王凯. 菜农资源禀赋对其种植方式和种植规模选择行为的影响研究——基于江苏省菜农的实证分析[J]. 农业技术经济, 2008, (2): 64-71.

[58] 宋洪远, 黄华波, 刘光明. 关于农村劳动力流动的政策问题分析[J]. 管理世界, 2002, (5): 55-65, 87-153.

[59] 马桂萍, 侯微. 改革开放后中国农村剩余劳动力转移政策的历史演进[J]. 党史研究与教学, 2008, (3): 4-8.

[60] 黄玛兰, 李晓云, 游良志. 农业机械与农业劳动力投入对粮食产出的影响及其替代弹性[J]. 华中农业大学学报 (社会科学版), 2018, (2): 37-45, 156.

[61] 朱益超. 中国劳动生产率增长动能转换与机制创新研究[J]. 数量经济技术经济研究, 2016, 33（9）：58-75.

[62] 雷超超. 中国农业劳动力转移的动因及机理研究（1978-2011）[D]. 华南理工大学博士学位论文, 2013.

[63] 谢康. 改革开放以来我国农村剩余劳动力转移的变迁[J]. 特区经济, 2005,（6）：30-33.

[64] 段娟, 叶明勇. 新中国成立以来农村剩余劳动力转移的历史回顾及启示[J]. 党史文苑, 2009,（6）：4-7, 11.

[65] 萧冬连. 农民的选择成就了中国改革——从历史视角看农村改革的全局意义[J]. 中共党史研究, 2008,（6）：32-43.

[66] 龚敏健, 黄晨熹. 改革开放三十年我国农村劳动力转移的特征及趋势分析[J]. 江西师范大学学报（哲学社会科学版）, 2009, 42（4）：45-52, 58.

[67] 胡枫. 关于中国农村劳动力转移规模的估计[J]. 山西财经大学学报, 2006, 28（2）：14-18.

[68] 黄群慧.中国的工业化进程：阶段、特征与前景[J]. 经济与管理, 2013, 27（7）：5-11.

[69] 赵昌文, 许召元, 朱鸿鸣. 工业化后期的中国经济增长新动力[J]. 中国工业经济, 2015,（6）：44-54.

[70] 杜建军, 孙君. 农村劳动力转移与劳动力价格动态趋同研究[J]. 中国人口科学, 2013,（4）：64-72, 127.

[71] 白描, 田维明. 加入 WTO 对中国粮食安全的影响[J]. 中国农村观察, 2011,（4）：35-44.

[72] 贺亚琴, 冷博峰, 冯中朝. 基于"超越对数生产函数"对湖北省油菜生长产量的气候影响探讨[J]. 资源科学, 2015, 37（7）：1465-1473.

[73] 郑旭媛, 徐志刚. 资源禀赋约束、要素替代与诱致性技术变迁——以中国粮食生产的机械化为例[J]. 经济学（季刊）, 2017, 16（1）：45-66.

[74] 黄玛兰. 农村劳动力转移及其价格上涨对农作物种植结构变化的影响[D]. 华中农业大学博士学位论文, 2019.

[75] 钟甫宁, 陆五一, 徐志刚. 农村劳动力外出务工不利于粮食生产吗？——对农户要素替代与种植结构调整行为及约束条件的解析[J]. 中国农村经济, 2016,（7）：36-47.

[76] 郑旭媛. 资源禀赋约束、要素替代与中国粮食生产变迁[D]. 南京农业大学博士学位论文, 2015.

[77] Hicks J R. The Theory of Wages[M]. 2nd ed. London：Palgrave Macmillan, 1963.

[78] Hayami Y, Ruttan V W. Factor prices and technical change in agricultural development：the United States and Japan, 1880—1960[J]. Journal of Political Economy, 1970, 78（5）: 1115-1141.

[79] Caloghirou Y D, Mourelatos A G, Thompson H. Industrial energy substitution during the 1980s in the Greek economy[J]. Energy Economics, 1997, 19（4）：476-491.

[80] 刘盛和, 邓羽, 胡章. 中国流动人口地域类型的划分方法及空间分布特征[J]. 地理学报, 2010, 65（10）：1187-1197.

[81] 杨传开, 宁越敏. 中国省际人口迁移格局演变及其对城镇化发展的影响[J]. 地理研究, 2015, 34（8）：1492-1506.

[82] 王桂新, 潘泽瀚, 陆燕秋. 中国省际人口迁移区域模式变化及其影响因素——基于 2000 和 2010 年人口普查资料的分析[J]. 中国人口科学, 2012,（5）：2-13, 111.

[83] 朱孟珏, 李芳. 1985-2015 年中国省际人口迁移网络特征[J]. 地理科学进展, 2017, 36（11）: 1368-1379.

[84] 李士梅, 尹希文. 中国农村劳动力转移对农业全要素生产率的影响分析[J]. 农业技术经济, 2017,（9）: 4-13.

[85] 何奇瑾, 周广胜. 我国夏玉米潜在种植分布区的气候适宜性研究[J]. 地理学报, 2011, 66（11）: 1443-1450.

[86] 肖双喜, 刘小和. 棉花种植面积影响因素分析——基于新疆、河南、江苏和山东四省的调查[J]. 农业技术经济, 2008,（4）: 79-84.

[87] 吴春彭. 长江流域油菜生产布局演变与影响因素分析[D]. 华中农业大学硕士学位论文, 2011.

[88] 何可, 宋洪远. 资源环境约束下的中国粮食安全: 内涵、挑战与政策取向[J]. 南京农业大学学报（社会科学版）, 2021, 21（3）: 45-57.

[89] 周晶, 陈玉萍, 阮冬燕. 地形条件对农业机械化发展区域不平衡的影响——基于湖北省县级面板数据的实证分析[J]. 中国农村经济, 2013,（9）: 63-77.

[90] 王善高, 田旭. 农村劳动力老龄化对农业生产的影响研究——基于耕地地形的实证分析[J]. 农业技术经济, 2018,（4）: 15-26.

[91] 魏君英, 夏旺. 农村人口老龄化对我国粮食产量变化的影响——基于粮食主产区面板数据的实证分析[J]. 农业技术经济, 2018,（12）: 41-52.

[92] 胡雅琼, 徐勇. 当前种田农户的阶段性特征及发展路径选择——以全国 31 省（区、市）4795 户农户为调查对象[J]. 江西财经大学学报, 2015,（5）: 71-79.

[93] 王淑红, 杨志海. 农业劳动力老龄化对粮食绿色全要素生产率变动的影响研究[J]. 农业现代化研究, 2020, 41（3）: 396-406.

[94] 赵昕东, 李林. 中国劳动力老龄化是否影响全要素生产率? ——基于省级面板数据的研究[J]. 武汉大学学报（哲学社会科学版）, 2016, 69（6）: 68-76.

[95] 姚东旻, 宁静, 韦诗言. 老龄化如何影响科技创新[J]. 世界经济, 2017, 40（4）: 105-128.

[96] 李宝值, 杨良山, 黄河啸, 等. 新型职业农民培训的收入效应及其差异分析[J]. 农业技术经济, 2019,（2）: 135-144.

[97] 郭海红, 张在旭, 方丽芬. 中国农业绿色全要素生产率时空分异与演化研究[J]. 现代经济探讨, 2018,（6）: 85-94.

[98] 魏丹, 闵锐, 王雅鹏. 粮食生产率增长、技术进步、技术效率——基于中国分省数据的经验分析[J]. 中国科技论坛, 2010,（8）: 140-145.

[99] 布淑杰. 浅析我国种植业结构调整的历程[J]. 现代农业, 2019,（3）: 71-72.

[100] 蒋励. 发展"三高"农业的回顾与思考[J]. 南方农村, 1998,（3）: 14-18.

[101] 张天佐, 郭永田, 杨洁梅. 基于价格支持和补贴导向的农业支持保护制度改革回顾与展望[J]. 农业经济问题, 2018,（11）: 4-10.

[102] 贾娟琪, 李先德, 王士海. 中国主粮价格支持政策效应分析——基于产销区省级面板数据[J]. 农业现代化研究, 2016, 37（4）: 680-686.

[103] 柯炳生. 三种农业补贴政策的原理与效果分析[J]. 农业经济问题, 2018,（8）: 4-9.

[104] 刘克春. 粮食生产补贴政策对农户粮食种植决策行为的影响与作用机理分析——以江西

省为例[J]. 中国农村经济，2010，（2）：12-21.

[105] 张爽. 粮食最低收购价政策对主产区农户供给行为影响的实证研究[J]. 经济评论，2013，（1）：130-136.

[106] 钱加荣，赵芝俊. 价格支持政策对粮食价格的影响机制及效应分析[J]. 农业技术经济，2019，（8）：89-98.

[107] 童馨乐，胡迪，杨向阳. 粮食最低收购价政策效应评估——以小麦为例[J]. 农业经济问题，2019，（9）：85-95.

[108] 胡迪，杨向阳，王舒娟. 大豆目标价格补贴政策对农户生产行为的影响[J]. 农业技术经济，2019，（3）：16-24.

[109] Rozelle S，Park A，Huang J，et al. Bureaucrat to entrepreneur：the changing role of the state in China's grain economy[J]. Economic Development and Cultural Change，2000，48（2）：227-252.

[110] 周杨，邵喜武. 改革开放 40 年中国粮食价格支持政策的演变及优化分析[J]. 华中农业大学学报（社会科学版），2019，（4）：15-24，169-170.

[111] 张建杰. 对粮食最低收购价政策效果的评价[J]. 经济经纬，2013，（5）：19-24.

[112] 叶兴庆. 新一轮粮改的突破及其局限性[J]. 中国农村经济，2004，（10）：11-14，19.

[113] 耿仲钟，肖海峰. 农业支持政策改革：释放多大的黄箱空间[J]. 经济体制改革，2018，（3）：67-73.

[114] 徐志刚，习银生，张世煌. 2008/2009 年度国家玉米临时收储政策实施状况分析[J]. 农业经济问题，2010，31（3）：16-23，110.

[115] 顾莉丽，郭庆海. 玉米收储政策改革及其效应分析[J]. 农业经济问题，2017，38（7）：72-79.

[116] 蔡海龙，马英辉. 大豆目标价格政策缘何在中国走不通？——基于 EDM 的福利效应分析[J]. 南京农业大学学报（社会科学版），2018，18（6）：137-145，161-162.

[117] 周迪，王明哲. 改革进活力：国家扶贫改革试验区政策的经济效应研究[J]. 中国农村观察，2019，（6）：127-144.

[118] 马晓河，蓝海涛. 我国粮食综合生产能力和粮食安全的突出问题及政策建议[J]. 改革，2008，（9）：37-50.

[119] 陈飞，范庆泉，高铁梅. 农业政策、粮食产量与粮食生产调整能力[J]. 经济研究，2010，45（11）：101-114，140.

[120] 王晨，王济民. 预期利润、农业政策调整对中国农产品供给的影响[J]. 中国农村经济，2018，（6）：101-117.

[121] 贺超飞，于冷. 临时收储政策改为目标价格制度促进大豆扩种了么？——基于双重差分方法的分析[J]. 中国农村经济，2018，（9）：29-46.

[122] Li P，Lu Y，Wang J. Does Flattening government improve economic performance？ Evidence from China[J]. Journal of Development Economics，2016，123：18-37.

[123] 石大千，丁海，卫平，等. 智慧城市建设能否降低环境污染[J]. 中国工业经济，2018，（6）：117-135.

[124] 张国建，佟孟华，李慧，等. 扶贫改革试验区的经济增长效应及政策有效性评估[J]. 中国工业经济，2019，（8）：136-154.

[125] Emran M S, Shilpi T. The extent of the market and stages of agricultural specialization[J]. Canadian Journal of Economics, 2012, 45（3）: 1125-1153.

[126] Beckerman W. Economic growth and the environment: whose growth? whose environment[J]. World Development, 1992, 20（4）: 481-496.

[127] Grossman G M, Krueger A B. Economic growth and the environment[R]. NBER Working Papers 4634. 1994.

[128] 李海鹏, 张俊飚. 中国农业面源污染与经济发展关系的实证研究[J]. 长江流域资源与环境, 2009, 18（6）: 585-590.

[129] 张晖, 胡浩. 农业面源污染的环境库兹涅茨曲线验证——基于江苏省时序数据的分析[J]. 中国农村经济, 2009,（4）: 48-53, 71.

[130] 曹大宇, 李谷成. 我国农业环境库兹涅茨曲线的实证研究——基于联立方程模型的估计[J]. 软科学, 2011, 25（7）: 76-80.

[131] 潘丹, 应瑞瑶. 资源环境约束下的中国农业全要素生产率增长研究[J]. 资源科学, 2013, 35（7）: 1329-1338.

[132] 杜江, 王锐, 王新华. 环境全要素生产率与农业增长: 基于 DEA-GML 指数与面板 Tobit 模型的两阶段分析[J]. 中国农村经济, 2016,（3）: 65-81.

[133] 王宝义, 张卫国. 中国农业生态效率的省际差异和影响因素——基于 1996~2015 年 31 个省份的面板数据分析[J]. 中国农村经济, 2018,（1）: 46-62.

[134] 蒋黎, 王晓君. 环境质量与农业经济增长的内在关系探讨——基于我国 31 个省区面板数据的 EKC 分析[J]. 农业经济问题, 2019,（12）: 43-51.

[135] 柏振忠, 刘永芳. 民族地区农业生态效率测度及影响因素[J]. 中南民族大学学报（人文社会科学版）, 2021, 41（4）: 82-89.

[136] 潘丹. 考虑资源环境因素的中国农业绿色生产率评价及其影响因素分析[J]. 中国科技论坛, 2014,（11）: 149-154.

[137] 郭利京, 黄振英. 淮河生态经济带农业面源污染空间分布及治理研究[J]. 长江流域资源与环境, 2021, 30（7）: 1746-1756.

[138] 崔晓, 张屹山. 中国农业环境效率与环境全要素生产率分析[J]. 中国农村经济, 2014,（8）: 4-16.

[139] 欧阳威, 鞠欣妍, 高翔, 等. 考虑面源污染的农业开发流域生态安全评价研究[J]. 中国环境科学, 2018, 38（3）: 1194-1200.

[140] 赖斯芸, 杜鹏飞, 陈吉宁. 基于单元分析的非点源污染调查评估方法[J]. 清华大学学报（自然科学版）, 2004,（9）: 1184-1187.

[141] 王玉梅, 任丽军, 霍太英, 等. 山东省化肥流失状况及其对水环境污染的影响[J]. 鲁东大学学报（自然科学版）, 2009, 25（3）: 263-266, 270.

[142] 梁流涛. 考虑"非意欲"产出的农业土地生产效率评价及其时空特征分析[J]. 资源科学, 2012, 34（12）: 2249-2255.

[143] 盖兆雪, 孙萍, 张景奇. 环境约束下的粮食主产区耕地利用效率时空演变特征[J]. 经济地理, 2017, 37（12）: 163-171.

[144] 田云, 王梦晨. 湖北省农业碳排放效率时空差异及影响因素[J]. 中国农业科学, 2020,

53（24）：5063-5072.

[145] 李波，张俊飚，李海鹏. 中国农业碳排放时空特征及影响因素分解[J]. 中国人口·资源与环境，2011，21（8）：80-86.

[146] Rebitzer G，Ekvall T，Frischknecht R，et al. Life cycle assessment part1：framework，goal and scope definition，inventory analysis，and applications[J]. Environment International，2004，30（5）：701-720.

[147] 徐湘博，孙明星，张林秀. 农业生命周期评价研究进展[J]. 生态学报，2021，41（1）：422-433.

[148] Brentrup F，Küsters J，Lammel J，et al. Environmental impact assessment of agricultural production systems using the life cycle assessment（LCA）methodology II. The application to N fertilizer use in winter wheat production systems[J]. European Journal of Agronomy，2004，20（3）：265-279.

[149] 周冉，班红勤，侯勇，等. 京郊典型作物生产体系施肥环境影响的生命周期评价[J]. 农业环境科学学报，2012，31（5）：1042-1051.

[150] 梁志会，张露，刘勇，等. 农业分工有利于化肥减量施用吗——基于江汉平原水稻种植户的实证[J]. 中国人口·资源与环境，2020，30（1）：150-159.

[151] 罗必良. 论服务规模经营——从纵向分工到横向分工及连片专业化[J]. 中国农村经济，2017，（11）：2-16.

[152] Young A A. Increasing returns and economic progress[J]. The Economic Journal，1928，38：527-542.

[153] 钟真，蒋维扬，李丁. 社会化服务能推动农业高质量发展吗——来自第三次全国农业普查中粮食生产的证据[J]. 中国农村经济，2021，（12）：109-130.

[154] 张永强，田媛. 社会化服务模式对农户技术效率的影响[J]. 农业技术经济，2021，（6）：84-100.

[155] 仇童伟，何勤英，罗必良. 谁更能从农机服务中获益——基于小麦产出率的分析[J]. 农业技术经济，2021，（9）：4-15.

[156] 曾琳琳，李晓云，王砚. 作物多样性变化及其对农业产出的影响——基于期望出产和非期望产出的分析[J]. 长江流域资源与环境，2019，28（6）：1375-1385.

[157] 杨进，刘新宇. 中国农业种植结构变化对生产效率的影响——基于专业化分工的视角[J]. 华中科技大学学报（社会科学版），2021，35（4）：64-73.

[158] Liu Y S，Zou L L，Wang Y S. Spatial-temporal characteristics and influencing factors of agricultural eco-efficiency in China in recent 40 years[J]. Land Use Policy，2020，97（9），104794.

[159] 农业农村部办公厅. 农业农村部办公厅关于印发《2020年种植业工作要点》的通知[J]. 中华人民共和国农业农村部公报，2020，（2）：61-65.

[160] 李国景，陈永福，焦月，等. 中国食物自给状况与保障需求策略分析[J]. 农业经济问题，2019，（6）：94-104.

[161] 于法稳. 习近平绿色发展新思想与农业的绿色转型发展[J]. 中国农村观察，2016，（5）：2-9，94.

[162] 刘楚杰，李晓云，江文曲. 粮食主产区粮食生产与农业水资源压力脱钩关系研究[J]. 农业

资源与环境学报，2023，40（2）：479-489.

[163] 李保国，黄峰. 蓝水和绿水视角下划定"中国农业用水红线"探索[J]. 中国农业科学，2015，48（17）：3493-3503.

[164] 陈帅，徐晋涛，张海鹏. 气候变化对中国粮食生产的影响——基于县级面板数据的实证分析[J]. 中国农村经济，2016，（5）：2-15.

[165] 程勇翔，王秀珍，郭建平，等. 中国南方双季稻春季冷害动态监测[J]. 中国农业科学，2014，47（24）：4790-4804.

[166] 张义博. 新时期中国粮食安全形势与政策建议[J]. 宏观经济研究，2020，（3）：57-66，81.

[167] 李曼，杨建平，杨圆，等. 疏勒河双塔灌区农业种植结构调整优化研究[J]. 干旱区资源与环境，2015，29（2）：126-131.

[168] 黄丽丽，黄振芳. 区间两相模糊多目标模型在种植结构优化中的应用——以辽宁省大连市为例[J]. 资源科学，2016，38（11）：2157-2167.

[169] 曹雪，阿依吐尔逊·沙木西，金晓斌，等. 水资源约束下的干旱区种植业结构优化分析——以新疆库尔勒市为例[J]. 资源科学，2011，33（9）：1714-1719.

[170] 李祎君，王春乙，赵蓓，等. 气候变化对中国农业气象灾害与病虫害的影响[J]. 农业工程学报，2010，26（S1）：263-271.

[171] 李鸣钰，高西宁，潘婕，等. 未来升温1.5℃与2.0℃背景下中国水稻产量可能变化趋势[J]. 自然资源学报，2021，36（3）：567-581.

[172] 苗俊霞. 气候变化背景下农业水足迹评价与优化模拟研究[D]. 兰州大学硕士学位论文，2020.

[173] 田甜，李隆玲，黄东，等. 未来中国粮食增产将主要依靠什么？——基于粮食生产"十连增"的分析[J]. 中国农村经济，2015，（6）：13-22.

[174] 彭代彦，文乐. 农村劳动力老龄化、女性化降低了粮食生产效率吗——基于随机前沿的南北方比较分析[J]. 农业技术经济，2016，（2）：32-44.

[175] 王璐，杜雄，王荣，等. 基于NSGA-Ⅱ算法的白洋淀上游种植结构优化[J]. 中国生态农业学报（中英文），2021，29（8）：1370-1383.

[176] 童文杰. 河套灌区作物耐盐性评价及种植制度优化研究[D]. 中国农业大学博士学位论文，2014.